박문각

기출로 합격까지

최상준 기출문제

공인중개사법·중개실무 2차

박문각 공인중개사

이 책의 머리말

滴水不停이면 可以穿石이다. "쉼 없이 떨어지는 한 방울, 한 방울의 물방울이 단단해 보이는 바위도 뚫을 수 있다."라는 뜻처럼, 자신감과 확신을 가지고 꾸준히 정진하면 목표는 반드시 이루어집니다. 이 한 권의 "기출문제 수험서"가 하나의 작은 물방울처럼 초석이 되어 나날이 어려워져 가는 공인중개사 자격시험을 준비하는 수험생 여러분에게 도움이 됨으로써 제36회 시험에 반드시 합격하시기를 고대합니다.

본 수험서의 구성과 특징은 다음과 같습니다.

01 | 제35회부터 지난 18년간 출제된 720여 문제를 모두 검토하여 엄선·기술하였습니다. 특히 출제 빈도의 높낮이에 따라 단원별 문제의 양을 적절하게 배분하여 학습부담은 줄이고 고득점 할 수 있도록 최적화 하였습니다.

02 | 최근 개정된 법령 및 규칙을 모두 반영하고, 핵심 내용들은 도표 등을 적절히 활용하여 압축·정리하였습니다.

03 | 단원별로 최신 출제경향, 그동안의 출제 빈도 등을 참작하여 학습효과를 극대화할 수 있도록 중요한 지문 및 판례는 최대한 많은 문제를 삽입하여 반복 학습할 수 있도록 하였습니다.

04 | 다만, 아쉬운 점이라면 이 기출문제 특강이 조금은 이른 3~4월에 진행되기 때문에 난이도가 지나치게 높은 것은 오히려 수험생 여러분에게 자신감만을 상실케 하기 때문에 실력 향상에 큰 효과가 없는 문제 역시 엄선하여 제외하였습니다. 물론 제외된 문제 중에 출제 가능성이 높은 문제들은 7월경부터 또 다른 강의 시간에 반드시 풀어드리니 전혀 걱정하지 않으셔도 됩니다.

05 | 이 기출문제집은 반드시 해설 강의를 함께 들으시기를 강권합니다. 기출 지문이 그대로 나오는 경우는 30~40% 미만이기 때문에 정답만 외우는 것은 실력 향상에 큰 도움이 되지 않습니다. 객관식 시험이기 때문에 강의를 통해서 이해와 체계를 잡으시면 변형 또는 응용문제도 아주 쉽게 해결할 수 있습니다.

더 나아가 제36회 시험에서 "공인중개사법" 과목의 난이도가 높아질 것으로 예상됩니다. 따라서 이 기출문제집을 완벽하게 소화한 후에 이에 터 잡아 5월 이후에 진행되는 예상문제(기출문제 포함) 풀이를 가미하시면, 고득점 전략과목으로서 자기 몫을 완전히 해낼 것입니다.

저작자의 다년간 강의 경험과 노하우를 총동원하여, 최대한 엄선한 중요 문제와 판례 그리고 핵심 내용들을 빠짐없이 수록함으로써 수험생 여러분의 수험자료 수집 및 학습 시간의 낭비를 줄여주고 학습 효과를 극대화할 수 있도록, 최선을 다했습니다. 이 "기출문제 수험서"가 제36회 수험생 여러분 모두의 합격의 디딤돌이 되기를 소망합니다!

2025년 1월

편저자 최상준 씀

CONTENTS

이 책의 차례

PART 01

공인중개사
법령

제1장 총 칙 · · · · 8

제2장 공인중개사제도 · · · · 22

제3장 중개사무소 개설등록 및 결격사유 등 · · · · 30

제4장 중개사무소 등 중개업무제도 · · · · 49

제5장 중개계약 및 부동산거래정보망 · · · · 70

제6장 개업공인중개사 등의 업무상 의무사항 · · · · 81

제7장 중개보수 등 · · · · 105

제8장 공인중개사협회 및 보칙 · · · · 112

제9장 지도·감독 및 벌칙 · · · · 129

제1장 부동산 거래신고제도 · · · · 156

제2장 외국인 등의 부동산 취득 등에 관한 특례 · · · · 168

제3장 토지거래허가제 · · · · 174

PART 02

부동산 거래신고
등에 관한 법령

제1장 중개실무 총설 및 중개의뢰접수 · · · · 186

제2장 중개대상물의 조사·확인 실무 · · · · 189

제3장 거래계약 체결 및 개별적 중개실무 · · · · 207

제4장 경매·공매 및 매수신청대리인 등록 · · · · 233

제5장 집합건물의 소유 및 관리에 관한 법률 · · · · 242

PART 03

중개실무

박문각 공인중개사

제1장 총 칙

제2장 공인중개사제도

제3장 중개사무소 개설등록 및 결격사유 등

제4장 중개사무소 등 중개업무제도

제5장 중개계약 및 부동산거래정보망

제6장 개업공인중개사 등의 업무상 의무사항

제7장 중개보수 등

제8장 공인중개사협회 및 보칙

제9장 지도·감독 및 벌칙

PART

01

공인중개사법령

Chapter 01 총 칙

<< key 포인트! >>

1) 「공인중개사법」의 법적 성격

> ① **일반법(기본법)**: 부동산중개 및 중개업 분야에 일반적으로 적용된다.
> ② **특별법 지위**: 「**공인중개사법**」(**최우선 적용**) ⇨ 「**상법**」(**일부**) ⇨ 「**민법**」 순으로 보충 적용
> ③ **중간법(혼합법·사회법)**: **공법적 요소**(자격시험, 등록, 형벌 등 제재)와 **사법적 요소**
>   (일반·전속중개계약, 손해배상책임 등)가 혼합된 법이다.
> ④ **국내법**: 국내의 중개대상물을 규율하는 법이다(국적 - ×).

2) 「공인중개사법」 제1조(목적)

> "이 법은 **공인중개사의 업무 등**에 관한 사항을 정하여, 그 **전문성을 제고**하고,
> **부동산중개업**을 건전하게 육성하여, **국민경제**에 이바지함을(궁극적 목적) 목적으로 한다."
> **⏺⏺참고** | 최종 목적: 국민경제 이바지

> 🖐주의 **부동산업, 부동산개발업, 부동산건설업, 부동산투자업, 부동산 금융 및 펀드업, 부동산
> 매매업(임대업) 건전 육성, 부동산중개업의 지도·감독 및 규제, 부동산거래업의 건전한
> 지도·육성 등은 이 법의 제정 목적이 될 수 없다.**

01 다음은 「공인중개사법」의 성격에 대한 기술이다. 틀린 것은?   제25회

① 공법과 사법의 중간적 영역인 사회법적 성격을 지닌다.
② 부동산중개 및 중개업 분야에 일반적으로 적용되는 일반법적 성격을 지닌다.
③ 「공인중개사법」은 「민법」의 특별법이다.
④ 개업공인중개사는 민사중개인이므로 상사중개인을 규율하는 「상법」은 적용되지 않는다.
⑤ 개업공인중개사 등에 대한 행정처분, 형벌, 과태료 등은 공법적 요소이다.

해설
「공인중개사법」이 특별법적 지위에 있으므로 최우선 적용되며, 「상법」, 「민법」이 보충 적용된다.

02 다음 「공인중개사법」 제1조의 (　　) 안에 들어갈 말을 올바른 순서대로 나열한 것은? 제23회

> 이 법은 공인중개사의 업무 등에 관한 사항을 정하여 그 전문성을 제고하고, (　　)을 건전하게 (　　)하여, (　　)에 이바지함을 목적으로 한다.

① 부동산업 − 규제 − 국민경제
② 부동산거래업 − 부동산거래질서 확립 − 국민의 재산권보호
③ 부동산중개업 − 육성 − 국민경제
④ 부동산중개질서 − 지도 − 국민의 재산권보호
⑤ 부동산중개업 − 부동산거래질서 확립 − 국민경제

해설
이 법은 공인중개사의 업무 등에 관한 사항을 정하여 그 전문성을 제고하고, 부동산중개업을 건전하게 육성하여, 국민경제에 이바지함을 목적으로 한다.

03 「공인중개사법」의 법적 성격에 관한 설명이다. 틀린 것은?　　　제21회 수정

① 「공인중개사법」은 「민법」의 특별법이다.

② 「공인중개사법」은 부동산중개에 관한 기본법적 성격을 갖는다.

③ 부동산 중개계약은 사법계약에 속한다.

④ 개업공인중개사의 중개행위는 사실행위이다.

⑤ 개업공인중개사가 중개보수를 받지 않고 행한 중개행위는 「공인중개사법」의 규율대상이 아니다.

해설

개업공인중개사의 경우, 중개행위가 무상이라 하더라도 「공인중개사법」의 규율대상이다.

정답 03 ⑤

제2절 **용어의 정의**

<< key 포인트! >>

1) **"중개"** : 중개대상물에 대하여, 거래 당사자 간의 매매 · 교환 · 임대차 그 밖에 권리의 득실 · 변경에 관한 행위를, 알선하는 것을 말한다.

① 그 밖의 권리
  ㉠ 물권 : 용익물권(지상권 · 지역권 · 전세권)과 저당권 등 담보물권도 포함.
  ㉡ 채권 : 매매, 교환, 임대차, 환매권 등

② 판례

> ㉠ '기타 권리'에는 **저당권 등 담보물권**도 포함된다.
> ㉡ 금전소비대차의 알선에 부수하여 보수받고 저당권 설정의 알선을 업으로 하는 경우도 중개업에 해당한다.
> ㉢ 중개행위 판단 : 개업공인중개사의 **주관적 의사가 아니라 객관적**(외형적)**으로** 보아 사회통념상 거래의 알선, 중개를 위한 행위라고 인정되는지 여부로 결정된다.
> ㉣ 중개행위 범위 : 개업공인중개사가 거래의 **쌍방 당사자 또는 일방 당사자**로부터 중개의뢰를 받아 매매 · 교환 등의 득실 · 변경에 관한 행위의 알선 · 중개도 포함한다.

2) **"중개업"** : 다른 사람의 의뢰에 의하여 일정한 보수를 받고, **"중개"를 "업"**으로 행하는 것을 말한다.

① 반드시 보수를 받아야 한다.
② 무상중개는 "중개"에 해당될 뿐 "중개업"에 해당되지 않는다.
③ 중개 + 업으로 하여야 한다.
  ㉠ "업"이란 : 반복 · 계속성 · 영업성 등의 유무와 그 행위의 목적이나 규모 · 횟수 · 기간 · 태양 등 여러 사정을 종합적으로 고려하여 사회통념에 따라 판단한다.
  ㉡ 우연히 1회적인 중개는 "업"에 해당되지 않으나, 중개사무소 "간판"을 설치 후, 단, 1회 중개를 한 경우는 "업"에 해당한다.

④ 판례

> ㉠ 중개보수로 초과 수수된 당좌수표가 **부도 또는 반환**된 경우에도 중개업에 해당된다.
> ㉡ 보수를 받을 것을 **약속 또는 보수를 요구**하는 데 그친 경우에는 '중개업'이 아니다.
> ㉢ 부동산 컨설팅업에 **부수하여** 부동산 중개행위가 유상으로 반복적으로 이루어졌다면 중개업에 해당한다.

3) **"공인중개사"라 함은 이 법에 의한 공인중개사 자격을 취득한 자를 말한다.**

> 외국에서 취득한 공인중개사자격증은 인정되지 않는다.

4) **"개업공인중개사"라 함은 이 법에 의하여 중개사무소의 개설등록을 한 자를 말한다.**

    사무소 관할 시·군·구청장에게 등록한 자를 말한다. ▶주의 신고 또는 허가(×)

5) **"소속공인중개사"란 개업공인중개사에 소속된 공인중개사**(개업공인중개사인 법인의 사원 또는 임원으로서 공인중개사인 자를 포함한다)**로서 중개업무를 수행하거나, 개업공인중개사의 중개업무를 보조하는 자를 말한다.**

    ① 소속공인중개사(2가지 종류)

    > ㉠ 고용인으로서 소속공인중개사
    > ㉡ 법인의 사원·임원으로서 소속공인중개사가 있다.

    ② 법인의 사원·임원 중에 **공인중개사는** 모두 소속공인중개사에 해당된다.
    ③ **중개업무 수행**: 거래계약서 작성, 확인·설명 및 확인·설명서 작성 등이 가능하다.

6) **"중개보조원"이란 공인중개사가 아닌 자로서 개업공인중개사에 소속되어, 중개대상물에 대한 현장안내 및 일반서무 등 개업공인중개사의 중개업무와 관련된 "단순한 업무"를 보조하는 자를 말한다.**

    ① 중개업무 수행은 불가하며, 현장안내 등 단순한 보조업무만 가능하다.
    ② **주의**: "단순 보조업무"는 중개보조원만이 아니라, **종사자 모두가 가능한 공통 업무이다.**

제2절 | **엄선 기출문제**(제15회 ~ 제35회)

01 공인중개사법령상 용어의 정의로 틀린 것은? 제29회

① 개업공인중개사라 함은 공인중개사 자격을 가지고 중개를 업으로 하는 자를 말한다.
② 중개업이라 함은 다른 사람의 의뢰에 의하여 일정한 보수를 받고 중개를 업으로 행하는 것을 말한다.
③ 소속공인중개사라 함은 개업공인중개사에 소속된 공인중개사(개업공인중개사인 법인의 사원 또는 임원으로서 공인중개사인 자 포함)로서 중개업무를 수행하거나 개업공인중개사의 중개업무를 보조하는 자를 말한다.
④ 공인중개사라 함은 공인중개사자격을 취득한 자를 말한다.
⑤ 중개라 함은 중개대상물에 대하여 거래당사자 간의 매매 · 교환 · 임대차 그 밖의 권리의 득실변경에 관한 행위를 알선하는 것을 말한다.

해설
부칙 제6조 제2항의 자도 개업공인중개사이다.

02 공인중개사법령상 용어에 관한 설명으로 옳은 것은? 제34회

① 중개대상물을 거래당사자 간에 교환하는 행위는 "중개"에 해당한다.
② 다른 사람의 의뢰에 의하여 중개를 하는 경우는 그에 대한 보수를 받지 않더라도 "중개업"에 해당한다.
③ 개업공인중개사인 법인의 임원으로서 공인중개사인 자가 중개업무를 수행하는 경우에는 "개업공인중개사"에 해당한다.
④ 공인중개사가 개업공인중개사에 소속되어 개업공인중개사의 중개업무와 관련된 단순한 업무를 보조하는 경우에는 "중개보조원"에 해당한다.
⑤ 공인중개사자격을 취득한 자는 중개사무소의 개설등록 여부와 관계없이 "공인중개사"에 해당한다.

해설
① "중개"라 함은 중개대상물에 대하여 거래당사자 간의 매매 · 교환 · 임대차 그 밖의 권리의 득실변경에 관한 행위를 알선하는 것을 말한다.
② "중개업"이라 함은 다른 사람의 의뢰에 의하여 일정한 보수를 받고 중개를 업으로 행하는 것을 말한다.
③ "개업공인중개사"라 함은 이 법에 의하여 중개사무소의 개설등록을 한 자를 말한다.
④ "중개보조원"이라 함은 공인중개사가 아닌 자로서 개업공인중개사에 소속되어 중개대상물에 대한 현장안내 및 일반서무 등 개업공인중개사의 중개업무와 관련된 단순한 업무를 보조하는 자를 말한다.

정답 ▶ 01 ① 02 ⑤

03 부동산중개업에 대한 설명으로 틀린 것은? 제21회

① 일반중개계약은 관행상 불요식계약이다.

② 중개보수 약정을 하지 않고 거래계약을 성사시켰을 경우라도 개업공인중개사는 중개의뢰인에게 보수를 청구할 수 있다.

③ 부동산중개는 재산상의 법률행위인 동시에 부동산의 교환·매매·임대차 등의 계약을 중개하는 상사중개이다.

④ 금전소비대차에 부수하여 저당권의 설정에 관한 행위의 알선을 업으로 하는 경우에도 부동산중개업에 해당된다.

⑤ 중개보수로 초과 수수된 당좌수표가 부도 또는 반환된 경우에도 중개업에 해당된다.

해설

상행위를 중개하는 자는 상사중개인, 상행위 이외를 중개하는 자는 민사중개인이다. 따라서, 부동산중개나 직업소개업 등은 민사중개인에 속한다.

04 공인중개사법령상 중개업에 관한 설명으로 옳은 것은? (다툼이 있으면 판례에 의함) 제25회

① 반복, 계속성이나 영업성이 없이 우연한 기회에 타인 간의 임야매매 중개행위를 하고 보수를 받은 경우, 중개업에 해당한다.

② 중개사무소의 개설등록을 하지 않은 자가 일정한 보수를 받고 중개를 업으로 행한 경우, 중개업에 해당하지 않는다.

③ 일정한 보수를 받고 부동산 중개행위를 부동산 컨설팅행위에 부수하여 업으로 하는 경우, 중개업에 해당하지 않는다.

④ 보수를 받고 오로지 토지만의 알선을 업으로 하는 경우, 중개업에 해당한다.

⑤ 반복적으로 중개보수를 감액이나 면제한 경우는 중개업에 해당되지 않는다.

해설

① 중개업이 아니다. ②③④⑤는 모두 중개업이다.

05 공인중개사법령에 관한 내용으로 틀린 것은? (다툼이 있으면 판례에 따름) 제30회

① 개업공인중개사에 소속된 공인중개사로서 중개업무를 수행하거나 개업공인중개사의 중개업무를 보조하는 자는 소속공인중개사이다.

② 개업공인중개사인 법인의 사원으로서 중개업무를 수행하는 공인중개사는 소속공인중개사이다.

③ 무등록업자에게 중개를 의뢰한 거래당사자는 무등록 중개업자의 중개행위에 대하여 공동정범으로 처벌된다.

④ 개업공인중개사는 다른 개업공인중개사의 중개보조원 또는 개업공인중개사인 법인의 사원 · 임원이 될 수 없다.

⑤ 거래당사자 간 지역권의 설정과 취득을 알선하는 행위는 중개에 해당한다.

해설

무등록업자만 처벌된다.

06 공인중개사법령상 용어의 설명으로 틀린 것은? 제33회

① 중개는 중개대상물에 대하여 거래당사자 간의 매매 · 교환 · 임대차 그 밖의 권리의 득실변경에 관한 행위를 알선하는 것을 말한다.

② 개업공인중개사는 이 법에 의하여 중개사무소의 개설등록을 한 자를 말한다.

③ 중개업은 다른 사람의 의뢰에 의하여 일정한 보수를 받고 중개를 업으로 행하는 것을 말한다.

④ 개업공인중개사인 법인의 사원 또는 임원으로서 공인중개사인 자는 소속공인중개사에 해당하지 않는다.

⑤ 중개보조원은 공인중개사가 아닌 자로서 개업공인중개사에 소속되어 개업공인중개사의 중개업무와 관련된 단순한 업무를 보조하는 자를 말한다.

해설

개업공인중개사에 속한 사원 또는 임원, 고용인 중에 공인중개사는 모두 소속공인중개사이다.

제3절 중개대상물

<< key 포인트! >>

1) 법정 중개대상물: 토지, 건축물, 기타 토지정착물, 입목, 공장재단, 광업재단

2) 개별적 내용

(1) 토지

> ① 토지는 전, 답, 과수원, 임야, 잡종지 등 지목을 불문하고 중개대상물이 될 수 있다.
> ② 분필을 하지 않아도 용익물권(지상권, 지역권 등)설정이나 임대차도 중개할 수 있다.
> ③ 토지에 속한 암석, 토사, 지하수, 온천수 등은 토지의 구성물로서 독립해서 중개대상물
>   이 될 수는 없다.
> ④ 공동소유 형태인 지분에 대한 중개도 가능하다.

(2) 건축물

① 건축물은 「민법」상의 건축물과 동일한 의미로 **"지붕과 기둥 그리고 주벽"**으로 이루어진 것을 말한다.

② **미등기, 무허가 건물**도 중개대상물에 해당된다.

③ 장래의 건축물(아파트 및 상가 분양권)도 중개대상물이 된다.

④ 주택재개발 · 주택재건축사업의 조합원 입주권(**관리처분계획의 인가로 취득한 입주자로 선정된 지위**)은 중개대상물에 해당된다.

⑤ 「빈집 및 소규모주택 정비에 관한 특례법」상 사업시행인가로 취득한 **"입주자로 선정된 지위"**인 입주권은 중개대상물에 해당된다.

⑥ 「주택법」제65조 - **분양예정자로 선정될 수 있는 지위**(청약통장, 딱지)인 권리는 중개대상물이 아니다.

(3) 토지 정착물

명인방법을 갖춘 수목집단은 토지와 별개의 독립된 부동산으로 중개대상물에 해당된다.
※ 개개의 수목 또는 집단수목은 **토지 구성부분으로** 중개대상물이 아니다.

⑷ 입목

> ① 일필 토지 전부 또는 일부에 생육하는 모든 수종의 수목이 대상이다.
> ② 입목등록원부에 **등록된 것만** 소유권보존등기가 가능하다.
> ③ **토지소유권 · 지상권** 처분의 효력은 입목에 영향이 없다.
> ④ **저당권의 효력**은 벌채된 입목에 미친다.
> ⑤ 등기관은 수목에 대하여 소유권보존의 등기를 하였을 때에는 토지의 등기기록 중 **표제부**에 입목등기기록(수목이 부착한 토지지번, 입목번호)을 표시하여야 한다.

⑸ 공장 및 광업재단

3) 빈출 판례

> ① **대토권** : 주택이 철거될 경우 일정한 요건하에 택지개발지구 내 이주자 택지를 공급받을 지위에 불과한 대토권은 중개대상물이 아니다.
> ② **세차장 구조물** : 주벽이라고 할 만한 것이 없고 볼트만 해체하면 쉽게 토지로부터 분리 · 철거가 가능하므로 토지의 정착물이 아니므로 중개대상물이 아니다.
> ③ **권리금** : 영업시설 · 비품 등 유형물 + 거래처, 신용, 영업상의 노하우 또는 점포위치에 따른 영업상의 이점 등 무형의 재산적 가치는 중개대상물이 아니다.
> ④ **명인방법** : 관습법상의 공시방법을 갖춘 수목이나 수목의 집단은 토지와 별개 부동산으로 중개대상물에 해당한다.

01 공인중개사법령상 중개대상물에 해당하는 것을 모두 고른 것은? (다툼이 있으면 판례에 따름)

제34회

> ㉠ 근저당권이 설정되어 있는 피담보채권
> ㉡ 아직 완성되기 전이지만 동·호수가 특정되어 분양계약이 체결된 아파트
> ㉢ 「입목에 관한 법률」에 따른 입목
> ㉣ 점포 위치에 따른 영업상의 이점 등 무형의 재산적 가치

① ㉠, ㉣   ② ㉡, ㉢   ③ ㉡, ㉣
④ ㉠, ㉡, ㉢   ⑤ ㉠, ㉢, ㉣

해설
㉠ 피담보채권은 부동산이 아니므로 당연히 중개대상물이 아니다.
㉣ 점포 위치에 따른 영업상의 이점 등 무형의 재산적 가치, 즉 권리금은 중개대상물이 아니다.

02 공인중개사법령상 중개대상에 관한 설명으로 옳은 것은? (다툼이 있으면 판례에 의함)

제21회

① 점포위치에 따른 영업상의 이점(利點)은 중개대상물이다.
② 명인방법을 갖춘 수목은 중개대상물이 될 수 없다.
③ 동산질권은 중개대상이 아니다.
④ 아파트에 대한 추첨기일에 신청을 하여 당첨이 되면 아파트의 분양예정자로 선정될 수 있는 지위를 가리키는 입주권도 중개대상물이 된다.
⑤ 20톤 미만의 선박은 중개대상물이 된다.

해설
① 권리금(×) ② 명인방법을 갖춘 수목(○) ④ 분양예정자로 선정될 수 있는 지위(×) ⑤ 20톤 미만 또는 이상 모두(×)

03 다음 중 중개대상물이 아닌 것은 모두 몇 개인가? 제19회 수정

㉠ 어업재단	㉡ 광업재단과 분리된 광업권
㉢ 명인방법을 갖춘 수목집단	㉣ 항공기에 대한 임차권
㉤ 토지상의 수목	㉥ 1필의 토지 중 일부에 대한 지상권

① 2개 ② 3개 ③ 4개
④ 5개 ⑤ 6개

해설

㉠㉡㉣㉤은 중개대상물이 아니다.

04 공인중개사법령상 중개대상물이 아닌 것은? (다툼이 있으면 판례에 의함) 제22회

① 신축 중인 건물로서 기둥과 지붕 그리고 주벽이 이루어진 미등기상태의 건물
② 거래처, 신용, 영업상의 노하우 등 무형의 재산적 가치
③ 토지에 부착된 수목의 집단으로서 소유권보존등기를 한 것
④ 동 · 호수가 특정되어 분양계약이 체결된 아파트분양권
⑤ 가압류된 부동산(토지나 건축물)

해설

유형 및 무형재산인 권리금은 중개대상물이 아니다.

05 공인중개사법령상 중개대상물에 해당하지 않는 것을 모두 고른 것은? 제30회

| ㉠ 미채굴광물 | ㉡ 온천수 |
| ㉢ 금전채권 | ㉣ 점유 |

① ㉠, ㉡ ② ㉢, ㉣ ③ ㉠, ㉡, ㉣
④ ㉡, ㉢, ㉣ ⑤ ㉠, ㉡, ㉢, ㉣

해설

㉠㉡㉢㉣ 모두가 중개대상물이 아니다.

정답 ▶ 01 ② 02 ③ 03 ③ 04 ② 05 ⑤

06 공인중개사법령상 중개대상에 관한 설명으로 틀린 것은? (다툼이 있으면 판례에 따름)

제26회

① 중개대상물인 '건축물'에는 기존의 건축물뿐만 아니라 장차 건축될 특정의 건물도 포함될 수 있다.
② 공용폐지가 되지 아니 한 행정재산인 토지는 중개대상물에 해당하지 않는다.
③ 「입목에 관한 법률」에 따라 등기된 입목은 중개대상물에 해당한다.
④ 주택이 철거될 경우 일정한 요건하에 택지개발지구 내에 이주자 택지를 공급받을 지위인 대토권은 중개대상물에 해당하지 않는다.
⑤ "중개"의 정의에서 말하는 '그 밖의 권리'에 저당권은 포함되지 않는다.

해설
'그 밖의 권리'에 저당권, 용익물권 등이 포함된다.

07 「공인중개사법」상의 중개대상물에 관한 설명 중 옳은 것은? (다툼이 있으면 판례에 의함)

제17회

① 아파트 분양예정자로 선정될 수 있는 지위를 가리키는 아파트 입주권은 중개대상물인 건물에 해당하는 것으로 보기 어렵다.
② 동·호수를 특정하여 분양계약이 체결된 미완성의 아파트에 대한 거래의 중개는 건물의 중개에 해당하지 않는다.
③ 공장재단을 구성하는 공업소유권 및 시설 등은 각각 분리하여 중개대상물이 된다.
④ 광업재단에 속한 광업권은 독립한 중개대상물이다.
⑤ 가식의 수목이나 암석·토사는 중개대상물이다.

해설
② 분양권(○) ③ 공장재단에서 공업소유권 및 시설 등은 각각 분리된 것(×) ④ 광업권(×) ⑤ 토지의 구성물인 가식의 수목이나 암석·토사(×)

08 개업공인중개사가 「입목에 관한 법률」 소정의 입목에 관하여 중개하면서 설명한 내용 중 틀린 것은?

제17회

① 소유권보존의 등기를 받을 수 있는 수목의 집단은 입목등록원부에 등록된 것에 한정된다.

② 입목의 소유자는 토지와 분리하여 입목을 양도할 수 있다.

③ 입목을 목적으로 하는 저당권의 효력은 입목을 벌채한 경우에 그 토지로부터 분리된 수목에 대하여 미치지 않는다.

④ 입목의 경매 기타 사유로 토지와 그 입목이 각각 다른 소유자에게 속하게 된 경우에는 토지소유자는 입목소유자에 대하여 지상권을 설정한 것으로 본다.

⑤ 입목을 저당권의 목적으로 하고자 하는 자는 그 입목을 보험에 붙여야 한다.

해설

저당권의 효력은 입목을 벌채한 경우에 그 분리된 수목에 미친다.

Chapter 02

공인중개사제도

제1절 **공인중개사자격시험**

<< key 포인트! >>

1) 시험시행기관장

> (1) **원칙**: 시·도지사(특, 광, 도)
> (2) **예외**: 국토교통부장관. 단, 심의위원회의 의결을 미리 거쳐야 한다.
> (3) **시험시행 수탁기관**: 협회, 공기업 또는 준정부기관

2) 응시 자격

(1) **원칙**: 응시 제한 없다(즉, 국적, 학력, 연령, 결격사유자인 미성년, 수형자 등 가능).

(2) **예외**

　① **공인중개사자격이 취소된 자**: 3년간 응시 불가
　② **시험 부정한 행위자**: 처분이 있는 날부터 5년간 정지(단, 결격사유자는 아니다)

3) 정책심의위원회

　① 국토교통부에 정책심의위원회를 둘 수 있다(임의 기구).
　　㉠ 심의 사항 ⇨ 〈★ 자.중.보.배〉

> ⓐ 공인중개사의 시험 등 공인중개사의 **자격**취득에 관한 사항
> 　🔖주의 시·도지사는 이에 따라야 한다.
> ⓑ 부동산 **중개업**의 육성에 관한 사항
> ⓒ 중개**보수** 변경에 관한 사항
> ⓓ 손해**배상**책임의 보장 등에 관한 사항

　　㉡ 의결사항

> ⓐ 정책심의위원에 대한 **기피신청**
> ⓑ 국토교통부장관이 직접 **공인중개사자격시험 문제를 출제**
> ⓒ 부득이한 사유 발생시에 당해 연도의 **자격시험을 시행할지 여부**

② **위원회의 구성 및 업무사항**

> ㉠ 위원장 1명을 포함하여 7명 이상 11명 이내의 위원으로 구성한다.
> ㉡ 위원장은 국토교통부 제1차관이 되고, 위원은 국토교통부장관이 임명 또는 위촉
> ㉢ 위원의 임기는 2년. 단, 새로 위촉된 위원의 임기는 전임 위원 남은 기간
> ㉣ 위원장은 심의위원회를 대표하고, 심의위원회의 업무를 총괄한다.
> ㉤ **직무대행**: 위원장이 미리 지명한 위원이 그 직무를 대행한다.
> ㉥ 재적위원 과반수의 출석으로 개의하고, 출석위원 과반수의 찬성으로 의결한다.

4) 제척사유 〈★ 우.동 – 친.자.대〉

> ① 위원 또는 그 **배우자나 배우자이었던 사람**, **공동권리(의무)자** 관계
> ② 위원이 **친족**관계
> ③ **자문, 증언 또는 용역, 감정**한 경우
> ④ 위원이 **대리인**관계
> **∷참고** | 당 위원이 이에(제척에) 위반한 경우에는 국토교통부장관이 해촉한다.

5) 공인중개사 자격증 교부 및 재교부

① 시 · 도지사는 공고일부터 1개월 이내에 자격증을 교부(수수료 ×)

② **자격증의 재교부**: 교부한 시 · 도지사에 신청

> **주의** 국토교통부장관이 아님. / 시 · 도 조례에 따른 수수료를 납부하여야 함.

제1절 **엄선 기출문제**(제15회 ~ 제35회)

01 공인중개사법령상 공인중개사 자격시험에 관한 설명으로 옳은 것을 모두 고른 것은?

제23회 수정

> ㉠ 공인중개사정책심의위원회에서 심의한 사항 중 공인중개사의 시험 등 공인중개사의 자격취득에 관한 사항은 시·도지사는 이에 따라야 한다.
> ㉡ 국토교통부장관이 직접 시험문제를 출제하거나 시험을 시행한 경우에는 심의위원회의 사후 의결을 거쳐야 한다.
> ㉢ 시험시행기관장은 시험을 시행하기 어려운 부득이한 사정이 있는 경우에는 심의위원회의 의결을 거쳐 당해연도의 시험을 시행하지 아니할 수 있다.
> ㉣ 국토교통부장관은 공인중개사시험의 합격자에게 공인중개사자격증을 교부하여야 한다.

① ㉠, ㉡   ② ㉠, ㉢   ③ ㉡, ㉢
④ ㉢, ㉣   ⑤ ㉠, ㉢, ㉣

해설
㉡ 사전 의결 ㉣ 공인중개사자격증의 교부는 시·도지사

02 공인중개사법령상 공인중개사 자격시험 등에 관한 설명으로 옳은 것은? 제30회 수정

① 국토교통부장관이 직접 시험을 시행하려는 경우에는 미리 공인중개사 정책심의위원회의 의결을 거치지 않아도 된다.
② 공인중개사자격증의 재교부를 신청하는 자는 재교부신청서를 국토교통부장관에게 제출해야 한다.
③ 국토교통부장관은 공인중개사시험의 합격자에게 공인중개사자격증을 교부해야 한다.
④ 시험시행기관장은 시험에서 부정한 행위를 한 응시자에 대하여는 그 시험을 무효로 하고, 그 처분이 있은 날부터 5년간 시험 응시자격을 정지한다.
⑤ 시험시행기관장은 시험을 시행하려는 때에는 예정 시험일시·시험방법 등 시험시행에 관한 개략적인 사항을 매년 1월 말일까지 일반일간신문, 관보, 방송 중 하나 이상에 공고하고, 인터넷 홈페이지 등에도 이를 공고해야 한다.

해설
① 의결을 거쳐야 한다. ② 재교부는 교부한 시·도지사 ③ 자격증의 교부는 시·도지사 ⑤ 2월 말일까지

03 공인중개사법령상 공인중개사자격시험 및 자격제도에 관한 설명으로 틀린 것은? 제22회

① 이 시험은 국토교통부장관이 시행하는 것이 원칙이나 예외적으로 시 · 도지사가 시행할 수 있다.

② 이 시험의 응시원서 접수마감일의 다음 날부터 7일 이내에 접수를 취소한 자는 납입한 보수의 100분의 60을 반환받을 수 있다.

③ 이 시험은 매년 1회 이상 시행해야 하나 부득이한 사정이 있는 경우에는 심의위원회의 의결을 거쳐 당해 연도의 시험을 시행하지 아니할 수 있다.

④ 공인중개사시험위원회의 구성 및 운영 등에 관하여 필요한 사항은 대통령령으로 정한다.

⑤ 공인중개사자격이 취소된 자는 그 자격이 취소된 후 3년이 경과되어야 공인중개사가 될 수 있다.

해설

원칙이 시 · 도지사, 예외가 국토교통부장관이다.

04 공인중개사법령상 공인중개사 정책심의위원회에 관한 설명으로 틀린 것은? 제27회

① 위원장은 국토교통부 제1차관이 된다.

② 심의위원회는 위원장 1명을 포함하여 7명 이상 11명 이내의 위원으로 구성한다.

③ 심의위원회에서 중개보수 변경에 관한 사항을 심의한 경우 시 · 도지사는 이에 따라야 한다.

④ 심의위원회 위원이 해당 안건에 대하여 연구, 자문, 용역 또는 감정을 한 경우 심의위원회의 심의 · 의결에서 제척된다.

⑤ 위원장이 부득이한 사유로 직무를 수행할 수 없을 때에는 위원장이 미리 지명한 위원이 그 직무를 대행한다.

해설

자격취득에 관한 사항의 경우 시 · 도지사는 이에 따라야 한다. 기타는 권고 사항으로 따라야 할 의무는 없다.

정답 ▶ 01 ② 02 ④ 03 ① 04 ③

05 공인중개사법령상 공인중개사 정책심의위원회의 소관사항이 아닌 것은?　　　제28회

① 중개보수 변경에 관한 사항의 심의

② 공인중개사협회의 설립인가에 관한 의결

③ 심의위원에 대한 기피신청을 받아들일 것인지 여부에 관한 의결

④ 국토교통부장관이 직접 공인중개사자격시험 문제를 출제할 것인지 여부에 관한 의결

⑤ 부득이한 사정으로 당해 연도의 공인중개사자격시험을 시행하지 않을 것인지 여부에 관한 의결

해설

① 심의사항, ③④⑤ 의결사항으로 위원회의 소관업무인데, ②는 해당되지 않는다.

06 공인중개사법령상 공인중개사 정책심의위원회(이하 "위원회"라 함)에 관한 설명으로 옳은 것은?　　　제35회

① 위원회는 국무총리 소속으로 한다.

② 손해배상책임의 보장에 관한 사항은 위원회의 심의사항에 해당하지 않는다.

③ 위원회 위원장은 위원이 제척사유에 해당하는 데에도 불구하고 회피하지 아니한 경우에는 해당 위원을 해촉할 수 있다.

④ 위원회에서 심의한 중개보수 변경에 관한 사항의 경우 시·도지사는 이에 따라야 한다.

⑤ 국토교통부장관이 직접 공인중개사자격시험을 시행하려는 경우에는 위원회의 의결을 미리 거쳐야 한다.

해설

① **국토교통부에 정책심의위원회를 둘 수 있다(임의적 기구).**

② 심의 사항이다.

③ 국토교통부장관은 위원이 제척사유에 해당하는 데에도 불구하고 회피하지 아니한 경우에는 해당 위원을 해촉(解囑)할 수 있다.

④ 공인중개사 정책심의위원회에서 심의한 사항 중에 공인중개사의 시험 등 공인중개사의 **자격취득**에 관한 사항의 경우에는 "시·도지사"는 이에 따라야 한다.

정답▶　05 ②　06 ⑤

제2절 공인중개사자격증 양도 · 대여 금지와 유사명칭사용 금지 등

<< key 포인트! >>

1) 자격증 양도 · 대여

① 다른 사람이 그 자격증을 이용하여 공인중개사로 행세하면서 중개업무를 행하려는 것을 알면서도 자격증 자체를 빌려주는 것을 의미한다.

② 중개업무를 행하도록 적극적으로 권유 · 지시, 양해, 허락, 묵인한 경우도 포함된다.

③ 양도 · 대여는 무상으로 양도 · 대여한 경우도 포함된다.

④ 양도 · 대여는 직접 업무를 수행하는 형식으로 판단하는 것이 아니라, 주된 업무를 실질적으로 수행하였는지 여부로 판단한다.

⑤ 동업자 중에 무자격자는 중개사무소에 자금을 투자, 경영, 이익을 분배받는 행위는 양도 · 대여에 해당하지 않는다.

⑥ 공인중개사 아닌 사람의 중개업은 법에 의하여 금지된 행위로 업무방해죄의 보호대상이 아니다.

⑦ 자격증은 취소되며, 양도 · 대여자 및 양수 · 대여받은 자, **이를 알선한 자** 모두 1년 이하의 징역 또는 1천만원 이하의 벌금형

2) 자격증 교부 및 재교부(분실, 훼손 등)

① **시 · 도지사**는 시험합격자의 **결정 · 공고일부터 1개월 이내**에 자격증교부대장에 기재한 후, 공인중개사자격증을 교부하여야 한다.

　〔주의〕 국토교통부장관은 교부자(×), 자격증 첫 교부시는 수수료 없음.

② 자격증의 재교부를 신청하는 자는 재교부신청서를 자격증을 **교부한 시 · 도지사**에게 제출하여야 한다. 〔주의〕 재교부시에는 시 · 도 조례에 따른 수수료를 납부한다.

3) 유사명칭의 사용금지

① 무자격자(중개보조원)가 자신의 **명함에 "부동산뉴스 대표"**라는 명칭을 사용하면 공인중개사 유사 명칭 사용에 해당한다.

② 공인중개사가 아닌 자가 **"발품부동산" 또는 "부동산cafe"**라는 간판을 설치하고, "명함"에 발품부동산 대표라고 기재 · 사용한 것은 유사명칭에 해당된다.

③ **제재**: 1년 이하의 징역 또는 1천만원의 이하의 벌금에 해당된다.

01 공인중개사법령상 공인중개사 자격증 등에 관한 설명으로 옳은 것은? (다툼이 있으면 판례에 의함) 제24회

① 공인중개사 자격증은 특정 업무를 위하여 일시적으로 대여할 수 있다.

② 무자격자인 乙이 공인중개사인 甲명의의 중개사무소에서 동업형식으로 중개업무를 한 경우, 乙은 형사처벌의 대상이 된다.

③ 공인중개사 자격증을 대여받은 자가 임대차의 중개를 의뢰한 자와 직접 거래당사자로서 임대차계약을 체결하는 것도 중개행위에 해당한다.

④ 무자격자가 공인중개사의 업무를 수행하였는지 여부는 실질적으로 무자격자가 공인중개사의 명의를 사용하여 업무를 수행하였는지 여부에 상관없이, 외관상 공인중개사가 직접 업무를 수행하는 형식을 취하였는지 여부에 따라 판단해야 한다.

⑤ 무자격자가 자신의 명함에 중개사무소명칭을 '부동산뉴스' 그 직함을 '대표'라고 기재하여 사용하였더라도, 이를 공인중개사와 유사한 명칭을 사용한 것이라고 볼 수 없다.

해설

① 일신전속적이므로 어떤 이유로도 양도·대여할 수 없다.

③ 중개행위로 볼 수 없다.

④ 공인중개사가 직접 업무를 수행하는 형식을 취하였는지 여부로 판단하는 것이 아니라 실질적으로 무자격자가 공인중개사의 명의를 사용하여 업무를 수행하였는지 여부로 판단한다.

⑤ 이는 공인중개사와 유사한 명칭(사칭)사용에 해당된다.

02 「공인중개사법」 제7조에서 규정하고 있는 '자격증 대여 등의 금지' 행위에 해당하는 것을 모두 고른 것은? 제28회

> ㉠ 다른 사람의 공인중개사자격증을 양수하여 이를 사용하는 행위
> ㉡ 공인중개사가 다른 사람에게 자기의 공인중개사자격증을 양도하는 행위
> ㉢ 공인중개사가 다른 사람에게 자기의 공인중개사자격증을 대여하는 행위
> ㉣ 공인중개사가 다른 사람에게 자기의 성명을 사용하여 중개업무를 하게 하는 행위

① ㉠, ㉣   ② ㉡, ㉢   ③ ㉠, ㉡, ㉢

④ ㉡, ㉢, ㉣   ⑤ ㉠, ㉡, ㉢, ㉣

03 공인중개사법령상 공인중개사 등에 관한 설명으로 **틀린** 것은? 제31회

① 공인중개사의 자격이 취소된 후 3년이 지나지 아니한 자는 중개보조원이 될 수 없다.
② 공인중개사는 자기의 공인중개사자격증을 무상으로도 대여해서는 안 된다.
③ 자격정지처분을 받은 날부터 6개월이 경과한 공인중개사는 법인인 개업공인중개사의 임원이 될 수 있다.
④ 다른 사람에게 자기의 성명을 사용하여 중개업무를 하게 한 경우에는 자격정지처분사유에 해당한다.
⑤ 공인중개사가 아닌 자는 공인중개사 또는 이와 유사한 명칭을 사용하지 못한다.

해설
이는 양도·대여로 자격취소사유에 해당한다.

04 공인중개사가 아닌 자가 공인중개사 또는 이와 유사한 명칭을 사용하였을 때 벌칙은? 제23회

① 100만원 이하의 과태료에 처한다.
② 1년 이하의 징역 또는 1천만원 이하의 벌금에 처한다.
③ 5년 이하의 징역 또는 3천만원 이하의 벌금에 처한다.
④ 3년 이하의 징역 또는 3천만원 이하의 벌금에 처한다.
⑤ 500만원 이하의 과태료에 처한다.

05 공인중개사법령상 공인중개사자격증에 관한 설명으로 **틀린** 것은? 제33회

① 시·도지사는 공인중개사자격 시험합격자의 결정·공고일부터 2개월 이내에 시험합격자에게 공인중개사 자격증을 교부해야 한다.
② 공인중개사자격증의 재교부를 신청하는 자는 재교부신청서를 자격증을 교부한 시·도지사에게 제출해야 한다.
③ 공인중개사자격증의 재교부를 신청하는 자는 해당 지방자치단체의 조례로 정하는 바에 따라 수수료를 납부해야 한다.
④ 공인중개사는 유·무상 여부를 불물하고 자기의 공인중개사자격증을 양도해서는 아니 된다.
⑤ 공인중개사가 아닌 자로서 공인중개사 명칭을 사용한 자는 1년 이하의 징역 또는 1천만원 이하의 벌금에 처한다.

해설
1개월 이내

정답 01 ② 02 ⑤ 03 ④ 04 ② 05 ①

Chapter 03

중개사무소 개설등록 및 결격사유 등

제1절 **중개사무소 개설등록 및 절차**

<< key 포인트! >>

1) 등록관청

중개사무소(법인은 주된 사무소)를 관할하는 시장·군수·구청장이다.

2) 등록신청

공인중개사 또는 「상법」상 회사(협동조합), 외국인·외국법인이 신청 가능하다.
※ 단, 소속공인중개사와 변호사는 등록 불가하다.

3) 종별 변경(규칙 제4조)

※ 등록신청서를 다시 제출, 종전 서류 제출은 재량, 종전 등록증은 반납함.

4) 등록신청 서류 〈★ 사.사.실〉

> • **내국인**: ① 여권용 **사진**
> ② **사무소** 확보증명(임대차 계약서 등)
> ③ **실무**교육 수료증 사본
> • **외국인**: ④ 무결격 증명하는 서류
> • **외국법인**: ⑤ 영업소 등기증명하는 서류

5) 법인의 등록기준 ●주의 특수법인은 적용 ✕

① 「상법」상 회사 또는 협동조합(**단, 사회적 협동조합은 제외**)으로 자본금이 5천만원 이상일 것

② 법 제14조에 규정된 **업무만(6가지)**을 영위할 목적으로 설립할 것

> ㉠ 상업용 건축물 및 주택의 임대관리 등 부동산의 관리 대행
> ㉡ 부동산의 이용 · 개발 · 거래에 관한 상담
> ㉢ 개업공인중개사를 대상으로 한 중개업의 경영기법 및 경영정보의 제공
> ㉣ 주택 및 상가의 분양 대행(규모의 제한 없음)
> ㉤ 주거이전에 부수되는 도배 · 이사업체의 소개 등 용역의 알선
> ㉥ 경매 공매대상 부동산에 대한 권리분석 및 알선과 매수신청 또는 입찰신청의 대리

③ 대표자는 공인중개사이어야 하며, **대표자를 제외한 임원 또는 사원의 3분의 1 이상**은 공인중개사일 것

④ 사원 · 임원 전원 및 분사무소의 책임자가 **실무교육**을 이수할 것

⑤ **건축물대장**(가설건축물대장은 제외)에 기재된 중개사무소를 갖출 것(단, 준공검사 등 받은 건물로서 건축물대장에 기재되기 전의 건물도 사유서를 첨부하여 등록 가능함)
※ 소유권이 아니어도 임대차 등의 사용권만 있으면 가능하다.

⑥ 임원 또는 사원의 **전원**이 결격사유에 해당되지 않을 것

6) 등록처분 및 통지

등록관청은 개설등록 신청을 받은 날부터 **7일 이내**에 등록처분 및 서면으로 통지하여야 한다.

7) 등록증 교부

등록관청은 업무보증을 설정 여부를 확인한 후 등록증을 **지체 없이** 교부하여야 한다.

8) 등록증 재교부

① **등록증 분실 · 훼손** : 등록증을 첨부하지 않는다.

② **등록증의 기재사항의 변경**(예 법인의 대표자, 상호, 소재지 등) **재교부신청** : 등록증과 변경증명서류 첨부

01 공인중개사법령상 중개사무소의 개설등록을 위한 제출 서류에 관한 설명으로 틀린 것은? 제34회

① 공인중개사자격증 사본을 제출하여야 한다.

② 사용승인을 받았으나 건축물대장에 기재되지 아니한 건물에 중개사무소를 확보하였을 경우에는 건축물대장 기재가 지연되는 사유를 적은 서류를 제출하여야 한다.

③ 여권용 사진을 제출하여야 한다.

④ 실무교육을 위탁받은 기관이 실무교육 수료 여부를 등록관청이 전자적으로 확인할 수 있도록 조치한 경우에는 실무교육의 수료확인증 사본을 제출하지 않아도 된다.

⑤ 외국에 주된 영업소를 둔 법인의 경우에는 「상법」상 외국회사 규정에 따른 영업소의 등기를 증명할 수 있는 서류를 제출하여야 한다.

> **해설**
>
> 공인중개사자격증, 등기사항증명서, 건축물대장 등은 등록신청시의 제출서류가 아니다.

02 공인중개법령상 중개사무소의 개설등록에 관한 설명으로 틀린 것은? (다만, 다른 법률의 규정에 의하여 부동산중개업을 할 수 있는 경우를 제외함) 제21회

① 중개사무소 개설등록의 기준으로 대통령령으로 정한다.

② 중개법인이 되려는 회사가 「상법」상 유한회사인 경우라도 자본금이 5천만원 이상이어야 한다.

③ 개업공인중개사는 중개사무소를 설치할 건물에 관한 소유권을 반드시 확보해야 하는 것은 아니다.

④ 부동산중개사무소 개설등록 신청과 인장등록신고를 같이 할 수 있다.

⑤ 개업공인중개사의 결격사유 발생시 중개사무소의 개설등록의 효과는 당연 실효된다.

> **해설**
>
> 결격사유에 해당하면 등록취소사유가 발생되고, 이로 인해 등록관청의 등록취소 처분이 떨어져야 등록효력이 상실되는 것이다. 즉, 당연히 실효되는 것이 아니다.

03 공인중개사법령상 중개사무소의 개설등록에 관한 설명으로 옳은 것은? (다른 법률에 의해 중개업을 할 수 있는 법인은 제외함)

① 공인중개사가 개설등록을 신청하려는 경우 연수교육을 받아야 한다.

② 개설등록을 하고자 하는 자가 사용대차한 건물에는 개설등록할 수 없다.

③ 「건축법」상 가설건축물대장에 기재된 건축물에 개설등록할 수 있다.

④ 법인의 경우 대표자는 공인중개사이어야 하며, 대표자를 포함한 임원 또는 사원의 3분의 1 이상은 공인중개사이어야 한다.

⑤ 외국에 주된 영업소를 둔 법인이 개설등록을 하기 위해서는 「상법」상 외국회사 규정에 따른 영업소의 등기를 증명할 수 있는 서류를 첨부해야 한다.

해설
① 실무교육 ② 가능하다. ③ 불가하다. ④ 제외한

04 공인중개사법령상 중개사무소의 개설등록에 관한 설명으로 옳은 것은?

① 개설등록을 신청받은 등록관청은 그 등록 여부를 신청일로부터 14일 이내에 신청인에게 통보해야 한다.

② 광역시장은 개설등록을 한 자에 대하여 법령에 따라 중개사무소 등록증을 교부해야 한다.

③ 법인인 개업공인중개사가 주택분양을 대행하는 경우, 겸업제한 위반을 이유로 그 등록을 취소될 수 있다.

④ 소속공인중개사는 중개사무소를 두려는 지역을 관할하는 등록관청에 개설등록을 신청할 수 없다.

⑤ A광역시 甲구(區)에 주된 사무소 소재지를 둔 법인인 개업공인중개사는 A광역시 乙구(區)에 분사무소를 둘 수 없다.

해설
① 7일 ② 시·군·구청장 ③ 겸업이 가능하므로 법 위반이 아니다. ⑤ 甲구의 주된 사무소를 제외하고 나머지 시·군·구에 설치할 수 있다. 따라서, 乙구에 가능하다.

정답 01 ① 02 ⑤ 03 ⑤ 04 ④

05 공인중개사법령상 중개사무소의 개설등록에 관한 설명으로 옳은 것은? (단, 다른 법률의 규정은 고려하지 않음) 제31회

① 합명회사가 개설등록을 하려면 사원 전원이 실무교육을 받아야 한다.
② 자본금이 1,000만원 이상인 「협동조합 기본법」상 협동조합은 개설등록을 할 수 있다.
③ 합명회사가 개설등록을 하려면 대표자는 공인중개사이어야 하며, 대표자를 포함하여 임원 또는 사원의 3분의 1 이상이 공인중개사이어야 한다.
④ 법인 아닌 사단은 개설등록을 할 수 있다.
⑤ 개설등록을 하려면 소유권에 기한 사무소의 사용권을 확보하여야 한다.

해설

② 「협동조합 기본법」상 협동조합은 자본금 5천만원 이상이어야 한다.
③ 대표자를 제외한
④ 「상법」상 회사인 법인이어야 하므로 법인 아닌 사단은 개설등록을 할 수 없다.
⑤ 임대차 또는 사용대차 등 사용권을 확보하면 된다.

06 공인중개사법령상 중개사무소의 개설등록 및 등록증 교부에 관한 설명으로 옳은 것은? 제28회

① 소속공인중개사는 중개사무소의 개설등록을 신청할 수 있다.
② 등록관청은 중개사무소등록증을 교부하기 전에 개설등록을 한 자가 손해배상책임을 보장하기 위한 보증설정을 하였는지 여부를 확인해야 한다.
③ 국토교통부장관은 중개사무소의 개설등록을 한 자에 대하여 국토교통부령이 정하는 바에 따라 중개사무소등록증을 교부해야 한다.
④ 중개사무소의 개설등록신청서에는 신청인의 여권용 사진을 첨부하지 않아도 된다.
⑤ 중개사무소의 개설등록을 한 개업공인중개사가 종별을 달리하여 업무를 하고자 등록신청서를 다시 제출하는 경우, 종전의 등록증은 반납하지 않아도 된다.

해설

① 불가 ③ 등록관청이 등록증을 교부한다. ④ 첨부한다. ⑤ 종전의 등록증은 반납한다.

07 공인중개사법령상 중개사무소의 개설등록에 관한 설명으로 틀린 것은? 제35회

① 금고 이상의 형의 집행유예를 받고 그 유예기간이 만료된 날부터 2년이 지나지 아니한 자는 개설등록을 할 수 없다.

② 공인중개사협회는 매월 중개사무소의 등록에 관한 사항을 중개사무소등록 · 행정처분등통지서에 기재하여 다음달 10일까지 시 · 도지사에게 통보하여야 한다.

③ 외국에 주된 영업소를 둔 법인의 경우에서는 「상법」상 외국회사 규정에 따른 영업소의 등기를 증명할 수 있는 서류를 제출하여야 한다.

④ 개설등록의 신청을 받은 등록관청은 개업공인중개사의 종별에 따라 구분하여 개설등록을 하고, 개설등록 신청을 받은 날부터 7일 이내에 등록신청인에게 서면으로 통지하여야 한다.

⑤ 공인중개사인 개업공인중개사가 법인인 개업공인중개사로 업무를 하고자 개설등록신청서를 다시 제출하는 경우 종전의 등록증은 이를 반납하여야 한다.

> **해설**
>
> 등록관청은 매월 중개사무소의 등록 · 행정처분 및 신고 등에 관한 사항을 중개사무소등록 · 행정처분등통지서에 기재하여 다음달 10일까지 공인중개사협회에 통보하여야 한다(규칙 제6조).

08 공인중개사법령상 법인의 중개사무소 개설등록의 기준으로 틀린 것은? (단, 다른 법령의 규정은 고려하지 않음) 제34회

① 대표자는 공인중개사일 것

② 대표자를 포함한 임원 또는 사원(합명회사 또는 합자회사의 무한책임사원을 말함)의 3분의 1 이상은 공인중개사일 것

③ 「상법」상 회사인 경우 자본금은 5천만원 이상일 것

④ 대표자, 임원 또는 사원(합명회사 또는 합자회사의 무한책임사원을 말함) 전원 이상 실무교육을 받았을 것

⑤ 분사무소를 설치하려는 경우 분사무소의 책임자가 실무 교육을 받았을 것

> **해설**
>
> 대표자를 제외한 임원 또는 사원의 3분의 1 이상이 공인중개사이어야 한다.

정답 05 ① 06 ② 07 ② 08 ②

제2절 게시, 명칭에 문자사용, 표시·광고

<< key 포인트! >>

1) 게시의무 〈★ 등.신 − 자.식 − 사.업〉

1. **등**록증 원본(분사무소 의 **신**고확인서 원본)
2. 개업공인중개사 및 소속공인중개사의 **자**격증 원본(단, 중개인 제외)
3. 중개보수 및 **실**비의 요율 및 한도액 표
4. **사**업자등록증
5. **업**무보증 설정 증명증서

※ 제재: 100만원 이하의 과태료

2) 문자 사용의무

① **개업공인중개사**: 명칭에 "공인중개사사무소" 또는 "부동산중개"라는 문자를 사용
② **중개인**: 명칭에 "공인중개사사무소"의 문자사용 금지(위반: 100만원 과태료)
③ **개업공인중개사가 아닌 자**: "공인중개사사무소", "부동산중개" 또는 이와 유사한 명칭사용 금지(위반: 1징 − 1벌)
④ **개업공인중개사가 옥외광고물을 설치하는 경우**: 등록증에 표기된 개업공인중개사(대표자·분사무소는 책임자)의 성명을 벽면 이용 간판 등에 인식할 수 있는 정도의 크기로 표기하여야 한다.

   〔주의〕 전화번호를 표기할 의무는 없다.

⑤ 등록관청은 위반한 사무소의 간판 등에 대하여 철거를 명할 수 있다. 이에 위반의 경우에는 「행정대집행법」에 의하여 **대집행을 할 수 있다.**

3) 간판 철거의무

개업공인중개사는 다음의 경우에 지체 없이 사무소의 간판을 철거하여야 한다.

1. 등록관청에 중개사무소의 "**이전**"사실을 신고한 경우
2. 중개사무소의 "개설**등록** 취소처분"을 받은 경우
3. 등록관청에 "**폐업**"사실을 신고한 경우

※ 단, 휴업, 업무정지는 철거의무가 없다.

4) 표시 · 광고

① 전단지 등 표시 · 광고 : 〈★ 명.소 - 연.등.성〉

> 1. 중개사무소의 **명칭, 소재지, 연락처** 및 **등록번호**
> 2. 개업공인중개사의 **성명**(법인인 경우에는 대표자의 성명)

② **인터넷을 이용한 표시 · 광고** ⇨ **중개대상물**의 다음 사항을 명시한다.

> 1. 소재지   2. 면적   3. 가격   4. 중개대상물 종류   5. 거래 형태
> 6. **건축물 및 그 밖의 토지의 정착물** : 총 층수, 사용승인 등을 받은 날, 건축물의 방향, 방의 개수, 욕실의 개수, 입주가능일, 주차대수 및 관리비

③ **부당한 표시 · 광고** - 500만원 이하의 과태료

> 1. 부존재 · 허위의 표시 · 광고
> 2. 거짓 · 과장의 표시 · 광고
> 3. 기타 그 밖에 부동산거래질서를 해치거나 피해를 줄 우려가 있는 표시 · 광고

④ **개업공인중개사가 아닌 자**는 중개대상물에 대한 표시 · 광고를 하여서는 아니 된다.
   ※ 신고시에 포상금 대상이다. / 위반시 1징 - 1벌

⑤ **국토교통부장관의 표시 · 광고의 모니터링** : 인터넷을 이용한 중개대상물에 대한 표시 · 광고 규정을 준수하는지 여부를 모니터링 할 수 있다.

> 모니터링 기관은 업무를 수행한 경우 해당 업무에 따른 결과보고서를 다음의 기한까지 국토교통부장관에게 제출해야 한다.
> 1. **기본 모니터링 업무** : 매 분기의 마지막 날부터 **30일 이내**
> 2. **수시 모니터링 업무** : 해당 모니터링 업무를 완료한 날부터 **15일 이내**

제2절 **엄선 기출문제**(제15회 ~ 제35회)

01 공인중개사법령상 개업공인중개사가 중개사무소 안의 보기 쉬운 곳에 게시해야 하는 것은? 제31회 수정

① 개업공인중개사의 실무교육 수료확인증 원본
② 소속공인중개사가 있는 경우 소속공인중개사의 실무교육 수료확인증 사본
③ 공인중개사협회 회원증
④ 소속공인중개사가 있는 경우 소속공인중개사의 공인중개사자격증 사본
⑤ 분사무소의 경우 분사무소설치 신고확인서 원본

해설
①②③은 의무가 아니다. ④ 원본

02 공인중개사법령상 소속공인중개사를 둔 개업공인중개사가 중개사무소 안의 보기 쉬운 곳에 게시하여야 하는 것을 모두 고른 것은? 제35회

> ㉠ 소속공인중개사의 공인중개사자격증 원본
> ㉡ 보증의 설정을 증명할 수 있는 서류
> ㉢ 소속공인중개사의 고용신고서
> ㉣ 개업공인중개사의 실무교육 수료확인증

① ㉠, ㉡   ② ㉠, ㉣   ③ ㉡, ㉢
④ ㉢, ㉣   ⑤ ㉠, ㉡, ㉣

해설
㉢과 ㉣은 중개사무소 안의 보기 쉬운 곳에 게시하여야 할 사항이 아니다.

03 공인중개사법령상의 명칭과 관련한 설명으로 틀린 것은? 제22회

① 공인중개사인 개업공인중개사는 사무소의 명칭에 "공인중개사사무소" 또는 "부동산중개"라는 문자를 사용해야 한다.

② 법인인 개업공인중개사가 분사무소의 옥상간판을 설치하는 경우 법인의 대표자 성명을 인식할 수 있는 정도의 크기로 표기해야 한다.

③ 개업공인중개사가 아닌 자가 공인중개사 명칭을 사용할 경우 1년 이하의 징역 또는 1천만원 이하의 벌금에 처한다.

④ 공인중개사자격이 없는 개인인 개업공인중개사는 사무소의 명칭에 "공인중개사사무소"라는 문자를 사용할 수 없다.

⑤ 공인중개사자격을 취득한 자는 중개사무소의 개설등록을 하지 않더라도 공인중개사라는 명칭을 사용할 수 있다.

해설

분사무소의 책임자 성명

04 공인중개사법령상 중개사무소의 명칭 등에 관한 설명으로 틀린 것은? 제27회

① 법인인 개업공인중개사는 그 사무소의 명칭에 "공인중개사사무소" 또는 "부동산중개"라는 문자를 사용해야 한다.

② 개업공인중개사는 옥외광고물을 설치할 의무를 부담하지 않는다.

③ 개업공인중개사가 설치한 옥외광고물에 인식할 수 있는 크기의 연락처를 표기하지 않으면 100만원 이하의 과태료 부과대상이 된다.

④ 개업공인중개사가 아닌 자가 사무소 간판에 "공인중개사사무소"의 명칭을 사용한 경우 등록관청은 그 간판의 철거를 명할 수 있다.

⑤ 개업공인중개사가 아닌 자는 중개대상물에 대한 표시 · 광고를 해서는 안 된다.

해설

성명 표기의무이다. 즉, 연락처 표기는 의무가 아니다.

05 공인중개사법령상 중개사무소 명칭에 관한 설명으로 옳은 것은? 제31회

① 공인중개사인 개업공인중개사는 그 사무소의 명칭에 "공인중개사사무소" 또는 "부동산중개"라는 문자를 사용하여야 한다.

② 공인중개사가 중개사무소의 개설등록을 하지 않은 경우, 그 사무소에 "공인중개사사무소"라는 명칭을 사용할 수 없지만, "부동산중개"라는 명칭은 사용할 수 있다.

③ 공인중개사인 개업공인중개사가 관련 법령에 따른 옥외광고물을 설치하는 경우, 중개사무소등록증에 표기된 개업공인중개사의 성명을 표기할 필요는 없다.

④ 중개사무소 개설등록을 하지 않은 공인중개사가 "부동산중개"라는 명칭을 사용한 경우, 국토교통부장관은 그 명칭이 사용된 간판 등의 철거를 명할 수 있다.

⑤ 개업공인중개사가 의뢰받은 중개대상물에 대하여 표시·광고를 하려는 경우, 중개사무소의 명칭은 명시하지 않아도 된다.

해설

② "부동산중개"도 불가 ③ 성명을 표기해야 한다. ④ 등록관청이 철거를 명한다. ⑤ 명칭, 소재지, 연락처 등을 명시한다.

06 공인중개사법령상 개업공인중개사가 설치된 사무소의 간판을 지체 없이 철거해야 하는 경우로 명시된 것을 모두 고른 것은? 제25회

> ㉠ 등록관청에 폐업신고를 한 경우
> ㉡ 등록관청에 6개월을 초과하는 휴업신고를 한 경우
> ㉢ 중개사무소의 개설등록 취소처분을 받은 경우
> ㉣ 등록관청에 중개사무소의 이전사실을 신고한 경우

① ㉠, ㉡ ② ㉢, ㉣ ③ ㉠, ㉡, ㉣
④ ㉠, ㉢, ㉣ ⑤ ㉠, ㉡, ㉢, ㉣

해설

휴업이나 업무정지처분의 경우에는 철거하지 않아도 된다.

07 공인중개사법령상 중개대상물의 표시 · 광고 및 모니터링에 관한 설명으로 틀린 것은?

제32회

① 개업공인중개사는 의뢰받은 중개대상물에 대하여 표시 · 광고를 하려면 개업공인중개사, 소속공인중개사 및 중개보조원에 관한 사항을 명시해야 한다.

② 개업공인중개사는 중개대상물이 존재하지 않아서 실제로 거래를 할 수 없는 중개대상물에 대한 광고와 같은 부당한 표시 · 광고를 해서는 안 된다.

③ 개업공인중개사는 중개대상물의 가격 등 내용을 과장되게 하는 부당한 표시 · 광고를 해서는 안 된다.

④ 국토교통부장관은 인터넷을 이용한 중개대상물에 대한 표시 · 광고의 규정준수 여부에 관하여 기본 모니터링과 수시 모니터링을 할 수 있다.

⑤ 국토교통부장관은 인터넷 표시 · 광고 모니터링 업무 수행에 필요한 전문인력과 전담조직을 갖췄다고 국토교통부장관이 인정하는 단체에게 인터넷 표시 · 광고 모니터링 업무를 위탁할 수 있다.

해설

소속공인중개사 및 중개보조원에 관한 사항을 명시할 의무는 없다.

제3절 | 2중등록과 2중소속금지

<< key 포인트! >>

1) 2중등록금지 ⇨ 즉, 1인 1등록주의에 반한다.

① 지역·종별 불문하고 금지된다.

② **제재**: 절대적 등록취소와 행정형벌로서 1년 이하의 징역 또는 1천만원 이하의 벌금

2) 2중소속금지

① 개업공인중개사 등은 다른 개업공인중개사의 소속공인중개사·중개보조원 또는 개업공인중개사인 법인의 사원·임원이 될 수 없다.

② 중개업에 종사자 모두가 금지된다.

③ 겸업과 구별하여야 한다. **예** 식당, 미장원 운영 등은 가능하다.

④ **제재**

> ㉠ **개업공인중개사**: 절대적 등록취소와 1년 이하의 징역 또는 1천만원 이하의 벌금
> ㉡ **소속공인중개사**: 자격정지와 1년 이하의 징역 또는 1천만원 이하의 벌금
> ㉢ **중개보조원**: 1년 이하의 징역 또는 1천만원 이하의 벌금

제3절 | **엄선 기출문제**(제15회 ~ 제35회)

01 공인중개사법령상 이중등록 및 이중소속의 금지에 관한 설명으로 옳은 것을 모두 고른 것은? 제27회

> ⊙ A군에서 중개사무소 개설등록을 하여 중개업을 하고 있는 자가 다시 A군에서 개설등록을 한 경우, 이중등록에 해당한다.
> ⓛ B군에서 중개사무소 개설등록을 하여 중개업을 하고 있는 자가 다시 C군에서 개설등록을 한 경우, 이중등록에 해당한다.
> ⓔ 개업공인중개사 甲에게 고용되어 있는 중개보조원은 개업공인중개사인 법인 乙의 사원이 될 수 없다.
> ⓓ 이중소속의 금지에 위반한 경우 1년 이하의 징역 또는 1천만원 이하의 벌금형에 처한다.

① ⊙, ⓛ   ② ⓔ, ⓓ   ③ ⊙, ⓛ, ⓔ

④ ⓛ, ⓔ, ⓓ   ⑤ ⊙, ⓛ, ⓔ, ⓓ

02 「공인중개사법」상의 이중등록 및 이중소속에 관한 설명 중 옳은 것은? 제21회

① 공인중개사자격증이 없는 부칙 제6조 제2항의 개업공인중개사는 법인의 대표자가 아닌 사원·임원이나 중개보조원으로 중개업에 종사할 수 있다.

② 소속공인중개사가 개업공인중개사를 달리하여 이중소속이 된 경우에는 1년 이하의 징역 또는 1,000만원 이하의 벌금과 자격취소사유에 해당한다.

③ 중개보조원이 이중소속이 된 경우에는 1년 이하의 징역 또는 1,000만원 이하의 벌금형에만 해당하며, 행정처분은 받지 않는다.

④ 개업공인중개사인 법인의 사원·임원으로 중개업에 종사하면서 다른 중개법인의 사원·임원으로 또 다시 소속되어 중개업무를 수행하는 것은 예외적으로 허용된다.

⑤ 서울 강남구에 중개사무소가 있는 공인중개사인 개업공인중개사 甲이 송파구에 있는 물류회사에서 근무하는 것은 이중소속에 해당되어 이 법상 금지된다.

해설
① 종사할 수 없다. ② 자격정지사유 ④ 예외 없이 불허된다. ⑤ 겸업으로 이중소속이 아니다.

정답   01 ⑤   02 ③

제**4**절 무등록중개업

<< key 포인트! >>

1) 무등록업자의 유형

① 등록신청 후 등록처분이 있기 전에 중개업을 하는 자
② **폐업신고 후**: 중개업을 계속하는 자
③ **등록취소 처분받은 후**: 중개업을 계속하는 자
④ **중개법인이 해산한 후**: 사원·임원이 중개업을 하는 경우
⑤ **개인 개업공인중개사 사망 후**: 고용인이 중개업을 하는 경우

2) 등록처분 및 통지 후 등록증 교부 전에 중개업을 한 경우는 무등록중개업이 아니다.

3) 업무정지, 또는 휴업기간 중에 중개업을 하는 경우는 무등록중개업이 아니다. 다만, 다른 사유로 처벌될 뿐이다.

4) 무등록중개업의 효력

① 거래계약(매매 등) 효력에는 영향이 없다.
② 보수청구권 인정되지 않는다.
③ 행정형벌 대상이다(3년 이하의 징역 또는 3천만원 이하의 벌금형이다).

5) 관련 판례

① 부동산컨설팅사업자가 부수하여 부동산중개업을 하는 것은 무등록업에 해당된다.
② 거래당사자가 무등록업자에게 중개를 의뢰하거나 미등기 부동산의 전매에 대하여 중개를 의뢰하였다고 하더라도 그 중개의뢰행위 자체는 처벌 대상이 될 수 없다.
③ 무등록업자와 매매 당사자와 사이에 체결한 중개보수 지급약정은 강행법규 위반으로 로 **무효이다.**
④ 무자격자가 "업"이 아닌, 우연히 1회 거래를 중개하면서 한 중개보수 약정은 강행법규 위반으로 **무효가 아니다.**

제4절 | 엄선 기출문제(제15회 ~ 제35회)

01 다음 중 무등록 중개업으로 볼 수 없는 경우는?　　　　제12회

① 공인중개사가 「공인중개사법」에 따라 중개사무소 개설등록을 하지 아니하고 중개업을 영위한 자

② 공인중개사인 개업공인중개사가 중개업을 폐업한 후 계속하여 중개업을 영위한 자

③ 공인중개사가 등록관청에 중개사무소 개설등록신청을 한 단계에서 중개업을 영위한 자

④ 이 법에 의해 중개사무소 개설등록이 취소된 후 계속하여 중개업을 영위한 자

⑤ 등록관청으로부터 등록처분 및 통지를 받고 등록증을 교부받기 전에 중개업을 영위한 자

해설

등록처분 및 통지를 받았으면 개업공인중개사이다. 따라서 무등록이 아니다.

02 다음 중 현행 「공인중개사법」상 무등록 중개업에 대한 내용으로 틀린 것은?

제21회 수정

① 거래당사자가 무등록업자에게 중개를 의뢰하거나 미등기 부동산의 전매에 대하여 중개를 의뢰하였다고 하더라도 그 중개의뢰행위 자체는 처벌 대상이 될 수 없다.

② 개업공인중개사가 업무정지처분 기간 중에 중개업무를 수행해도 무등록 중개업은 아니다.

③ 공인중개사 자격증을 위조하여 부정한 방법으로 등록처분을 받고 중개업을 한 경우, 무등록 중개업은 아니다.

④ 무자격자가 "업"이 아닌, 우연히 1회 거래를 중개하면서 한 중개보수 약정은 무효가 아니다.

⑤ 무등록 중개업을 한 자는 3년 이하의 징역형 또는 3천만원 이하의 벌금형에 해당한다. 다만, 거래계약은 유효하므로 중개보수 청구권은 보장된다.

해설

중개보수 청구권은 인정되지 않는다.

정답　01 ⑤　02 ⑤

개업공인중개사 등의 결격사유

<< key 포인트! >>

① **미성년자**: 예외 없이 결격에 해당된다.

② **피성년후견인 또는 피한정후견인**: 법원의 선고시부터 후견 종료심판까지 결격임.

　　주의 피특정후견인: 결격이 아니다.

③ **파산선고**: **면책결정 또는 복권결정** **주의** 복권신청만 한 상태는 결격이다.

④ **이 법 + 모든 법 위반**: 금고 또는 징역형의 선고받고

> ⓐ **집행이 종료**: 만기석방 3년 / **가석방**: 잔형기 + 3년
> ⓑ **집행이 면제**(법률변경, 특별사면): 3년
> 　　**주의** 일반 사면은 즉시 벗어난다.

⑤ **금고 또는 징역형의 집행유예**: 그 **유예기간 + 2년**

　　주의 징역, 금고, 벌금의 선고유예는 결격이 아니다.

⑥ **「공인중개사법」 위반 + 300만원 이상 벌금형의 선고**: 3년

　　주의 다른 법, 즉 폭행죄, 「도로교통법」, 「정치자금법」 등으로 벌금형을 받아도 결격이 아니다.

⑦ **「공인중개사법」 위반**

　　ⓐ 자격 취소: 3년간
　　ⓑ 자격 정지(소속공인중개사만 해당): 자격정지 **기간만**
　　ⓒ 등록 취소: 3년간

⑧ **업무정지처분을 받고 폐업**: 업무정지 기간만 결격

⑨ **업무정지처분을 받은 개업공인중개사인 법인**: 업무정지의 **사유가 발생한 당시의 사원 또는 임원이었던 자는 업무정지 기간 동안 결격이다.**

⑩ 법인의 사원, 임원 중 **1인만** 결격이어도 절대적 등록취소사유다(단, 사원·임원 **2개월 이내** 사유를 해소하면 된다).

⑪ 고용된 후에 결격사유가 발생하면 사유 발생일로부터 **2개월 이내** 해소하여야 한다(위반하면 업무정지사유에 해당된다).

엄선 기출문제(제15회 ~ 제35회)

01 공인중개사법령상 중개사무소개설등록의 결격사유에 해당하지 않는 자는? 제21회

① 미성년자

② 「형법」상 절도죄로 300만원 벌금형을 선고받고 1년이 경과되지 않은 자

③ 금고 1년, 집행유예 2년을 선고받고 그 유예기간 중에 있는 자

④ 개업공인중개사인 법인의 업무정지의 사유가 발생한 당시의 사원 또는 임원이었던 자로서 해당 개업공인중개사에 대한 업무정지기간이 지나지 아니한 자

⑤ 파산선고를 받고 복권신청 한 자

해설

이 법이 아닌 「형법」 위반으로 벌금형을 받은 경우는 결격이 아니다.

02 다음 중 중개사무소 개설등록의 결격사유에 해당하는 자를 모두 고른 것은? 제24회

> ㉠ 미성년자가 임원으로 있는 법인
> ㉡ 개인회생을 신청한 후 법원의 인가 여부가 결정되지 않은 공인중개사
> ㉢ 공인중개사의 자격이 취소된 후 4년이 된 자
> ㉣ 음주교통사고로 징역형을 선고받고 그 형의 집행유예기간 중인 공인중개사

① ㉠   ② ㉠, ㉣   ③ ㉡, ㉢   ④ ㉠, ㉡, ㉣   ⑤ ㉡, ㉢, ㉣

해설

㉡ 결격이 아니다. ㉢ 자격취소는 3년간만 결격

03 2024년 10월 23일 현재 공인중개사법령상 중개사무소 개설등록 결격사유에 해당하는 자는? (주어진 조건만 고려함) 제26회 수정

① 형의 선고유예 기간 중에 있는 자

② 2022년 7월 15일 파산선고를 받고 2024년 10월 15일 복권된 자

③ 「도로교통법」을 위반하여 2023년 3월 15일 벌금 500만원을 선고받은 자

④ 부정하게 개설등록을 하여 2021년 11월 15일 개설등록이 취소된 자

⑤ 2024년 4월 20일 공인중개사 자격의 정지처분을 받은 자

해설

①③ 결격 아님 ② 복권되면 즉시 벗어남 ⑤ 자격정지는 최장 6개월이 결격, 24년 10월 19일까지 결격이다.

정답 01 ② 02 ② 03 ④

04 공인중개사법령상 중개사무소 개설등록의 결격사유를 모두 고른 것은? 제31회 수정

> ⊙ 피한정후견인
> ⓒ 2년을 폐업하고 재등록한 개업공인중개사가 폐업 전의 사유로 등록이 취소된 후 2년이 지난 경우
> ⓒ 공인중개사 자격이 취소된 후 3년이 지나지 아니한 임원이 있는 법인
> ② 개업공인중개사인 법인의 해산으로 중개사무소 개설등록이 취소된 후 3년이 지나지 않은 경우 그 법인의 대표이었던 자

① ⊙   ② ⊙, ⓒ   ③ ⓒ, ⓒ
④ ⓒ, ②   ⑤ ⊙, ⓒ, ②

해설
ⓒ 등록취소 3년에서 폐업기간 2년을 공제하면 1년만 결격
② 해산으로 등록이 취소된 경우는 결격기간 3년이 적용되지 않는다.

05 다음 중 중개사무소 개설등록의 결격사유에 해당하지 않는 자는? 제30회 수정

① 징역형 2년을 선고 받고 수감 중에 일반사면 받고 3년이 경과되지 아니한 자
② 금고 이상의 실형의 선고를 받고 그 집행이 종료되거나 집행이 면제된 날부터 3년이 경과되지 아니한 자
③ 공인중개사의 자격이 취소된 후 3년이 경과되지 아니한 자
④ 업무정지처분을 받은 개업공인중개사인 법인의 업무정지의 사유가 발생한 당시의 사원 또는 임원이었던 자로서 당해 개업공인중개사에 대한 업무정지 기간이 경과되지 아니한 자
⑤ 사원 중 금고 이상의 형의 집행유예를 받고 그 유예기간 중에 있는 자가 있는 법인

해설
일반사면은 즉시 벗어난다.

정답 ▶ 04 ② 05 ①

Chapter 04
중개사무소 등 중개업무제도

중개사무소 설치와 이전

<< key 포인트! >>

1) 중개사무소 설치

(I) 개업공인중개사의 중개사무소 설치

> ① 등록관청의 관할 구역 **안에** 중개사무소를 설치하되 1개만 설치(1등록 1사무소 원칙)
> ② 천막 그 밖에 이동이 용이한 **임시 중개시설물** 설치 금지(떳다방)

(2) 법인의 분사무소 설치

> ① 주된 사무소의 소재지가 속한 시·군·구를 **제외한** 시·군·구별로 설치, 시·군·구별로 **1개소**를 초과할 수 없다.
> ② 분사무소에는 **공인중개사를 책임자**로 두어야 한다. ※ 다만, 특수법인 재량
> ③ 등록관청은 신고확인서를 교부하고 지체 없이 그 분사무소 설치 **예정지역**을 관할하는 시장·군수 또는 구청장에게 이를 통보함.

(3) 공동사무소 설치

2) 사무소 이전(공통: 사후 10일 이내 신고)

(I) 개업공인중개사의 중개사무소 이전

① 관할 내의 이전

> ㉠ 이전한 날부터 10일 이내에 신고
> ㉡ **서류**: 등록증 + 중개사무소 확보서류
> ㉢ 등록관청은 중개사무소 등록증에 **변경사항을 기재하여 교부할 수 있다.**
> ㉣ 송부서류가 없다.

② 관할 외의 이전

　　㉠ 이전 후 10일 이내에 이전 후 등록관청에 신고하여야 한다.

　　㉡ 등록관청은 중개사무소 **등록증을 재교부하여야 한다.**

　　㉢ 송부하여야 하는 서류 　주의 등록증은 송부서류(×)

> 1. 이전신고를 한 중개사무소의 부동산중개사무소 등록대장
> 2. 부동산중개사무소 개설등록 신청서류
> 3. 최근 1년간의 행정처분 및 행정처분절차가 진행 중인 경우 그 관련 서류

　　㉣ 신고 전에 발생한 사유로 인한 행정처분은 **이전 후 등록관청**이 이를 행한다.

(2) 법인의 분사무소 이전

> ① 이전한 날부터 10일 이내에 신고
> ② 주된 사무소의 소재지 관할 등록관청에 신고한다.
> ③ **서류**: 신고확인서 + 중개사무소 확보서류
> ④ 등록관청은 지체 없이 그 분사무소의 **이전 전 및 이전 후의** 시장·군수 또는 구청장에게 이를 통보하여야 한다.

3) 제재: 100만원 이하의 과태료

제1절 | **엄선 기출문제**(제15회 ~ 제35회)

01 공인중개사법령상 중개사무소의 설치에 관한 설명으로 옳은 것은? 제21회

① 중개사무소 설치기준에 관하여 필요한 사항은 국토교통부령으로 정한다.

② 공인중개사인 개업공인중개사도 책임자를 두는 경우에는 분사무소를 설치할 수 있다.

③ 개업공인중개사는 등록관청의 허가를 받아 천막 등 임시중개시설물을 설치할 수 있다.

④ 다른 법의 제한이 없는 경우 법인인 개업공인중개사는 종별이 다른 개업공인중개사와 공동으로 중개사무소를 사용할 수 있다.

⑤ 법인인 개업공인중개사의 분사무소에는 1인 이상의 중개보조원을 두어야 한다.

해설
① 대통령령 ② 법인인 개업공인중개사만 가능 ③ 절대적으로 설치 불가 ⑤ 고용할 의무 없다.

02 다음 중 분사무소의 설치에 관한 설명으로 옳은 것을 모두 고른 것은? 제25회

> ㉠ 다른 법률의 규정에 따라 중개업을 할 수 있는 법인의 분사무소에는 공인중개사를 책임자로 두어야 한다.
> ㉡ 분사무소의 설치신고를 하려는 자는 그 신고서를 주된 사무소의 소재지를 관할하는 등록관청에 제출해야 한다.
> ㉢ 분사무소의 설치신고를 받은 등록관청은 그 신고내용이 적합한 경우에는 국토교통부령이 정하는 신고확인서를 교부해야 한다.
> ㉣ 분사무소의 설치신고를 하려는 자는 법인등기사항증명서를 제출해야 한다.

① ㉠, ㉡   ② ㉠, ㉢   ③ ㉡, ㉢
④ ㉢, ㉣   ⑤ ㉠, ㉡, ㉣

해설
㉠ 공인중개사가 아니어도 가능 ㉣ 법인등기사항증명서를 제출(×)

정답 01 ④ 02 ③

03 공인중개사법령상 공인중개사인 개업공인중개사가 중개사무소를 등록관청의 관할 지역 내로 이전한 경우에 관한 설명으로 틀린 것을 모두 고른 것은? 제32회

> ㉠ 중개사무소를 이전한 날부터 10일 이내에 신고해야 한다.
> ㉡ 등록관청이 이전신고를 받은 경우, 중개사무소등록증에 변경사항만을 적어 교부할 수 없고 재교부해야 한다.
> ㉢ 이전신고를 할 때 중개사무소등록증을 제출하지 않아도 된다.
> ㉣ 건축물대장에 기재되지 않은 건물로 이전신고를 하는 경우, 건축물대장 기재가 지연되는 사유를 적은 서류도 제출해야 한다.

① ㉠, ㉡   ② ㉠, ㉣   ③ ㉡, ㉢
④ ㉢, ㉣   ⑤ ㉡, ㉢, ㉣

해설
㉡ 변경사항만을 적어 교부할 수 있다(선택). ㉢ 등록증을 제출한다.

04 공인중개사법령상 중개사무소를 등록관청의 관할지역 외의 지역으로 이전하고 이를 신고한 경우, 이에 관한 설명으로 옳은 것(○)과 틀린 것(×)을 바르게 표시한 것은? 제23회 수정

> ㉠ 개업공인중개사는 이전한 날부터 10일 이내에 이전 전의 등록관청에 이전사실을 신고해야 한다.
> ㉡ 이전신고 전에 발생한 사유로 인한 개업공인중개사에 대한 행정처분은 이전 전의 등록관청이 이를 행한다.
> ㉢ 이전신고를 받은 등록관청은 원래의 중개사무소 등록증에 변경사항을 기재하여 교부할 수 있다.

① ㉠ (×), ㉡ (×), ㉢ (×)   ② ㉠ (×), ㉡ (○), ㉢ (×)
③ ㉠ (×), ㉡ (×), ㉢ (○)   ④ ㉠ (○), ㉡ (○), ㉢ (×)
⑤ ㉠ (○), ㉡ (○), ㉢ (○)

해설
㉠ 이전 후 ㉡ 이전 후 ㉢ 재교부한다.

05 공인중개사법령상 법인인 개업공인중개사가 등록관청 관할지역 외의 지역으로 중개사무소 또는 분사무소를 이전하는 경우에 관한 설명으로 옳은 것은? 　제31회

① 중개사무소 이전신고를 받은 등록관청은 그 내용이 적합한 경우, 중개사무소등록증의 변경사항을 기재하여 교부하거나 중개사무소등록증을 재교부하여야 한다.

② 건축물대장에 기재되지 않은 건물에 중개사무소를 확보한 경우, 건축물대장의 기재가 지연된 사유를 적은 서류를 첨부할 필요가 없다.

③ 중개사무소 이전신고를 하지 않은 경우 과태료 부과대상이 아니다.

④ 분사무소 이전신고는 이전한 날부터 10일 이내에 이전할 분사무소의 소재지를 관할하는 등록관청에 하면 된다.

⑤ 등록관청은 분사무소의 이전신고를 받은 때에는 지체 없이 그 분사무소의 이전 전 및 이전 후의 소재지를 관할하는 시장·군수 또는 구청장에게 이를 통보하여야 한다.

해설

① 변경사항을 기재하여 교부(×), 재교부하여야 한다(○). ② 첨부한다. ③ 100만원 이하의 과태료 ④ 주된 사무소의 등록관청

06 공인중개사법령상 개업공인중개사의 중개사무소 이전신고 등에 관한 설명으로 틀린 것은? 　제34회

① 개업공인중개사가 중개사무소를 등록관청의 관할 지역 외의 지역으로 이전한 경우에는 이전 후의 중개사무소를 관할하는 시장·군수 또는 구청장에게 신고하여야 한다.

② 개업공인중개사가 등록관청에 중개사무소의 이전사실을 신고한 경우에는 지체 없이 사무소의 간판을 철거하여야 한다.

③ 분사무소의 이전신고를 하려는 경우에는 주된 사무소의 소재지를 관할하는 등록관청에 중개사무소이전신고서를 제출해야 한다.

④ 업무정지 기간 중에 있는 개업공인중개사는 중개사무소의 이전신고를 하는 방법으로 다른 개업공인중개사의 중개사무소를 공동으로 사용할 수 없다.

⑤ 공인중개사인 개업공인중개사가 중개사무소이전신고서를 제출할 때 중개사무소등록증을 첨부하지 않아도 된다.

해설

중개사무소 등록증을 첨부하여 등록관청에 제출해야 한다.

정답　03 ③　04 ①　05 ⑤　06 ⑤

제2절 | **개업공인중개사의 업무범위**(지역, 겸업)

<< key 포인트! >>

1) 개업공인중개사의 업무지역 범위

① 법인(특수법인) 및 분사무소와 공인중개사인 개·공의 업무활동 범위는 전국

② **부칙 제6조 제2항의 자**(중개인)

> **원칙**: 중개사무소 기준으로 특·광·도의 관할 내의 중개대상물만 중개 가능

2) 중개업 외 겸업 범위

(I) **법인 개업공인중개사**

> ※ **법인인 개업공인중개사는 중개업 및 다음 업무만을 할 수 있다.**
> 1. 상업용 건축물 및 주택의 임대관리 등 부동산의 관리대행
> 2. 부동산의 이용 및 개발, 거래에 관한 상담(부동산 컨설팅)
> 3. 개업공인중개사를 대상으로 한 중개업의 경영기법 및 경영정보의 제공
> 4. 주택 및 상가의 분양 대행
> 5. 기타 중개업에 부수되는 업무로서 주거이전에 부수한 용역 알선
> 6. "**경매**"대상 부동산의 매수신청 또는 입찰신청의 "**대리**"를 하고자 하는 때에는 법원에 "**등록**"을 하고 그 감독을 받아야 한다.

① 농업용, 공업용 창고 등은 부동산관리대행은 할 수 없다.

② 프랜차이즈업은 개업공인중개사만을 대상으로 하여야 한다.

③ 주택 및 상가의 분양 대행 〔주의〕 토지 분양대행은 할 수 없다.

④ **경매**의 경우에 대리행위가 아닌 단순한 권리분석 및 취득알선은 등록할 필요가 없다.

⑤ **공매의** 경우에는 등록할 필요가 없다.

⑥ 도배업이나 이사업을 직접 운영할 수는 없다.

3) 「공인중개사법」의 법정 중개보수는 적용하지 않으며, 당사자 간 합의로 정한다.

4) 위반: 임의적 등록취소

01 개업공인중개사의 업무의 범위에 관한 설명 중 틀린 것은? 제20회
① 중개법인의 분사무소의 업무지역은 전국으로 한다.
② 특수법인은 「공인중개사법」에 규정이 없으므로 전국을 업무지역으로 할 수 없다.
③ 중개인의 업무지역은 당해 중개사무소가 소재하는 특별시 · 광역시 · 도의 관할구역으로 한다.
④ 중개인이 규정에 의하여 부동산거래정보망에 가입하고 이를 이용하여 중개하는 경우에는 당해 정보망에 공개된 관할구역 외의 중개대상물에 대하여도 이를 중개할 수 있다.
⑤ 현행 법령상 중개대상물의 범위는 개업공인중개사의 종별에 따라 차이가 없다.

해설
특수법인도 전국적으로 가능하다.

02 공인중개사법령상 부동산중개와 관련된 설명으로 옳은 것(○)과 틀린 것(×)을 바르게 표시한 것은? 제21회

> ㉠ 법인인 개업공인중개사는 토지의 분양대행업무도 할 수 있다.
> ㉡ 법인이 아닌 개업공인중개사는 부동산의 개발에 관한 상담을 하고 의뢰인으로부터 합의된 보수를 받을 수 있다.
> ㉢ 개업공인중개사가 중개보조원의 고용이 종료된 때에는 지체 없이 국토교통부령이 정하는 바에 따라 등록관청에 신고해야 한다.
> ㉣ 개업공인중개사 甲이 임차한 중개사무소를 개업공인중개사 乙이 공동으로 사용하려는 경우, 乙은 개설등록신청시 건물주의 사용승낙서를 첨부해야 한다.

① ㉠ (×), ㉡ (○), ㉢ (×), ㉣ (×)
② ㉠ (×), ㉡ (×), ㉢ (○), ㉣ (○)
③ ㉠ (×), ㉡ (○), ㉢ (○), ㉣ (×)
④ ㉠ (○), ㉡ (×), ㉢ (○), ㉣ (○)
⑤ ㉠ (○), ㉡ (○), ㉢ (×), ㉣ (×)

해설
㉠ 불가 ㉢ 10일 이내 ㉣ 다른 개업공인중개사의 승낙

정답 01 ② 02 ①

03 공인중개사법령상 개업공인중개사의 겸업에 관한 설명으로 옳은 것은? 　제22회

① 모든 개업공인중개사는 개업공인중개사를 대상으로 한 중개업의 경영기법의 제공업무를 겸업할 수 있다.

② 법인이 아닌 모든 개업공인중개사는 법인인 개업공인중개사에게 허용된 겸업 업무를 모두 영위할 수 있다.

③ 법인인 개업공인중개사는 부동산의 이용·개발 및 거래에 관한 상담업무를 겸업해야 한다.

④ 법인인 개업공인중개사는 중개의뢰인의 의뢰에 따른 도배·이사업을 겸업할 수 있다.

⑤ 공인중개사인 개업공인중개사는 20호 미만으로 건설되는 단독주택의 분양대행업을 겸업할 수 없다.

해설
② 부칙 제6조 제2항의 자는 경·공매 불가 ③ 재량 ④ 용역업 직접은 불가 ⑤ 규모제한 없이 가능

04 공인중개사법령상 법인인 개업공인중개사가 겸업할 수 있는 업무를 모두 고른 것은? (단, 다른 법률의 규정은 고려하지 않음) 　제29회

> ㉠ 주택의 임대관리 및 부동산의 임대업
> ㉡ 부동산의 이용·개발에 관한 상담
> ㉢ 중개의뢰인의 의뢰에 따른 주거이전에 부수되는 용역의 제공
> ㉣ 상업용 건축물의 분양대행
> ㉤ 「국세징수법」에 의한 공매대상 부동산에 대한 입찰신청의 대리

① ㉠, ㉡　　　　　② ㉢, ㉣　　　　　③ ㉠, ㉢, ㉤
④ ㉡, ㉢, ㉣　　　　⑤ ㉡, ㉣, ㉤

해설
㉠ 부동산임대업(×) ㉢ 용역의 제공(×), 알선만 가능

05 공인중개사법령상 법인인 개업공인중개사가 겸업할 수 있는 것을 모두 고른 것은?
(단, 다른 법률의 규정은 고려하지 않음) 제31회

> ㉠ 주택용지의 분양대행
> ㉡ 주상복합 건물의 분양 및 관리의 대행
> ㉢ 부동산의 거래에 관한 상담 및 금융의 알선
> ㉣ 「국세징수법」상 공매대상 동산에 대한 입찰신청의 대리
> ㉤ 법인인 개업공인중개사를 대상으로 한 중개업의 경영기법 제공

① ㉠, ㉡   ② ㉡, ㉤   ③ ㉢, ㉣
④ ㉠, ㉡, ㉤   ⑤ ㉡, ㉢, ㉣, ㉤

해설

㉠ 택지(용지) 불가 ㉢ 금융의 알선 불가 ㉣ 공매대상 동산 불가

06 공인중개사법령상 개업공인중개사가 다음의 행위를 하기 위하여 법원에 등록해야 하는 것을 모두 고른 것은? (단, 법 제7638호 부칙 제6조 제2항은 고려하지 않음)
제35회

> ㉠ 「민사집행법」에 의한 경매대상 부동산의 매수신청의 대리
> ㉡ 「국세징수법」에 의한 공매대상 부동산의 입찰신청의 대리
> ㉢ 중개행위에 사용할 인장의 변경
> ㉣ 중개행위로 인한 손해배상책임을 보장하기 위한 보증보험의 가입

① ㉠   ② ㉠, ㉡   ③ ㉡, ㉣
④ ㉠, ㉡, ㉢   ⑤ ㉠, ㉢, ㉣

해설

㉠ 개업공인중개사가 경매대상 부동산의 매수신청 또는 입찰신청의 대리를 하고자 하는 때에는 법원에 등록을 하고 그 감독을 받아야 한다.
㉡ 개업공인중개사는 공매대상 부동산에 대한 권리분석 취득의 알선과 매수신청 또는 입찰신청의 대리는 법원 등록 없이 할 수 있다.
㉢㉣ 법원에 등록할 사항이 아니다.

정답 03 ① 04 ⑤ 05 ② 06 ①

제3절 개업공인중개사의 고용인

<< key 포인트! >>

1) 고용신고 등

> ① 개업공인중개사는 소속공인중개사는 실무교육 또는 중개보조원은 직무교육을 **받도록 한 후 업무개시 전까지** 등록관청에 신고(전자문서에 의한 신고를 포함한다)하여야 한다.
>
> ② 고용신고를 받은 **등록관청**은 공인중개사 자격증을 발급한 시·도지사에게 그 소속공인중개사의 공인중개사 자격 확인을 요청하여야 한다.
>
> ③ 고용신고를 받은 등록관청은 **결격사유** 해당 여부와 **교육수료** 여부를 확인하여야 한다.
>
> ④ 개업공인중개사는 소속공인중개사 또는 중개보조원과의 고용관계가 종료된 때에는 고용관계가 **종료된 날부터 10일** 이내에 등록관청에 신고하여야 한다(위반 - 업무정지).
>
> ⑤ 소속공인중개사 또는 중개보조원으로 **외국인을 고용**하는 경우에는 **결격사유** 중 어느 하나에 해당되지 아니함을 증명하는 서류를 첨부하여야 한다.
>
> ⑥ 소속공인중개사 또는 중개보조원의 업무상 행위는 그를 고용한 개업공인중개사의 **행위로 본다.**

2) 고용인의 업무에 대한 개업공인중개사의 책임관계

① 고용인의 모든 행위가 아니라, 중개업무상 행위만 개업공인중개사의 **행위로 본다.**
  주의 추정 ×

② 개업공인중개사는 무과실책임으로서 민사책임을 진다.

③ 고용인의 업무상 위법행위로 인하여 개업공인중개사의 등록이 취소될 수는 있어도, 자격증이 취소되는 경우는 없다.

④ 고용인의 위법한 행위로 개업공인중개사는 민사·형사·행정상 책임을 모두 질 수 있다.

⑤ 고용인이 행정형벌에 위반 한 경우에 양벌규정(제50조)에 따라 개업공인중개사는 벌금형을 받는다. 다만, 그 개업공인중개사가 상당한 주의와 감독했으면 처벌(×)

⑥ 개업공인중개사가 양벌규정에 따라 300만원 이상 벌금형을 선고 받았더라도, 결격사유자가 되거나 이로 인하여 등록이 취소되지 않는다.

제3절 | **엄선 기출문제**(제15회 ~ 제35회)

01 공인중개사법령상 개업공인중개사의 고용인에 관한 설명으로 옳은 것은? 제22회 수정

① 개업공인중개사가 중개보조원을 고용한 경우 고용일부터 10일 이내에 등록관청에 신고해야 한다.

② 중개보조원의 모든 행위는 그를 고용한 개업공인중개사의 행위로 본다.

③ 개업공인중개사가 중개보조원을 해고하려고 하는 때에는 사전에 등록관청에 신고해야 한다.

④ 고용 신고를 받은 등록관청은 공인중개사 자격증을 발급한 시 · 도지사에게 그 소속공인중개사의 공인중개사 자격 확인을 요청하여야 한다.

⑤ 소속공인중개사는 중개행위에 사용할 인장으로 「인감증명법」에 따라 신고한 인장을 등록해야 한다.

해설

① 업무개시 전 ② 업무상 행위 ③ 종료 10일 이내 ⑤ 의무가 아니다.

02 공인중개사법령상 개업공인중개사의 고용인과 관련된 설명으로 옳은 것은? (다툼이 있으면 판례에 따름) 제26회

① 소속공인중개사에 대한 고용신고를 받은 등록관청은 공인중개사 자격증을 발급한 시 · 도지사에게 그 자격 확인을 요청해야 한다.

② 개업공인중개사가 소속공인중개사를 고용한 경우 그 업무개시 후 10일 이내에 등록관청에 신고해야 한다.

③ 소속공인중개사는 고용신고일 전 1년 이내에 직무교육을 받아야 한다.

④ 중개보조원의 업무상 행위는 그를 고용한 개업공인중개사의 행위로 추정한다.

⑤ 중개보조원의 업무상 과실로 인한 불법행위로 의뢰인에게 손해를 입힌 경우 개업공인중개사가 손해배상책임을 지고 중개보조원은 그 책임을 지지 않는다.

해설

② 업무개시 전 ③ 실무교육 ④ 본다. ⑤ 연대책임

정답 01 ④ 02 ①

03 공인중개사법령상 개업공인중개사의 고용인에 관한 설명으로 옳은 것은? 　제34회

① 중개보조원의 업무상 행위는 그를 고용한 개업공인중개사의 행위로 보지 아니한다.
② 소속공인중개사를 고용하려는 개업공인중개사는 고용 전에 미리 등록관청에 신고해야 한다.
③ 개업공인중개사는 중개보조원과의 고용관계가 종료된 때에는 고용관계가 종료된 날부터 10일 이내에 등록관청에 신고하여야 한다.
④ 개업공인중개사가 소속공인중개사의 고용 신고를 할 때에는 해당 소속공인중개사의 실무교육 수료확인증을 제출하여야 한다.
⑤ 개업공인중개사는 외국인을 중개보조원으로 고용할 수 없다.

해설

① 고용인의 업무상 행위는 그를 고용한 개업공인중개사의 행위로 본다.
② 소속공인중개사 고용한 경우에는 교육을 받도록 한 후 업무개시 전까지 등록관청에 신고(전자문서에 의한 신고를 포함한다)하여야 한다.
④ **등록관청**은 자격증을 발급한 시·도지사에게 그 소속공인중개사의 **자격 확인을 요청하여야 하며, 결격 사유** 해당 여부와 교육수료 여부를 확인하여야 한다.
⑤ 외국인을 고용할 수 있다.

04 공인중개사법령상 고용인의 신고 등에 관한 설명으로 옳은 것은? 　제35회

① 등록관청은 중개보조원의 고용 신고를 받은 경우 이를 공인중개사협회에 통보하지 않아도 된다.
② 개업공인중개사는 소속공인중개사를 고용한 경우에는 소속공인중개사가 업무를 개시한 날부터 10일 이내에 등록관청에 신고하여야 한다.
③ 개업공인중개사가 고용할 수 있는 중개보조원의 수는 개업공인중개사와 소속공인중개사를 합한 수의 5배를 초과하여서는 아니 된다.
④ 개업공인중개사는 소속공인중개사와의 고용관계가 종료된 때에는 고용관계가 종료된 날부터 30일 이내에 등록관청에 신고하여야 한다.
⑤ 소속공인중개사에 대한 고용 신고를 받은 등록관청은 공인중개사협회에게 그 소속공인중개사의 공인중개사 자격 확인을 요청하여야 한다.

해설

① 협회에 통보할 사항이다.
② 개업공인중개사는 소속공인중개사 또는 중개보조원을 고용한 경우에는 교육을 받도록 한 후 업무개시 전까지 등록관청에 신고(전자문서에 의한 신고를 포함한다)하여야 한다.
④ 10일 이내에 등록관청에 신고하여야 한다.
⑤ 등록관청은 자격증을 발급한 시·도지사에게 그 소속공인중개사의 자격 확인을 요청하여야 한다.

05 공인중개사인 개업공인중개사 甲의 소속공인중개사 乙의 중개행위로 중개가 완성되었다. 공인중개사법령상 이에 관한 설명으로 틀린 것은? 제31회

① 乙의 업무상 행위는 甲의 행위로 본다.

② 중개대상물 확인 · 설명서에는 甲과 乙이 함께 서명 및 날인하여야 한다.

③ 乙은 甲의 위임을 받아 부동산거래계약 신고서의 제출을 대행할 수 있다.

④ 乙의 중개행위가 금지행위에 해당하여 乙이 징역형의 선고를 받았다는 이유로 甲도 해당 조(條)에 규정된 징역형을 선고받는다.

⑤ 甲은 거래당사자에게 손해배상책임의 보장에 관한 사항을 설명하고 관계 증서의 사본을 교부하거나 관계 증서에 관한 전자문서를 제공하여야 한다.

해설

벌금형을 받을 뿐, 징역형은 받지 않는다.

제4절 인장의 등록 및 사용의무

<< key 포인트! >>

1) **개인인 개업공인중개사 및 소속공인중개사** : 가족관계등록부 또는 주민등록표에 기재되어 있는 성명이 나타난 인장(**7밀리~30밀리 이내**)을 등록한다.

2) **중개법인** : 신고한 **법인의 인장**이어야 한다. 다만, 분사무소는 법인의 대표자가 보증하는 인장을 **등록할 수 있다.**

   ☞ 법인의 분사무소는 주된 사무소의 등록관청에 등록한다.

3) **변경등록** : 인장을 변경한 경우에는 변경일부터 7일 이내에 등록관청에 등록하여야 한다.

4) **인장등록 시기**

   > 개업공인중개사는 중개사무소개설 등록신청시부터 업무를 개시하기 전까지,
   > 소속공인중개사는 고용신고시부터 업무를 개시하기 전까지 등록관청에 등록하여야 한다.

5) **인장 등록 방법** : 중개법인은 **인감증명서 제출**로 갈음하며, 개인이 개업공인중개사 및 소속공인중개사는 "**인장등록신고서**"에 날인하여 제출한다.

6) 인장 미등록, 등록한 인장 미사용, 변경한 인장 미등록에 대한 제재는 모두 **업무정지**사유에 해당한다.

7) 개업공인중개사가 미등록한 인장을 사용했다 하더라도 개업공인중개사의 처벌은 별론으로 하고, 매매 등 **거래계약의 효력에는 영향이 없다.**

제**4**절 **엄선 기출문제**(제15회 ~ 제35회)

01 공인중개사법령상 인장등록에 관한 설명으로 틀린 것은? 제21회

① 등록할 인장은 원칙적으로 가로 · 세로 각각 10mm 이상 40mm 이내인 인장이어야 한다.

② 개업공인중개사 및 소속공인중개사는 중개행위를 함에 있어 등록한 인장을 사용하여야 한다.

③ 분사무소에서 사용할 인장의 경우 「상업등기규칙」 제36조 제4항에 따라 법인의 대표자가 보증하는 인장을 등록할 수 있다.

④ 소속공인중개사의 인장등록신고는 당해 소속공인중개사의 고용신고와 같이 할 수 있다.

⑤ 개업공인중개사가 등록한 인장을 변경한 경우 변경일로부터 7일 이내에 그 변경된 인장을 등록관청에 등록해야 한다.

해설

가로 · 세로 각각 7mm 이상 30mm 이내

02 공인중개사법령상 인장의 등록에 관한 설명으로 틀린 것은? 제24회 수정

① 개업공인중개사의 인장이 등록관청에 등록되어 있으면 소속공인중개사의 인장은 소속공인중개사의 업무개시 후에 등록해도 된다.

② 개업공인중개사가 등록한 인장을 변경한 경우, 변경일부터 7일 이내에 변경된 인장을 등록관청에 등록해야 한다.

③ 공인중개사가 아닌 사원 · 임원과 중개보조원은 인장등록 의무가 없다.

④ 법인인 개업공인중개사가 주된 사무소에서 사용할 인장을 등록할 때에는 「상업등기규칙」에 따라 신고한 법인의 인장을 등록해야 한다.

⑤ 법인인 개업공인중개사의 인장등록은 「상업등기규칙」에 따른 인감증명서의 제출로 갈음한다.

해설

고용신고시부터 업무개시 전까지

정답 01 ① 02 ①

03 공인중개사법령상 인장등록에 관한 설명으로 옳은 것을 모두 고른 것은? 제25회

> ㉠ 개업공인중개사는 중개행위에 사용할 인장을 업무개시 전에 등록관청에 등록해야 한다.
> ㉡ 법인인 개업공인중개사의 인장등록은 「상업등기규칙」에 따른 인감증명서의 제출로 갈음한다.
> ㉢ 분사무소에서 사용할 인장으로는 「상업등기규칙」에 따라 법인의 대표자가 보증하는 인장을 등록할 수 있다.
> ㉣ 등록한 인장을 변경한 경우에는 개업공인중개사는 변경일부터 10일 이내에 그 변경된 인장을 등록관청에 등록해야 한다.

① ㉠, ㉡　　　　② ㉢, ㉣　　　　③ ㉠, ㉡, ㉢
④ ㉡, ㉢, ㉣　　　⑤ ㉠, ㉡, ㉢, ㉣

해설
7일 이내

04 공인중개사법령상 인장의 등록 등에 관한 설명으로 틀린 것은? 제29회
① 소속공인중개사는 업무개시 전에 중개행위에 사용할 인장을 등록관청에 등록해야 한다.
② 개업공인중개사가 등록한 인장을 변경한 경우 변경일부터 7일 이내에 그 변경된 인장을 등록관청에 등록해야 한다.
③ 법인인 개업공인중개사의 인장 등록은 「상업등기규칙」에 따른 인감증명서의 제출로 갈음한다.
④ 분사무소에서 사용할 인장의 경우에는 「상업등기규칙」에 따라 법인의 대표자가 보증하는 인장을 등록할 수 있다.
⑤ 법인의 분사무소에서 사용하는 인장은 분사무소 소재지 등록관청에 등록해야 한다.

해설
주된 사무소 등록관청에 등록

05 공인중개사법령상 인장등록 등에 관한 설명으로 옳은 것은? 　　　　제31회

① 중개보조원은 중개업무를 보조하기 위해 인장등록을 하여야 한다.

② 개업공인중개사가 등록한 인장을 변경한 경우 변경일부터 10일 이내에 그 변경된 인장을 등록관청에 등록하면 된다.

③ 분사무소에서 사용할 인장은 분사무소 소재지 시장 · 군수 또는 구청장에게 등록해야 한다.

④ 분사무소에서 사용할 인장은 「상업등기규칙」에 따라 신고한 법인의 인장이어야 하고, 「상업등기규칙」에 따른 인감증명서의 제출로 갈음할 수 없다.

⑤ 법인의 소속공인중개사가 등록하지 아니한 인장을 사용한 경우, 6개월의 범위 안에서 자격정지처분을 받을 수 있다.

해설
① 의무가 없다. ② 7일 ③ 주된 사무소 등록관청에 등록 ④ 대표자가 보증하는 인장을 등록할 수 있다.

06 공인중개사법령상 인장등록 등에 관한 설명으로 틀린 것은? 　　　　제34회

① 개업공인중개사는 중개사무소 개설등록 후에도 업무를 개시하기 전이라면 중개행위에 사용할 인장을 등록할 수 있다.

② 소속공인중개사의 인장등록은 소속공인중개사에 대한 고용 신고와 같이 할 수 있다.

③ 분사무소에서 사용할 인장의 경우에는 「상업등기규칙」에 따라 법인의 대표자가 보증하는 인장을 등록할 수 있다.

④ 소속공인중개사가 등록하여야 할 인장의 크기는 가로 · 세로 각각 7mm 이상 30mm 이내이어야 한다.

⑤ 소속공인중개사가 등록한 인장을 변경한 경우에는 변경일부터 10일 이내에 그 변경된 인장을 등록해야 한다.

해설
개업공인중개사 및 소속공인중개사는 변경일부터 7일 이내에 그 변경된 인장을 등록관청에 등록(전자문서에 의한 등록을 포함한다)하여야 한다.

정답 　03 ③ 　04 ⑤ 　05 ⑤ 　06 ⑤

제5절 | **휴업 및 폐업**

<< key 포인트! >>

1) **3개월 초과 휴업 · 폐업**은 반드시 등록증을 첨부하여 사전에 신고한다.

   따라서, 방문신고만 허용되며, 전자문서 신고는 불가하다.

   🔹주의 3개월 이하의 휴업은 신고 의무가 없다.

2) 중개업 **재개 · 휴업기간 변경신고**의 경우에는 **등록증을 첨부하지 않는다.** 따라서 방문 및 전자신고 모두 가능하다.

3) 법인인 개업공인중개사의 분사무소도 별도로 휴업 · 재개업 등을 할 수 있다.

   ① **방문신고**(신고확인서를 첨부) : 3개월 초과 휴업 · 폐업신고 경우

   ② **방문 · 전자신고** : 중개업 재개와 휴업 기간을 변경하려는 경우

   🔹주의 주된 사무소에 신고하여야 한다.

4) 분사무소가 3개월을 초과하여 휴업, 폐업하려는 경우는 **신고확인서를 첨부**하여 **방문신고** 하여야 한다.

5) **중개사무소 재개신고를 받은 등록관청은 반납받은 중개사무소 등록증 또는 신고확인서를 즉시 반환해야 한다.**

6) 휴업은 **6개월을 초과할 수 없다.** 다만, 질병으로 인한 요양 등 부득이한 사유가 있는 경우에는 그러하지 아니하다.

1. 질병으로 인한 요양	2. 징집으로 인한 입영	3. 취학
4. 임신 또는 출산	5. 그 밖에 국토교통부장관이 정하여 고시하는 사유	

7) **중개업 휴 · 폐업 등의 신고와 사업자등록 휴 · 폐업신고 병행처리 : 관할 세무서장**에 중개업 휴 · 폐업 등의 신고를 할 수 있다. 이때 세무서장은 등록관청에 신고서를 송부한다.

8) 등록관청에 폐업사실을 신고한 경우에는 지체 없이 사무소의 간판을 철거하여야 한다.

9) 등록관청은 **매월 다음달 10일까지 공인중개사협회에 통보**한다. 〈★ 이.등.분.휴.행.고〉

1. 중개사무소 **이전**신고를 받은 때	2. 중개사무소 **등록**증을 교부한 때
3. **분사무소** 설치신고를 받은 때	4. **휴 · 폐업**신고를 받은 때
5. **행정**처분을 한 때(등록취소, 업무정지)	
6. **고용**인의 고용이나 고용관계 종료의 신고를 받은 때	

제5절 | 엄선 기출문제(제15회 ~ 제35회)

01 다음 중 중개업의 휴업 및 재개신고 등에 관한 설명으로 옳은 것은? 제32회

① 개업공인중개사가 3개월의 휴업을 하려는 경우 등록관청에 신고해야 한다.

② 개업공인중개사가 6개월을 초과하여 휴업을 할 수 있는 사유는 취학, 질병으로 인한 요양, 징집으로 인한 입영에 한한다.

③ 개업공인중개사가 휴업기간 변경신고를 하려면 중개사무소등록증을 휴업기간변경신고서에 첨부하여 제출해야 한다.

④ 재개신고는 휴업기간 변경신고와 달리 전자문서에 의한 신고를 할 수 없다.

⑤ 재개신고를 받은 등록관청은 반납을 받은 중개사무소등록증을 즉시 반환해야 한다.

해설

① 3개월 초과 ② 임신 또는 출산 등 기타 ③ 등록증(×) ④ 전자문서(○)

02 공인중개사법령상 휴업 등에 관한 설명으로 옳은 것은? 제24회

① 개업공인중개사가 중개사무소 개설등록 후 3개월을 초과하여 업무를 개시하지 않을 경우, 미리 휴업신고를 해야 한다.

② 법령상 부득이한 사유가 없는 한, 휴업은 3개월을 초과할 수 없다.

③ 부동산중개업의 재개신고나 휴업기간의 변경신고는 전자문서에 의한 방법으로 할 수 없다.

④ 개업공인중개사가 휴업기간의 변경신고를 할 때에는 그 신고서에 중개사무소 등록증을 첨부해야 한다.

⑤ 개업공인중개사가 3개월을 초과하는 휴업을 하면서 휴업신고를 하지 않은 경우에는 500만원 이하의 과태료를 부과한다.

해설

② 6개월 ③ 가능하다. ④ 등록증(×) ⑤ 100만원 이하

정답 01 ⑤ 02 ①

03 다음 중 개업공인중개사의 휴업과 폐업 등에 관한 설명을 틀린 것은? 제31회

① 폐업신고 전의 개업공인중개사에 대하여 위반행위를 사유로 행한 업무정지처분의 효과는 폐업일부터 1년간 다시 개설등록을 한 자에게 승계된다.
② 개업공인중개사가 폐업신고를 한 후 1년 이내에 소속공인중개사로 고용신고되는 경우, 그 소속공인중개사는 실무교육을 받지 않아도 된다.
③ 손해배상책임의 보장을 위한 공탁금은 개업공인중개사가 폐업한 날부터 3년 이내에는 회수할 수 없다.
④ 분사무소는 주된 사무소와 별도로 휴업할 수 있다.
⑤ 중개업의 폐업신고는 수수료 납부사항이 아니다.

해설

처분일부터 1년간

04 공인중개사법령상 개업공인중개사의 부동산중개업 휴업 또는 폐업에 관한 설명으로 옳은 것을 모두 고른 것은? 제34회

> ㉠ 분사무소의 폐업신고를 하는 경우 분사무소설치신고확인서를 첨부해야 한다.
> ㉡ 임신은 6개월을 초과하여 휴업할 수 있는 사유에 해당한다.
> ㉢ 업무정지처분을 받고 부동산중개업 폐업신고를 한 개업공인중개사는 업무정지기간이 지나지 아니하더라도 중개사무소 개설등록을 할 수 있다.

① ㉡   ② ㉠, ㉡   ③ ㉠, ㉢
④ ㉡, ㉢   ⑤ ㉠, ㉡, ㉢

해설

㉢ 업무정지처분을 받고 부동산중개업 폐업신고를 한 개업공인중개사는 당해 업무정지기간 동안은 중개사무소 개설등록을 할 수 없다.

05 다음 중 개업공인중개사의 휴업에 관한 설명 중 틀린 것을 모두 고른 것은? 제29회

> ㉠ 중개사무소 개설등록 후 업무를 개시하지 않고 3개월을 초과하는 경우에는 신고해야 한다.
> ㉡ 법령에 정한 사유를 제외하고 휴업은 6개월을 초과할 수 없다.
> ㉢ 분사무소는 주된 사무소와 별도로 휴업할 수 없다.
> ㉣ 휴업신고는 원칙적으로 휴업개시 후 휴업종료 전에 해야 한다.
> ㉤ 휴업기간 변경신고서에는 중개사무소등록증을 첨부해야 한다.

① ㉠, ㉡   ② ㉢, ㉤   ③ ㉠, ㉡, ㉣
④ ㉡, ㉢, ㉤   ⑤ ㉢, ㉣, ㉤

해설
㉢ 휴업 가능 ㉣ 미리 ㉤ 등록증(×)

06 공인중개사법령상 개업공인중개사의 휴업의 신고 등에 관한 설명으로 틀린 것은?

제35회

① 법인인 개업공인중개사가 4개월간 분사무소의 휴업을 하려는 경우 휴업신고서에 그 분사무소설치 신고확인서를 첨부하여 분사무소의 휴업신고를 해야 한다.
② 개업공인중개사가 신고한 휴업기간을 변경하려는 경우 휴업기간 변경신고서에 중개사무소등록증을 첨부하여 등록관청에 미리 신고해야 한다.
③ 관할 세무서장이 「부가가치세법 시행령」에 따라 공인중개사법령상의 휴업신고서를 함께 받아 이를 해당 등록관청에 송부한 경우에는 휴업신고서가 제출된 것으로 본다.
④ 등록관청은 개업공인중개사가 대통령령으로 정하는 부득이한 사유가 없음에도 계속하여 6개월을 초과하여 휴업한 경우 중개사무소의 개설등록을 취소할 수 있다.
⑤ 개업공인중개사가 휴업한 중개업을 재개하고자 등록관청에 중개사무소재개신고를 한 경우 해당 등록관청은 반납받은 중개사무소등록증을 즉시 반환해야 한다.

해설
3개월 초과 휴업 · 폐업은 반드시 등록증을 첨부하여 사전에 방문하여 신고한다.
그러나 휴업기간 변경신고는 변경신고서에 의해 등록관청에 미리 신고하여야 한다. 따라서, 등록증을 첨부할 수 없으니 방문 또는 전자신고 모두 가능하다.

정답 ▶ 03 ① 04 ② 05 ⑤ 06 ②

Chapter 05

중개계약 및 부동산거래정보망

제1절 | 일반·전속 중개계약

<< key 포인트! >>

1) 일반 중개계약

> ※ 국토교통부장관은 일반중개계약의 표준이 되는 서식을 정하여 사용을 **권장할 수 있다.**
> ① 중개의뢰인의 청약과 이를 승낙하는 개업공인중개사와 당사자로서 체결하는 계약이다.
> ② 법정표준서식이 제정되어 있으나 개업공인중개사는 법정표준서식을 사용할 의무는 없다.
> ③ 법정표준서식을 사용할 경우에는 2부를 작성하여, 중개의뢰인 일방에 교부하여야 한다. 다만, 현행법상 **보관기간**에 대한 규정이 없다.
> ④ 일반중개계약을 체결하고 거래정보망에 중개대상물 정보를 공개하는 것은 재량이다.
> ⑤ 의뢰인이 요청시에 필수적 기재사항 : 〈★ 물.가.수.준〉

2) 전속 중개계약

(I) 개업공인중개사의 의무

① 법정서식을 사용하여야 한다. 3년간 보관의무가 있다.

② 중개대상물에 관해 7일 이내 정보공개 의무(일간신문 또는 부동산거래정보망)

③ 정보공개 후 지체 없이 의뢰인에 서면 통지의무

④ 중개대상물에 관한 확인·설명의무를 성실·정확하게 이행하여야 한다.

⑤ 중개대상물에 관한 확인·설명의무 소홀로 인한 재산상손해배상과 중개보수 과다징수시 차액환급의무

⑥ 2주일에 1회 이상 업무처리상황을 서면 통지할 의무

⑦ 정보공개할 사항! 〈★ 물.벽.수.도 - 공.공 - 소.금〉

> 1. 중개대상물의 종류, 소재지, 지목 및 면적, 건축물의 용도 · 구조 및 건축 연도 등 중개대상물을 특정하기 위하여 필요한 사항
> 2. **벽**면 및 도배의 상태
> 3. **수**도 · 전기 · 가스 · 소방 · 열공급 · 승강기 설비, 오수 · 폐수 · 쓰레기 처리시설 등의 상태
> 4. **도**로 및 대중교통수단과의 연계성, 시장 · 학교 등과의 근접성, 지형 등 입지조건, 일조 · 소음 · 진동 등 환경조건
> 5. **공**법상의 이용제한 및 거래규제에 관한 사항
> 6. 중개대상물의 **공**시지가**(다만, 임대차의 경우에는 공시지가를 공개하지 아니할 수 있다)**
> 7. **소**유권 · 전세권 · 저당권 · 지상권 및 임차권 등 중개대상물의 권리관계에 관한 사항 **(다만, 각 권리자의 주소 · 성명 등 인적 사항에 관한 정보는 공개하여서는 아니 된다)**
> 8. 중개대상물의 거래예정**금**액

(2) **중개의뢰인의 의무**

① **위약금**(보수 전액)

㉠ 유효기간 내에 다른 개업공인중개사에 의뢰하여 거래계약체결(중개완성)된 경우

㉡ 유효기간 내에 전속 개업공인중개사가 소개한 상대방과 둘만으로 거래계약체결한 경우

② **비용지급**(보수 50% 범위 내에서 사회통념상 상당한 비용) : 유효기간 내에 의뢰인 스스로 발견한 상대방과 거래한 경우

(3) **중개계약 서식 내용**

> Ⅰ. **권리이전용**(매도 · 임대 등)
> 1. 소유자 및 등기명의인 - 성명, 주민번호(외국번호), 주소
> 2. 중개대상물 표시　　3. 권리관계
> 4. 거래규제 및 공법상 제한사항　　5. 중개의뢰가액
> 6. 기타
> Ⅱ. **권리취득용**(매수 · 임차 등)
> 1. 희망물건의 종류　　2. 취득희망금액
> 3. 희망지역　　4. 그 밖의 희망조건

제1절 | **엄선 기출문제**(제15회 ~ 제35회)

01 공인중개사법령상 일반중개계약에 관한 설명으로 옳은 것은?   제28회

① 일반중개계약서는 국토교통부장관이 정한 표준이 되는 서식을 사용해야 한다.

② 중개의뢰인은 동일한 내용의 일반중개계약을 다수의 개업공인중개사와 체결할 수 있다.

③ 일반중개계약의 체결은 서면으로 해야 한다.

④ 중개의뢰인은 일반중개계약서에 개업공인중개사가 준수해야 할 사항의 기재를 요청할 수 없다.

⑤ 개업공인중개사가 일반중개계약을 체결한 때에는 부동산거래정보망에 중개대상물에 관한 정보를 공개해야 한다.

해설
① 재량 ③ 서면 또는 구두 ④ 있다. ⑤ 재량

02 공인중개사법령상 일반중개계약서와 전속중개계약서에 관한 설명으로 틀린 것은?

제21회

① 일반중개계약서, 전속중개계약서 서식은 모두 별지 서식으로 정해져 있다.

② 일반중개계약이든 전속중개계약이든 중개계약이 체결된 경우 모두 법정서식을 사용해야 한다.

③ 일반중개계약서의 보존기간에 관한 규정은 없다.

④ 일반중개계약서 서식에는 중개의뢰인의 권리·의무사항이 기술되어 있다.

⑤ 일반중개계약서와 전속중개계약서의 서식상의 개업공인중개사의 손해배상책임에 관한 기술 내용은 동일하다.

해설
일반중개계약은 재량, 전속중개계약은 의무

03 개업공인중개사가 주택을 임차하려는 중개의뢰인과 일반중개계약을 체결하면서 공인 중개사법령상 표준서식인 일반중개계약서를 작성할 때 기재할 사항은? 제33회

① 소유자 및 등기명의인

② 은행융자 · 권리금 · 제세공과금 등

③ 중개의뢰 금액

④ 희망 지역

⑤ 거래규제 및 공법상 제한사항

해설

①②③⑤는 매도인 · 임대인과 체결시에 기재한다.

04 중개의뢰인 甲과 개업공인중개사 乙은 공인중개사법령에 따른 전속중개계약을 체결 하고 전속중개계약서를 작성하였다. 이에 관한 설명으로 틀린 것은? 제33회

① 甲과 乙이 전속중개계약의 유효기간을 4개월로 약정한 것은 유효하다.

② 乙은 전속중개계약서를 3년 동안 보존해야 한다.

③ 甲은 乙이 공인중개사법령상의 중개대상물 확인 · 설명 의무를 이행하는 데 협조 해야 한다.

④ 전속중개계약에 정하지 않은 사항에 대하여는 甲과 乙이 합의하여 별도로 정할 수 있다.

⑤ 전속중개계약의 유효기간 내에 甲이 스스로 발견한 상대방과 거래한 경우, 甲은 乙에게 지급해야 할 중개보수 전액을 위약금으로 지급해야 한다.

해설

50% 범위 내에서 사회통념상 비용

05 공인중개사법령상 전속중개계약에 관한 설명으로 틀린 것은? 제22회

① 개업공인중개사는 체결된 전속중개계약서를 3년간 보존해야 한다.
② 중개의뢰인이 전속중개계약의 유효기간 내에 스스로 발견한 상대방과 직접 거래한 경우, 중개의뢰인은 개업공인중개사에게 중개보수의 50%를 지불할 의무가 있다.
③ 중개의뢰인과 개업공인중개사는 전속중개계약의 유효기간을 3개월 이상으로 약정할 수 있다.
④ 전속중개계약을 체결한 개업공인중개사는 중개의뢰인에게 2주일에 1회 이상 중개업무 처리상황을 문서로써 통지해야 한다.
⑤ 개업공인중개사가 중개대상물의 정보를 일간신문에 공개한 때에는 지체 없이 중개의뢰인에게 그 사실을 문서로써 통지해야 한다.

해설

50% 범위 내에서 사회통념상 비용

06 중개의뢰인 甲은 자신 소유의 X부동산에 대한 임대차계약을 위해 개업공인중개사 乙과 전속중개계약을 체결하였다. X부동산에 기존 임차인 丙, 저당권자 丁이 있는 경우 乙이 부동산거래정보망 또는 일간신문에 공개해야만 하는 중개대상물에 관한 정보를 모두 고른 것은? (단, 중개의뢰인이 비공개 요청을 하지 않음) 제30회

> ㉠ 丙의 성명
> ㉡ 丁의 주소
> ㉢ X부동산의 공시지가
> ㉣ X부동산에 대한 일조(日照)·소음·진동 등 환경조건

① ㉣　　　　　　② ㉠, ㉡　　　　　　③ ㉢, ㉣
④ ㉠, ㉡, ㉣　　　⑤ ㉠, ㉡, ㉢, ㉣

해설

㉠ 및 ㉡의 인적 사항은 공개(×) ㉢ 공시지가는 재량

07 다음 중 일반중개계약서와 전속중개계약서 서식의 공통 내용이 아닌 것은? 제33회

① 첨부서류로서 중개보수 요율표
② 계약의 유효기간
③ 개업공인중개사의 중개업무 처리상황에 대한 통지의무
④ 중개대상물의 확인 · 설명에 관한 사항
⑤ 개업공인중개사가 중개보수를 과다 수령한 경우 차액 환급

해설

2주일에 1회 이상 업무 처리상황 문서 통지의무는 전속중개계약서만

08 다음 중 일반중개계약과 전속중개계약에 관한 설명으로 옳은 것은? 제33회

① 일반중개계약은 중개의뢰인이 중개대상물의 중개를 의뢰하기 위해 특정한 개업공인중개사를 정하여 그 개업공인중개사에 한정하여 중개대상물을 중개하도록 하는 계약을 말한다.
② 개업공인중개사가 일반중개계약을 체결한 때에는 중개의뢰인이 비공개를 요청하지 않은 경우, 부동산거래정보망에 해당 중개대상물에 관한 정보를 공개해야 한다.
③ 개업공인중개사가 일반중개계약을 체결한 때에는 중개의뢰인에게 2주일에 1회 이상 중개업무 처리상황을 문서로 통지해야 한다.
④ 개업공인중개사가 국토교통부령으로 정하는 전속중개계약서에 의하지 아니하고 전속중개계약을 체결한 행위는 업무정지사유에 해당하지 않는다.
⑤ 표준서식인 일반중개계약서와 전속중개계약서에는 개업공인중개사가 중개보수를 과다수령시 그 차액의 환급을 공통적으로 규정하고 있다.

해설

①②③은 전속중개계약이다. ④ 업무정지사유이다.

09 공인중개사법령상 중개의뢰인 甲과 개업공인중개사 乙의 중개계약에 관한 설명으로 옳은 것은? 제34회

① 甲의 요청에 따라 乙이 일반중개계약서를 작성한 경우 그 계약서를 3년간 보존해야 한다.

② 일반중개계약은 표준이 되는 서식이 정해져 있다.

③ 전속중개계약은 법령이 정하는 계약서에 의하여야 하며, 乙이 서명 및 날인하되 소속공인중개사가 있는 경우 소속공인중개사가 함께 서명 및 날인해야 한다.

④ 전속중개계약의 유효기간은 甲과 乙이 별도로 정하더라도 3개월을 초과할 수 없다.

⑤ 전속중개계약을 체결한 甲이 그 유효기간 내에 스스로 발견한 상대방과 거래한 경우 중개보수에 해당하는 금액을 乙에게 위약금으로 지급해야 한다.

해설

① 일반중개계약서는 보존하여 할 기간의 규정이 없다.

③ 소속공인중개사는 서명 또는 날인의무가 없다.

④ 3개월을 원칙으로 하되 별도의 약정이 있으면 **약정이 우선한다.** 즉, 약정으로 3개월을 초과하여 약정할 수 있다.

⑤ 개업공인중개사가 지불한 비용 중에서 약정된 중개보수의 **50%** 범위 내에서 사회통념상의 상당한 비용을 지불하여야 한다.

10 공인중개사법령상 개업공인중개사와 중개의뢰인의 중개계약에 관한 설명으로 틀린 것은? 제35회

① 일반중개계약은 계약서의 작성 없이도 체결할 수 있다.

② 전속중개계약을 체결하면서 유효기간을 3개월 미만으로 약정한 경우 그 유효기간은 3개월로 한다.

③ 전속중개계약을 체결한 개업공인중개사는 중개대상물의 권리자의 인적 사항에 관한 정보를 공개해서는 안 된다.

④ 중개의뢰인은 일반중개계약을 체결하면서 거래예정가격을 포함한 일반중개계약서의 작성을 요청할 수 있다.

⑤ 임대차에 대한 전속중개계약을 체결한 개업공인중개사는 중개의뢰인의 비공개 요청이 없어도 중개대상물의 공시지가를 공개하지 아니할 수 있다.

해설

3개월을 원칙으로 하되 별도의 약정이 있으면 **약정이 우선한다.** 따라서, 당사자 간에 2개월로 약정한 경우는 2개월이 유효기간이 된다.

정답 09 ② 10 ②

제2절 **부동산거래정보망**

<< key 포인트! >>

1) 부동산거래정보망의 특징

① 개업공인중개사 상호 간에 중개대상물의 중개에 관한 정보교환체계이다.
   (즉, 일반인, 의뢰인, 무등록업자 등 가입 − ×)
② 거래정보사업자의 지정권자, 지도 · 감독권자, 청문권자, 지정 취소권자, 과태료 부과 ·
   징수권자는 모두 국토교통부장관이다.
③ 개인이나 법인사업자 가능 ※ 단, 법인인 개업공인중개사(×)

2) 지정요건

• 부가통신사업자 신고한 자
• 정보처리기사 1인 이상
• 개업공인중개사 수가 전국 500인 이상이고, 2개 이상 시 · 도 각 30인 이상
• 공인중개사 1인 이상
• 국토교통부장관이 정하는 컴퓨터 용량 설비

3) 지정 및 운영절차

국토교통부장관에 신청 ⇨ 신청일부터 30일 이내에 지정 및 지정서 교부
⇨ 지정일부터 3개월 이내 운영규정 ⇨ 지정일부터 1년 이내 설치 · 운영

4) 제재

① **거래정보사업자**

   ㉠ 운영규정의(변경) 승인을 받지 아니하거나, 운영규정의 위반 − 지정취소와 500만
      원 이하의 과태료에 해당한다.
   ㉡ 정보를 공개 위반한 때(例 개업공인중개사로부터 의뢰받은 정보에 한해 공개할 것,
      의뢰받은 내용과 다르게 공개하지 말 것, 개업공인중개사에 따라 차별적으로 공개하지
      말 것) − 지정취소사유와 1년 이하의 징역 또는 1천만원 이하의 벌금형에 해당된다.

② **개업공인중개사 − 위반 : 업무정지처분**

   ㉠ 정보를 거짓으로 공개하지 말 것
   ㉡ 거래완성시 지체 없이 거래사실을 거래정보사업자에게 통보할 것

제2절 **엄선 기출문제**(제15회 ~ 제35회)

01 「공인중개사법」상 거래정보사업자의 지정취소사유에 해당하는 것을 모두 고른 것은?

제33회

⊙ 부동산거래정보망의 이용 및 정보제공방법 등에 관한 운영규정을 변경하고도 국토교통부장관의 승인을 받지 않고 부동산거래정보망을 운영한 경우
ⓒ 개업공인중개사로부터 공개를 의뢰받지 아니한 중개대상물 정보를 부동산거래정보망에 공개한 경우
ⓒ 정당한 사유 없이 지정받은 날부터 6개월 이내에 부동산거래정보망을 설치하지 아니한 경우
ⓔ 개인인 거래정보사업자가 사망한 경우
ⓜ 부동산거래정보망의 이용 및 정보제공방법 등에 관한 운영규정을 위반하여 부동산거래정보망을 운영한 경우

① ㉠, ㉡   ② ㉢, ㉣   ③ ㉠, ㉡, ㉤
④ ㉠, ㉡, ㉣, ㉤   ⑤ ㉠, ㉡, ㉢, ㉣, ㉤

해설
ⓒ 지정받은 날부터 1년 이내에 부동산거래정보망을 설치하지 아니한 경우

02 공인중개사법령상 부동산거래정보망을 설치·운영할 자로 지정받기 위한 요건의 일부이다. (   )에 들어갈 내용으로 옳은 것은?

제31회

• 부동산거래정보망의 가입·이용신청을 한 (㉠)의 수가 500명 이상이고 (㉡)개 이상의 특별시·광역시·도 및 특별자치도에서 각각 (㉢)인 이상의 (㉠)가 가입·이용신청을 하였을 것
• 정보처리기사 1명 이상을 확보할 것
• 공인중개사 (㉣)명 이상을 확보할 것

① ㉠: 공인중개사,   ㉡: 2, ㉢: 20, ㉣: 1
② ㉠: 공인중개사,   ㉡: 3, ㉢: 20, ㉣: 3
③ ㉠: 개업공인중개사, ㉡: 2, ㉢: 20, ㉣: 3
④ ㉠: 개업공인중개사, ㉡: 2, ㉢: 30, ㉣: 1
⑤ ㉠: 개업공인중개사, ㉡: 3, ㉢: 30, ㉣: 1

03 다음 중 부동산거래정보망의 지정 및 이용에 관한 설명으로 틀린 것은? 제30회

① 국토교통부장관은 부동산거래정보망을 설치·운영할 자를 지정할 수 있다.

② 부동산거래정보망을 설치·운영할 자로 지정을 받을 수 있는 자는 「전기통신사업법」의 규정에 의한 부가통신사업자로서 국토교통부령이 정하는 요건을 갖춘 자이다.

③ 거래정보사업자는 지정받은 날부터 3개월 이내에 부동산거래정보망의 이용 및 정보제공방법 등에 관한 운영규정을 정하여 국토교통부장관의 승인을 얻어야 한다.

④ 거래정보사업자가 부동산거래정보망의 이용 및 정보제공방법 등에 관한 운영규정을 변경하고자 하는 경우 국토교통부장관의 승인을 얻어야 한다.

⑤ 거래정보사업자는 개업공인중개사로부터 공개를 의뢰받은 중개대상물의 정보를 개업공인중개사에 따라 차별적으로 공개할 수 있다.

해설

차별공개 불가

04 공인중개사법령상 부동산거래정보망에 관한 설명으로 옳은 것은? 제24회

① 거래정보사업자로 지정받기 위하여 신청서를 제출하는 경우, 공인중개사 자격증 원본을 첨부해야 한다.

② 국토교통부장관은 거래정보사업자 지정신청을 받은 날부터 14일 이내에 이를 검토하여 그 지정 여부를 결정해야 한다.

③ 전속중개계약을 체결한 개업공인중개사가 부동산거래정보망에 임대차에 대한 중개대상물 정보를 공개하는 경우, 임차인의 성명을 공개해야 한다.

④ 거래정보사업자로 지정받은 법인이 해산하여 부동산거래정보망사업의 계속적인 운영이 불가능한 경우, 국토교통부장관은 청문을 거치지 않고 사업자지정을 취소할 수 있다.

⑤ 거래정보사업자는 개업공인중개사로부터 의뢰받은 중개대상물의 정보뿐만 아니라 의뢰인의 이익을 위해 직접 조사한 중개대상물의 정보도 부동산거래정보망에 공개할 수 있다.

해설

① 사본 ② 30일 ③ 성명, 주소 등 인적 사항 공개(×) ⑤ 직접조사 공개(×)

05 공인중개사법령상 부동산거래정보망의 지정 및 이용에 관한 설명으로 옳은 것은?

제35회

① 「전기통신사업법」의 규정에 의한 부가통신사업자가 아니어도 국토교통부령으로 정하는 요건을 갖추면 거래정보사업자로 지정받을 수 있다.
② 거래정보사업자로 지정받으려는 자는 공인중개사의 자격을 갖추어야 한다.
③ 거짓이나 그 밖의 부정한 방법으로 거래정보사업자로 지정받은 경우 그 지정은 무효이다.
④ 법인인 거래정보사업자의 해산으로 부동산거래정보망의 계속적인 운영이 불가능한 경우 국토교통부장관은 청문 없이 그 지정을 취소할 수 있다.
⑤ 부동산거래정보망에 정보가 공개된 중개대상물의 거래가 완성된 경우 개업공인중개사는 3개월 이내에 해당 거래정보사업자에게 이를 통보하여야 한다.

해설

① 부가통신사업자로서 국토교통부령으로 정하는 요건을 갖춘 자로 한다.
② 공인중개사의 자격을 요하지 않으며, 개인 개업공인중개사, 일반인, 법인사업자도 지정받을 수 있다.
③ 국토교통부장관은 청문을 거쳐 그 지정을 취소할 수 있다.
⑤ 개업공인중개사는 부동산거래정보망에 중개대상물에 관한 정보를 거짓으로 공개하여서는 아니되며, 해당 중개대상물의 거래가 완성된 때에는 지체 없이 이를 해당 거래정보사업자에게 통보하여야 한다.

정답 ▶ 05 ④

Chapter 06 개업공인중개사 등의 업무상 의무사항

| 제1절 | **비밀준수의무** |

<< key 포인트! >>

1) **대상**: 개업공인중개사, 소속공인중개사, 중개보조원, 법인의 사원, 임원 모두
2) **내용**: 직무상 지득한 비밀을 누설해서는 안 된다.
3) **기간**: 현직 종사 및 퇴직 후에도 지켜야 한다.
4) **예외**
   ① **다른 법률에서 규정**: 증언, 수사기관에서 심문, 의뢰인의 승낙 등
   ② **이 법**: 확인·설명할 사항인 경우, 공정 중개 의무 등이 비밀준수보다 법익이 크다.
5) **제재**
   ① 행정형벌로써 1년 이하의 징역 또는 1천만원 이하의 벌금
   ② **반의사불벌죄**: 비밀준수의무는 피해자가 그 처벌을 원하지 않는다는 명시적 의사표시를 한 경우 이에 반하여 처벌할 수 없다.

제1절 **엄선 기출문제**(제15회 ~ 제35회)

01 공인중개사인 개업공인중개사가 다음의 행위를 한 경우, 공인중개사법령상 피해자의 명시한 의사에 반하여 처벌할 수 없는 것은? 제21회

① 거짓 그 밖의 부정한 방법으로 중개사무소의 개설등록을 한 경우
② 임시중개시설물을 설치한 경우
③ 2 이상의 중개사무소를 둔 경우
④ 업무상 알게 된 비밀을 누설한 경우
⑤ 중개대상물의 매매를 업으로 한 경우

해설
①②③⑤는 처벌된다.

02 공인중개사법령상 벌칙 부과대상 행위 중 피해자의 명시한 의사에 반하여 벌하지 않는 경우는? 제32회

① 거래정보사업자가 개업공인중개사로부터 의뢰받은 내용과 다르게 중개대상물의 정보를 부동산거래정보망에 공개한 경우
② 개업공인중개사가 그 업무상 알게 된 비밀을 누설한 경우
③ 개업공인중개사가 중개의뢰인으로부터 법령으로 정한 보수를 초과하여 금품을 받은 경우
④ 시세에 부당한 영향을 줄 목적으로 개업공인중개사에게 중개대상물을 시세보다 현저하게 높게 표시·광고하도록 강요하는 방법으로 개업공인중개사의 업무를 방해한 경우
⑤ 개업공인중개사가 단체를 구성하여 단체 구성원 이외의 자와 공동중개를 제한한 경우

해설
①③④⑤는 처벌된다.

정답 01 ④ 02 ②

| 제2절 | **개업공인중개사 등의 금지행위** |

<< key 포인트! >>

1) 적용 범위

- **법 제33조 제1항**: 개업공인중개사, 사원·임원·고용인 모두에게 적용되며, 일반인은 적용되지 않는다.
- **법 제33조 제2항**: "누구든지 시세에 부당한 영향을 줄 목적으로 온라인 커뮤니티 등을 이용하여 개업공인중개사 등의 업무를 방해해서는 아니 된다."

2) 금지행위 위반 효과

① 거래계약이 무효, 취소, 해제되지 않는 한 당연히 보수청구권이 소멸되는 것은 아니다.
② 거래당사자 간의 계약의 효력이 당연히 무효로 되는 것은 아니다.

3) 금지행위 사유

- **1호(매매업)**: 중개대상물의 매매를 업으로 하는 행위

① 중개대상물(토지, 건축물, 입목, 공장 및 광업재단)의 일회적인 매매는 가능하나, 매매업은 금지된다.
② 거주목적, 중개사무소 활용 목적의 1회 건물 매매는 가능하다(단, 직접거래 형태로 매매는 불가함).

- **2호(무등록업자와 공조행위)**: 무등록업자인 사실을 알면서 (의뢰받거나 자기의 명의를 이용하게) 협조하는 행위
- **3호(보수, 실비 초과)**: 중개보수 또는 실비를 초과하여 금품을 받는 행위
- **4호(기망)**: 당해 중개대상물의 거래상의 중요사항에 관하여 거짓된 언행 기타의 방법으로 판단을 그릇치게 한 행위

① 중개대상물의 중요사항 **예** 중개대상물의 중대한 법적·물리적 하자 등
② 매도인의 의뢰가격을 숨기고 상당히 높은 가격으로 매도하고 차액취득한 행위

참고 | 제재: 1년 이하의 징역 또는 1천만원 이하의 벌금(1호~4호)

• **5호**(관련증서): 부동산의 분양·임대 등과 관련 있는 증서 등의 매매·교환 등을 중개 또는 매매를 업으로 하는 행위

> ① 「주택법」상 입주자저축증서, 주택상환사채 등 - 관련증서에 해당한다.
> ② 분양권(상가, 주택) - 관련 증서가 아니다. 따라서 중개가 가능하다.

• **6호**: 중개의뢰인과 직접거래를 하거나 거래당사자 쌍방을 대리하는 행위

(1) 직접거래

> 직접거래의 중개의뢰인에는 **대리인**, 사무처리를 위탁받은 **수임인** 등도 포함된다.

> ※ 주의: 직접거래가 아닌 경우!
> ① **다른 개업공인중개사의 중개로 부동산**을 매수하여 매수중개 의뢰를 받은 또 개업공인 중개사의 중개로 매도한 경우는 해당하지 아니한다.
> ② 개업공인중개사가 자신의 소유가 아닌 배우자나 친척 소유 부동산의 매각을 중개한 경우에도 직접거래에 포함되지 않는다(부부의 공동소유가 아닌 개별재산의 경우).

(2) 쌍방대리

중개의뢰인의 일방만 대리는 가능하다. 또한 이행행위(잔금 및 등기서류)의 쌍방대리도 가능하다.

• **7호**(투기조장): 탈세를 목적으로 투기를 조장하는 행위, 즉 소유권 보존등기 또는 이 전등기를 하지 아니한 부동산이나 권리변동이 제한된 권리를 중개하는 행위는 금지된다.

• **8호**(시세 조작): 부당한 이익 또는 제3자에게 부당한 이익을 얻게 할 목적으로 거짓으 로 거래가 완료된 것처럼 꾸미는 등 시세에 부당한 영향을 주거나 줄 우려 행위

• **9호**(단체구성): 단체를 구성하여 특정 중개대상물에 대하여 중개를 제한하거나 단체 구성원 이외의 자와 공동중개를 제한하는 행위

• **10호**(방해금지): 안내문, 온라인 커뮤니티이용 개업공인중개사 등의 업무 방해 금지 (일반인들의 거래질서 문란 행위 방지)

▪▪ 참고 | 제재: 3년 이하의 징역 또는 3천만원 이하의 벌금(5호~10호)

제2절 **엄선 기출문제**(제15회 ~ 제35회)

01 공인중개사법령상 개업공인중개사의 금지행위에 관한 설명으로 틀린 것은? 제22회

① 개업공인중개사는 건축물의 매매를 업으로 해서는 안 된다.

② 개업공인중개사는 부동산거래에서 거래당사자 쌍방을 대리해서는 안 된다.

③ 개업공인중개사는 사례비 명목으로 공인중개사법령상의 보수 또는 실비를 초과하여 금품을 받아서는 안 된다.

④ 「공인중개사법」 등 관련 법령에서 정한 한도를 초과하는 부동산 중개보수 약정은 그 전부가 무효이다.

⑤ 등록관청은 개업공인중개사가 금지행위를 한 경우에는 중개사무소의 개설등록을 취소할 수 있다.

해설

초과한 부분만 무효

02 공인중개사법령상 금지행위에 관한 설명으로 옳은 것은? 제30회

① 법인인 개업공인중개사의 사원이 중개대상물의 매매를 업으로 하는 것은 금지되지 않는다.

② 개업공인중개사가 거래당사자 쌍방을 대리하는 것은 금지되지 않는다.

③ 개업공인중개사가 중개의뢰인과 직접 거래를 하는 행위는 금지된다.

④ 법인인 개업공인중개사의 임원이 중개의뢰인과 직접거래를 하는 것은 금지되지 않는다.

⑤ 중개보조원이 중개의뢰인과 직접 거래를 하는 것은 금지되지 않는다.

해설

①④⑤는 종사자 모두 금지 ② 쌍방대리 금지

정답 01 ④ 02 ③

03 공인중개사법령상 개업공인중개사의 금지행위에 해당하는 것을 모두 고른 것은? (다툼이 있으면 판례에 따름) 제27회

> ㉠ 임대의뢰인을 대리하여 타인에게 중개대상물을 임대를 중개하는 행위
> ㉡ 상업용 건축물의 분양을 대행하고 법정의 중개보수 또는 실비를 초과하여 금품을 받는 행위
> ㉢ 중개의뢰인인 소유자로부터 거래에 관한 대리권을 수여받은 대리인과 중개대상물을 직접 거래하는 행위
> ㉣ 건축물의 매매를 업으로 하는 행위

① ㉠, ㉡　　　　② ㉢, ㉣　　　　③ ㉠, ㉡, ㉣
④ ㉠, ㉢, ㉣　　　⑤ ㉡, ㉢, ㉣

해설

㉠ 일방대리는 허용 ㉡ 분양대행은 법정보수 규정이 적용되지 않는다.

04 공인중개사법령상 개업공인중개사 등의 금지행위에 해당하지 않는 것은? 제31회

① 무등록 중개업을 영위하는 자인 사실을 알면서 그를 통하여 중개를 의뢰받는 행위
② 부동산의 매매를 중개한 개업공인중개사가 당해 부동산을 다른 개업공인중개사의 중개를 통하여 임차한 행위
③ 자기의 중개의뢰인과 직접 거래를 하는 행위
④ 제3자에게 부당한 이익을 얻게 할 목적으로 거짓으로 거래가 완료된 것처럼 꾸미는 등 중개대상물의 시세에 부당한 영향을 줄 우려가 있는 행위
⑤ 단체를 구성하여 단체 구성원 이외의 자와 공동중개를 제한하는 행위

해설

①③④⑤는 금지행위에 해당된다.

05 공인중개사법령상 개업공인중개사의 금지행위에 관한 설명으로 틀린 것은? (다툼이 있으면 판례에 따름) 제29회

① 중개대상물의 매매를 업으로 하는 행위는 금지행위에 해당한다.

② 아파트의 특정 동·호수에 대한 분양계약이 체결된 후 그 분양권의 매매를 중개한 것은 금지행위에 해당하지 않는다.

③ 상가 전부의 매도시에 사용하려고 매각조건 등을 기재하여 인쇄해 놓은 양식에 매매대금과 지급기일 등 해당 사항을 기재한 분양계약서는 양도·알선 등이 금지된 부동산의 분양 등과 관련 있는 증서에 해당하지 않는다.

④ 개업공인중개사가 중개의뢰인과 직접 거래를 하는 행위를 금지하는 규정은 효력규정이다.

⑤ 탈세 등 관계 법령을 위반할 목적으로 미등기 부동산의 매매를 중개하여 부동산 투기를 조장하는 행위는 금지행위에 해당한다.

해설
단속규정으로 거래계약은 유효하다.

06 개업공인중개사 甲은 중개업무를 하면서 법정한도를 초과하는 중개보수를 요구하여 수령하였다. 공인중개사법령상 甲의 행위에 관한 설명으로 틀린 것은? (다툼이 있으면 판례에 따름) 제29회

① 등록관청은 甲에게 업무의 정지를 명할 수 있다.

② 등록관청은 甲의 중개사무소 개설등록을 취소할 수 있다.

③ 1년 이하의 징역 또는 1천만원 이하의 벌금 사유에 해당한다.

④ 법정한도를 초과하는 중개보수 약정은 그 한도를 초과하는 범위 내에서 무효이다.

⑤ 甲이 법정한도를 초과하는 금액을 중개의뢰인에게 반환하였다면 금지행위에 해당하지 않는다.

해설
반환하였더라도 금지행위에 해당하며 처벌 받는다.

정답 　03 ②　04 ②　05 ④　06 ⑤

07 공인중개사법령상 소속공인중개사에게 금지되는 행위를 모두 고른 것은? 제34회

> ㉠ 공인중개사 명칭을 사용하는 행위
> ㉡ 중개대상물에 대한 표시·광고를 하는 행위
> ㉢ 중개대상물의 매매를 업으로 하는 행위
> ㉣ 시세에 부당한 영향을 줄 목적으로 온라인 커뮤니티 등을 이용하여 특정 가격 이하로 중개를 의뢰하지 아니하도록 유도함으로써 개업공인중개사의 업무를 방해하는 행위

① ㉠, ㉡   ② ㉡, ㉣   ③ ㉢, ㉣
④ ㉡, ㉢, ㉣   ⑤ ㉠, ㉡, ㉢, ㉣

해설
㉠ 당연히 공인중개사 명칭을 사용할 수 있다.
㉡ 개업공인중개사는 표시·광고를 할 수 있다.
㉣ 누구든지 시세에 부당한 영향을 줄 목적으로 안내문, 온라인 커뮤니티 등을 이용하여 개업공인중개사 등의 업무를 방해해서는 아니 된다.

08 공인중개사법령상 누구든지 시세에 부당한 영향을 줄 목적으로 개업공인중개사 등의 업무를 방해해서는 아니 되는 행위를 모두 고른 것은? 제35회

> ㉠ 중개의뢰인과 직접 거래를 하는 행위
> ㉡ 안내문, 온라인 커뮤니티 등을 이용하여 특정 가격 이하로 중개를 의뢰하지 아니하도록 유도하는 행위
> ㉢ 정당한 사유 없이 개업공인중개사 등의 중개대상물에 대한 정당한 표시·광고 행위를 방해하는 행위
> ㉣ 단체를 구성하여 특정 중개대상물에 대하여 중개를 제한하거나 단체 구성원 이외의 자와 공동중개를 제한하는 행위

① ㉠, ㉢   ② ㉠, ㉣   ③ ㉡, ㉢
④ ㉠, ㉡, ㉣   ⑤ ㉡, ㉢, ㉣

해설
㉠ 및 ㉣은 법 제33조 제1항에 해당하는 개업공인중개사 등의 금지행위에 해당하는 내용이다.
㉡㉢ 누구든지 시세에 부당한 영향을 줄 목적으로 개업공인중개사 등의 업무를 방해하는 행위이다.

정답 ▶ 07 ④   08 ③

제3절 중개대상물 확인·설명의무

<< key 포인트! >>

1) 확인·설명의무 내용(위반시 500만원 이하의 과태료)

① **법적 의무자**: 개업공인중개사이며, 상대방은 권리취득의뢰인이다.

  [주의] 소속공인중개사는 재량사항이며, 중개보조원은 금지사항이다.

② **시기**: 중개완성 전(즉, 거래계약서 작성 전)

③ **제시할 서면**: 등기부등본(토지, 건물), 건축물관리대장, 지적도, 토지이용계획확인서 등이다.

④ **자료를 요구**: 확인·설명을 위하여 필요한 경우에는 중개대상물의 **매도의뢰인·임대의뢰인 등**에게 당해 중개대상물의 상태에 관한 자료를 **요구할 수 있다.**

  ※ 이에 불응한 경우에는 개업공인중개사는 이 사실을 **권리취득 의뢰인에게 설명**하고, 중개대상물 **확인·설명서에 기재**하여야 한다.

2) 확인·설명할 사항 〈★ 물.벽.수.도 - 공.소.금 - 실.세 - 주.전.보.관〉

다만, 10.부터 13.까지는 주택임대차 중개의 경우에만 적용한다.

> 1. 중개대상물의 종류·소재지·지번·지목·면적·용도·구조 및 건축연도 등 중개대상물에 관한 기본적인 사항
> 2. **벽**면·바닥면 및 도배의 상태
> 3. **수도**·전기·가스·소방·열공급·승강기 및 배수 등 시설물의 상태
> 4. **도**로 및 대중교통수단과의 연계성, 시장·학교와의 근접성 등 입지조건
> 5. 일조·소음·진동 등 환경조건
> 6. 토지이용계획, **공**법상의 거래규제 및 이용제한에 관한 사항
> 7. 소유권·전세권·저당권·지상권 및 임차권 등 중개대상물의 권리관계에 관한 사항
> 8. 거래예정**금**액·**중개보수 및 실비**의 금액과 그 산출내역
> 9. 중개대상물에 대한 권리를 **취득함에 따라 부담하여야 할 조세**의 종류 및 **세**율
> 10. 「주택임차법」상 임대인의 정보제시 의무 및 보증금 중 일정액의 보호에 관한 사항
> 11. 「주민등록법」에 따른 전입세대확인서의 열람 또는 교부에 관한 사항
> 12. 「민간임대주택에 관한 특별법」상에 임대보증금에 대한 보증에 관한 사항(민간임대주택인 경우만 해당한다)
> 13. 관리비 금액과 그 산출 내역

[주의] ※ **확인·설명사항의 경우**: 공시지가를 설명할 의무는 없다.

제3절 **엄선 기출문제**(제15회 ~ 제35회)

01 공인중개사법령상 '중개대상물의 확인·설명사항'과 '전속중개계약에 따라 부동산거래정보망에 공개해야 할 중개대상물에 관한 정보'에 공통으로 규정된 것을 모두 고른 것은?
제32회 수정

> ㉠ 공법상의 거래규제에 관한 사항
> ㉡ 벽면 및 도배의 상태
> ㉢ 일조·소음의 환경조건
> ㉣ 취득시 부담해야 할 조세의 종류와 세율

① ㉠, ㉡　　　　　　　② ㉢, ㉣　　　　　　　③ ㉠, ㉡, ㉢
④ ㉡, ㉢, ㉣　　　　　⑤ ㉠, ㉡, ㉢, ㉣

해설
㉣은 '중개대상물의 확인·설명사항'에 해당된다.

02 공인중개사법령상 중개대상물의 확인·설명에 관한 설명으로 틀린 것은? (다툼이 있으면 판례에 의함)
제23회

① 개업공인중개사가 중개를 의뢰받은 경우 중개대상물에 대한 확인·설명은 중개가 완성되기 전에 해야 한다.
② 개업공인중개사의 중개대상물에 대한 확인·설명은 당해 중개대상물에 대한 권리를 취득하고자 하는 중개의뢰인에게 해야 한다.
③ 개업공인중개사는 중개가 완성되어 거래계약서를 작성하는 때에는 중개대상물 확인·설명서를 작성하여 거래당사자에게 교부해야 한다.
④ 중개의뢰인이 개업공인중개사에게 소정의 보수를 지급하지 아니하였다고 해서 개업공인중개사의 확인·설명의무 위반에 따른 손해배상책임이 당연히 소멸되는 것이 아니다.
⑤ 주거용 건축물의 경우 소음·진동은 개업공인중개사가 확인하기 곤란하므로 확인·설명할 사항에 해당하지 않는다.

해설
확인·설명할 사항에 해당된다.

03 공인중개사법령상 개업공인중개사 甲의 중개대상물 확인·설명에 관한 내용으로 틀린 것은? (다툼이 있으면 판례에 따름)　　　　제29회

① 甲은 중개가 완성되어 거래계약서를 작성하는 때에는 중개대상물 확인·설명서를 작성해야 한다.

② 甲은 작성된 중개대상물 확인·설명서를 거래당사자 모두에게 교부해야 한다.

③ 甲은 중개보수 및 실비의 금액과 그 산출내역을 확인·설명해야 한다.

④ 甲은 임대의뢰인이 중개대상물의 상태에 관한 자료요구에 불응한 경우 그 사실을 중개대상물 확인·설명서에 기재할 의무가 없다.

⑤ 甲은 상가건물의 임차권 양도계약을 중개할 경우 양수의뢰인이 「상가건물 임대차보호법」에서 정한 대항력, 우선변제권 등의 보호를 받을 수 있는지를 확인·설명할 의무가 있다.

> **해설**
> 불응한 경우에는 개업공인중개사는 이 사실을 **권리취득 의뢰인에게 설명**하고, 중개대상물 **확인·설명서**에 **기재**하여야 한다.

04 (　　) 안에 들어갈 의무 보존기간이 옳게 나열된 것은?　　　　제23회

> 공인중개사법령상 전속중개계약서는 (　㉠　) 이상, 중개대상물 확인·설명서 사본은 (　㉡　) 이상, 거래계약서 원본·사본은 (　㉢　) 이상 보존해야 한다.

① ㉠: 3년, ㉡: 5년, ㉢: 3년　　　② ㉠: 3년, ㉡: 3년, ㉢: 5년
③ ㉠: 3년, ㉡: 5년, ㉢: 5년　　　④ ㉠: 5년, ㉡: 3년, ㉢: 3년
⑤ ㉠: 5년, ㉡: 3년, ㉢: 5년

05 공인중개사법령상 중개대상물의 확인·설명에 관한 내용으로 옳은 것은? 제30회

① 개업공인중개사는 선량한 관리자의 주의로 중개대상물의 권리관계 등을 조사·확인하여 중개의뢰인에게 설명할 의무가 있다.

② 2명의 개업공인중개사가 공동중개한 경우 중개대상물 확인·설명서에는 공동중개한 개업공인중개사 중 1인만 서명 및 날인하면 된다.

③ 개업공인중개사는 중개대상물에 대한 확인·설명을 중개가 완성된 후 해야 한다.

④ 중개보조원은 중개의뢰인에게 중개대상물의 확인·설명의무를 진다.

⑤ 개업공인중개사는 중개대상물 확인·설명서를 작성하여 거래당사자에게 교부하고 그 원본을 5년간 보존하여야 한다.

> **해설**
> ② 모두가 서명 및 날인 ③ 중개완성 전 ④ 금지 ⑤ 3년

06 공인중개사법령상 개업공인중개사 甲의 중개대상물 확인·설명에 관한 설명으로 틀린 것은? (다툼이 있으면 판례에 따름) 제34회

① 甲은 중개가 완성되어 거래계약서를 작성하는 때에 중개대상물 확인·설명서를 작성하여 거래당사자에게 교부해야 한다.

② 甲은 중개대상물에 근저당권이 설정된 경우, 실제의 피담보채무액을 조사·확인하여 설명할 의무가 있다.

③ 甲은 중개대상물의 범위 외의 물건이나 권리 또는 지위를 중개하는 경우에도 선량한 관리자의 주의로 권리관계 등을 조사·확인하여 설명할 의무가 있다.

④ 甲은 자기가 조사·확인하여 설명할 의무가 없는 사항이라도 중개의뢰인이 계약을 맺을지를 결정하는 데 중요한 것이라면 그에 관해 그릇된 정보를 제공해서는 안 된다.

⑤ 甲이 성실·정확하게 중개대상물의 확인·설명을 하지 않거나 설명의 근거자료를 제시하지 않은 경우 500만원 이하의 과태료 부과사유에 해당한다.

> **해설**
> 근저당이 설정된 경우에는 그 **채권최고액을 조사·확인하여 의뢰인에게 설명**하면 족하다.

제4절 거래계약서 작성 등의 의무

<< key 포인트! >>

1) 국토교통부장관은 개업공인중개사가 작성하는 거래계약서의 표준이 되는 서식을 정하여 그 **사용을 권장할 수 있다.**

2) **2중계약서 작성금지 :** 개업공인중개사는 거래계약서를 작성하는 때에는 거래금액 등 거래내용을 거짓으로 기재하거나 서로 다른 2 이상의 거래계약서를 작성하여서는 아니 된다 (임 · 취사유이고, 행정형벌은 ×).

3) 개업공인중개사는 중개업무의 수행을 위하여 필요한 경우에는 중개의뢰인에게 주민등록증 등 신분을 확인할 수 있는 증표를 제시할 것을 요구할 수 있다.

4) **필요적 기재사항** 〈★당.물.계.대.이.도.조.확.특〉

> 1. 거래**당사**자의 인적 사항
> 2. **물건**의 표시
> 3. **계약**일
> 4. **거래(대)**금액 · 계약금액 및 그 지급일자 등 지급에 관한 사항
> 5. 권리**이전**의 내용
> 6. 물건의 **인도**일시
> 7. 계약의 **조건**이나 기한이 있는 경우에는 그 조건 또는 기한
> 8. 중개대상물 **확인** · 설명서 교부일자
> 9. 그 밖의 약정내용(**특약**)

5) **서명 및 날인**

> ① 개업공인중개사(법인은 대표자, 분사무소는 책임자)와 당해 업무를 수행한 소속공인중개사가 함께 서명 및 날인해야 한다. 〔주의〕 기명 및 날인이 아니다.
> 　∷참고│중개보조원은 서명 및 날인 의무가 없으나 반면에 금지사항도 아니다.
> ② 서명만 하고 날인을 안 했거나, 날인만 하고 서명을 안 했으면 업무정지사유이다.
> ③ 권리이전의뢰인과 권리취득의뢰인에게는 **서명 또는 날인하면 된다.**
> ④ 공동중개에 관여한 개업공인중개사 모두가 중개대상물 확인 · 설명서에 함께 서명 및 날인하여야 한다.

제**4**절 **엄선 기출문제**(제15회 ~ 제35회)

01 공인중개사법령상 거래계약서의 작성에 관한 설명으로 틀린 것은? 제23회

① 개업공인중개사는 중개대상물에 관하여 중개가 완성된 때에는 거래계약서를 작성하여 거래당사자에게 교부한다.

② 개업공인중개사는 거래계약서에 서명 및 날인해야 한다.

③ 국토교통부장관은 개업공인중개사가 작성하는 거래계약서의 표준이 되는 서식을 정하여 그 사용을 권장할 수 있으나, 공인중개사법령에는 별지 서식이 정해져 있지 않다.

④ 물건의 인도일시는 거래계약서에 기재할 사항이다.

⑤ 중개대상물 확인·설명서 교부일자는 거래계약서에 기재할 사항이 아니다.

해설
필수적 기재사항이다.

02 다음 중 거래계약서와 별지 서식을 작성하는 방법에 관한 설명으로 틀린 것은? 제21회

① 개업공인중개사는 거래계약서에 서명 및 날인해야 한다.

② 개업공인중개사는 중개대상물 확인·설명서에 서명 및 날인을 해야 한다.

③ 개업공인중개사는 전속중개계약서에 서명 및 날인해야 한다.

④ 중개대상물 확인·설명서에는 거래당사자가 서명 또는 날인하는 란이 있다.

⑤ 거래당사자는 거래당사자 간 직접 거래의 경우 부동산 거래계약 신고서에 공동으로 서명 또는 날인(전자인증 방법 포함)하는 것이 원칙이다.

해설
~할 수 있다(임의적 등록취소사유).

03 공인중개사법령상 개업공인중개사의 거래계약서 작성 등에 관한 설명으로 옳은 것은?

제27회

① 국토교통부장관이 지정한 표준거래계약서 양식으로 계약서를 작성해야 한다.

② 작성된 거래계약서는 거래당사자에게 교부하고 3년간 그 사본을 보존해야 한다.

③ 거래계약서의 원본·사본, 전자문서를 보존기간 동안 보존하지 않은 경우 등록관청은 중개사무소의 개설등록을 취소할 수 있다.

④ 중개대상물 확인·설명서 교부일자는 거래계약서 기재사항이 아니다.

⑤ 분사무소의 소속공인중개사가 중개행위를 한 경우 그 소속공인중개사와 분사무소의 책임자가 함께 거래계약서에 서명 및 날인해야 한다.

해설

① 현재 표준거래계약서는 없다. ② 5년 ③ 업무정지 ④ 필수적 기재사항

04 공인중개사법령상 개업공인중개사의 거래계약서 작성 등에 관한 설명으로 틀린 것은?

제29회

① 거래계약서에는 물건의 인도일시를 기재해야 한다.

② 「공인중개사법 시행규칙」에 개업공인중개사가 작성하는 거래계약서의 표준이 되는 서식이 정해져 있다.

③ 거래계약서에는 중개대상물 확인·설명서 교부일자를 기재해야 한다.

④ 소속공인중개사가 중개행위를 한 경우 그 거래계약서에는 소속공인중개사와 개업공인중개사가 함께 서명 및 날인해야 한다.

⑤ 공동중개의 경우 참여한 개업공인중개사가 모두 서명 및 날인해야 한다.

해설

현재 표준거래계약서는 없다.

정답 ▶ 01 ⑤ 02 ③ 03 ⑤ 04 ②

05 「전자문서 및 전자거래 기본법」에 따른 공인전자문서센터에 보관된 경우, 공인중개사 법령상 개업공인중개사가 원본, 사본 또는 전자문서를 보존기간 동안 보존해야 할 의무가 면제된다고 명시적으로 규정된 것을 모두 고른 것은? 제32회

> ㉠ 중개대상물 확인 · 설명서
> ㉡ 손해배상책임보장에 관한 증서
> ㉢ 소속공인중개사 고용신고서
> ㉣ 거래계약서

① ㉠   ② ㉠, ㉣   ③ ㉡, ㉢
④ ㉡, ㉢, ㉣   ⑤ ㉠, ㉡, ㉢, ㉣

해설
㉡㉢은 보존의무도 규정도 없다.

06 공인중개사법령상 개업공인중개사가 중개를 완성한 때에 작성하는 거래계약서에 기재하여야 하는 사항을 모두 고른 것은? 제35회

> ㉠ 권리이전의 내용
> ㉡ 물건의 인도일시
> ㉢ 계약의 조건이나 기한이 있는 경우에는 그 조건 또는 기한
> ㉣ 중개대상물 확인 · 설명서 교부일자

① ㉠, ㉣   ② ㉡, ㉢   ③ ㉠, ㉡, ㉢
④ ㉠, ㉡, ㉣   ⑤ ㉠, ㉡, ㉢, ㉣

해설
㉠㉡㉢㉣은 모두가 거래계약서에 기재하여야 할 사항이다.

정답 05 ②   06 ⑤

| 제5절 | 손해배상책임과 업무보증 |

<< key 포인트! >>

1) 개업공인중개사의 손해배상책임 유형

(1) 개업공인중개사의 불법행위

> ① 개업공인중개사의 중개행위에 고의 · 과실(중과실, 경과실)을 포함.
> ② 중개의뢰인에 재산상의 손해발생(정신적 손해 - 「민법」상 불법행위)

(2) **사무소를 타인의 중개행위 장소로 제공하여 재산상 손해를 끼친 경우**

(3) **고용인의 불법행위**: 업무상 행위는 개업공인중개사의 행위로 간주한다(무과실 책임).

2) 업무보증 설정방법 및 금액

종별	보증금액	설정시기	업무보증 설정방법
개인인 개업공인중개사	• 2억원 이상	업무개시 전	① 보증 보험
중개법인	• 주사무소: 4억원 이상 ※ 분사무소마다 2억원 추가	분사무소는 설치신고 전	② 공제가입 ③ 공탁(현금, 국 · 공채)
특수법인	• 2,000만원 이상	업무개시 전	

3) 업무보증 변경과 보증 재설정

① **변경설정**: 기존의 보증의 효력이 있는 **기간 중**에 설정 + 등록관청에 신고
② **보증재설정**: 보증보험 또는 공제가입 - 보증기간 **만료일까지** 설정 + 등록관청에 신고
　　◆주의 공탁의 경우에는 기간 만료가 없다.

4) 보증금 지급절차

중개의뢰인이 확정서류(개업공인중개사의 합의서, 화해조서 · 조정조서, 판결문 등) 첨부하여 보증기관에 직접 청구한다.

5) 손해배상지급 후 업무보증금

> ① **보증보험 · 공제가입**: 15일 이내에 다시 가입해야 한다.
> ② **공탁**: 15일 이내에 부족한 금액을 보전해야 한다.

제5절 | **엄선 기출문제**(제15회 ~ 제35회)

01 공인중개사법령상 개업공인중개사의 손해배상책임 등에 관한 설명으로 옳은 것은?
(다툼이 있으면 판례에 의함)   제21회 수정

① 중개의뢰인에 대한 손해배상책임을 보장하기 위한 공탁은 중개업무 개시와 동시에 하여야 한다.

② 법인 아닌 개업공인중개사가 손해배상책임으로 보증해야 할 금액은 1억원 이상이어야 한다.

③ 공탁금으로 손해배상을 한 개업공인중개사는 30일 이내에 그 부족하게 된 금액을 보전해야 한다.

④ 지역농업협동조합이 부동산중개업을 하는 때에는 1천만원 이상의 보증을 설정해야 한다.

⑤ 중개행위에 따른 확인·설명의무와 그 위반을 이유로 하는 손해배상의무는 중개의뢰인이 개업공인중개사에게 소정의 보수를 지급하지 아니하였다고 해서 당연히 소멸되는 것은 아니다.

해설
① 업무개시 전 ② 2억 이상 ③ 15일 이내 ④ 2천만원 이상

02 법인인 개업공인중개사가 서울특별시 A구에 주된 사무소를, 서울특별시 B구·C구·D구·E구에 각각 분사무소를 두는 경우, 공인중개사법령상 중개행위를 함에 있어서 거래당사자에게 발생할 수 있는 손해배상과 관련하여 보증보험에 가입할 때 법인이 설정해야 할 최저 보증보험금액의 합계는? (다른 법률에 의해 중개업을 할 수 있는 법인은 제외함)   제23회

① 4억원   ② 5억원   ③ 6억원
④ 12억원   ⑤ 14억원

해설
주된 사무소 4억 + 분사무소마다 2억 = 12억

03 공인중개사법령상 개업공인중개사의 손해배상책임의 보장에 관한 설명으로 옳은 것은?

제27회

① 개업공인중개사는 중개를 개시하기 전에 거래당사자에게 손해배상책임의 보장에 관한 설명을 해야 한다.

② 개업공인중개사는 업무개시 후 즉시 손해배상책임의 보장을 위하여 보증보험 또는 공제에 가입해야 한다.

③ 개업공인중개사가 중개행위를 함에 있어서 거래당사자에게 손해를 입힌 경우 고의 · 과실과 관계없이 그 손해를 배상해야 한다.

④ 개업공인중개사가 폐업한 경우 폐업한 날부터 5년 이내에는 손해배상책임의 보장을 위하여 공탁한 공탁금을 회수할 수 없다.

⑤ 개업공인중개사는 자기의 중개사무소를 다른 사람의 중개행위 장소로 제공함으로써 거래당사자에게 재산상 손해를 발생하게 한 때에는 그 손해를 배상할 책임이 있다.

해설

① 중개 완성된 때 ② 업무개시 전 ③ 고의 · 과실이 요건이다. ④ 3년

04 공인중개사법령상 개업공인중개사 甲의 손해배상책임의 보장에 관한 설명으로 틀린 것은?

제31회

① 甲은 업무를 개시하기 전에 손해배상책임을 보장하기 위하여 보증보험 또는 공제에 가입하거나 공탁을 해야 한다.

② 甲이 설정한 보증을 다른 보증으로 변경하려는 경우 이미 설정한 보증의 효력이 있는 기간 중에 다른 보증을 설정하여야 한다.

③ 甲이 보증보험 또는 공제에 가입한 경우 보증기간의 만료로 다시 보증을 설정하려면, 그 보증기간 만료일까지 다시 보증을 설정하여야 한다.

④ 甲이 손해배상책임을 보장하기 위한 조치를 이행하지 아니하고 업무를 개시한 경우 등록관청은 개설등록을 취소할 수 있다.

⑤ 甲이 공제금으로 손해배상을 한 때에는 30일 이내에 공제에 다시 가입하여야 한다.

해설

15일 이내

정답 01 ⑤ 02 ④ 03 ⑤ 04 ⑤

05 공인중개사법령상 손해배상책임의 보장에 관한 설명으로 틀린 것은? 제32회

① 개업공인중개사는 중개가 완성된 때에는 거래당사자에게 손해배상책임의 보장기간을 설명해야 한다.

② 개업공인중개사는 고의로 거래당사자에게 손해를 입힌 경우에는 재산상의 손해뿐만 아니라 비재산적 손해에 대해서도 공인중개사법령상 손해배상책임보장규정에 의해 배상할 책임이 있다.

③ 개업공인중개사가 자기의 중개사무소를 다른 사람의 중개행위의 장소로 제공하여 거래당사자에게 재산상의 손해를 발생하게 한 때에는 그 손해를 배상할 책임이 있다.

④ 법인인 개업공인중개사가 분사무소를 두는 경우 분사무소마다 추가로 2억원 이상의 손해배상책임의 보증설정을 해야 하나 보장금액의 상한은 없다.

⑤ 지역농업협동조합이 「농업협동조합법」에 의해 부동산중개업을 하는 경우 보증기관에 설정하는 손해배상책임보증의 최저보장금액은 개업공인중개사의 최저보장금액과 다르다.

> **해설**
> 비재산적 손해(위자료)는 「민법」상으로 청구

06 공인중개사법령상 공인중개사인 개업공인중개사 甲의 손해배상책임의 보장에 관한 설명으로 틀린 것은? 제34회

① 甲은 업무를 시작하기 전에 손해배상책임을 보장하기 위한 조치를 하여야 한다.

② 甲은 2억원 이상의 금액을 보장하는 보증보험 또는 공제에 가입하거나 공탁을 해야 한다.

③ 甲은 보증보험금·공제금 또는 공탁금으로 손해배상을 한 때에는 15일 이내에 보증보험 또는 공제에 다시 가입하거나 공탁금 중 부족하게 된 금액을 보전해야 한다.

④ 甲이 손해배상책임을 보장하기 위한 조치를 이행하지 아니하고 업무를 개시한 경우는 업무정지사유에 해당하지 않는다.

⑤ 甲은 자기의 중개사무소를 다른 사람의 중개행위의 장소로 제공함으로써 거래당사자에게 재산상의 손해를 발생하게 한 때에는 그 손해를 배상할 책임이 있다.

> **해설**
> 등록관청은 개업공인중개사가 손해배상책임을 보장하기 위한 조치를 이행하지 아니하고 업무를 개시한 경우에는 중개사무소의 개설등록을 취소할 수 있다. 따라서, 등록관청은 이 경우에 대체처분으로 업무정지처분을 할 수 있다.

정답 ▶ 05 ② 06 ④

제6절 | 계약금 등의 예치권고

<< key 포인트! >>

1) 임의규정이다.

2) **예치기간**: 거래계약이 체결된 때부터 ~ 이행이 완료될 때까지(계약금 · 중도금 · 잔금)

3) **계약금 등 사전수령**: 사전회수권자는 매도인 · 임대인 등이다.

4) **반환 채무이행 보장에 소요되는 실비**: 권리취득의뢰인에게 청구한다.

예치대상	예치명의자 〈★ 은,공,신,보,전,체〉	예치기관(장소) 〈★ 금,공,신(등)〉	보증서 발급처
※ 이행완료 – 계약금 + 중도금 잔금도 포함.	※ 개업공인중개사 또는 • **은행** • **공제**사업자 • **신탁**업지 • **보험**회사 • **전문**회사 • **체신**관서 ⊙주의 위 열거된 기관만 가능하다.	• **금융기관** • **공제사업자** • **신탁업자 등** ↓ ⊙주의 예시이다.	• 금융기관 • 보증보험회사 ↓ **예치명의자에 교부**

5) **개업공인중개사의 의무**

> ① 계약금 등의 **인출에 대한 거래당사자의 동의 방법**, 반환 채무이행 보장에 소요되는 **실비**
>   그 밖에 거래안전을 위하여 필요한 사항을 약정하여야 한다.
> ② 자기 예치금과 분리 관리하고, 거래당사자의 동의 없이 인출하여서는 아니 된다.
> ③ 당사자에게 **예치된 금액**을 보장하는 보증보험 또는 공제, 공탁하고, 관계증서의 사본
>   이나 전자문서를 제공하여야 한다.

01 공인중개사법령상 계약금 등의 반환채무이행의 보장에 관한 설명으로 틀린 것은?

제21회

① 개업공인중개사가 거래당사자에게 계약금 등을 예치하도록 권고할 법률상 의무는 없다.

② 계약금 등을 예치하는 경우 「우체국예금·보험에 관한 법률」에 따른 체신관서 명의로 공제사업을 하는 공인중개사협회에 예치할 수도 있다.

③ 계약금 등을 예치하는 경우 「보험업법」에 따른 보험회사 명의로 금융기관에 예치할 수 있다.

④ 계약금 등을 예치하는 경우 매도인 명의로 금융기관에 예치할 수 있다.

⑤ 계약금 등의 예치는 거래계약의 이행이 완료될 때까지로 한다.

해설

예치명의자는 개업공인중개사 또는 은행, 보험회사, 신탁업자, 우체국예금·체신관서, 공제사업자, 계약금·중도금 등 관련 서류를 관리하는 전문회사만이다.

02 개업공인중개사의 중개로 매매계약이 체결된 후 계약금 등의 반환채무이행을 보장하기 위해 매수인이 낸 계약금을 개업공인중개사 명의로 금융기관에 예치하였다. 공인중개사법령상 이에 관한 설명으로 틀린 것은?

제23회

① 금융기관에 예치하는 데 소요되는 실비는 특별한 약정이 없는 한 매도인이 부담한다.

② 개업공인중개사는 계약금 이외에 중도금이나 잔금도 예치하도록 거래당사자에게 권고할 수 있다.

③ 개업공인중개사는 예치된 계약금에 해당하는 금액을 보장하는 보증보험 또는 공제에 가입하거나 공탁을 해야 한다.

④ 개업공인중개사는 예치된 계약금이 자기소유의 예치금과 분리하여 관리될 수 있도록 해야 한다.

⑤ 개업공인중개사는 예치된 계약금을 거래당사자의 동의 없이 임의로 인출하여서는 안 된다.

해설

원칙적으로 매수인이 부담한다.

03 공인중개사법령상 계약금 등의 반환채무이행의 보장 등에 관한 설명으로 틀린 것은?

제30회

① 개업공인중개사는 거래의 안전을 보장하기 위하여 필요하다고 인정하는 경우, 계약금 등을 예치하도록 거래당사자에게 권고할 수 있다.

② 예치대상은 계약금 · 중도금 또는 잔금이다.

③ 보험업법에 따른 보험회사는 계약금 등의 예치명의자가 될 수 있다.

④ 개업공인중개사는 거래당사자에게 「공인중개사법」에 따른 공제사업을 하는 자의 명의로 계약금 등을 예치하도록 권고할 수 없다.

⑤ 개업공인중개사는 계약금 등을 자기 명의로 금융기관 등에 예치하는 경우 자기 소유의 예치금과 분리하여 관리될 수 있도록 하여야 한다.

해설

공제사업자도 예치명의자가 될 수 있다.

04 공인중개사법령상 계약금 등을 예치하는 경우 예치명의자가 될 수 있는 자를 모두 고른 것은?

제34회

> ㉠ 「보험업법」에 따른 보험회사
> ㉡ 「자본시장과 금융투자업에 관한 법률」에 따른 투자중개업자
> ㉢ 「자본시장과 금융투자업에 관한 법률」에 따른 신탁업자
> ㉣ 「한국지방재정공제회법」에 따른 한국지방재정공제회

① ㉠ 　　　　② ㉠, ㉢ 　　　　③ ㉠, ㉡, ㉢

④ ㉡, ㉢, ㉣ 　　　　⑤ ㉠, ㉡, ㉢, ㉣

해설

㉠과 ㉢만이 타당하다.

05 공인중개사법령상 개업공인중개사가 계약금 등을 금융기관에 예치하도록 거래당사자에게 권고하는 경우 예치명의자가 될 수 없는 자는? 제35회

① 개업공인중개사
② 거래당사자 중 일방
③ 부동산 거래계약의 이행을 보장하기 위하여 계약 관련서류 및 계약금 등을 관리하는 업무를 수행하는 전문회사
④ 국토교통부장관의 승인을 얻어 공제사업을 하는 공인중개사협회
⑤ 「은행법」에 따른 은행

해설

거래당사자, 소속공인중개사, 중개보조원은 예치명의자가 될 수 없다.

:: 참고 | 예치명의자는 다음과 같다.

Chapter 07 중개보수 등

제1절 **중개보수**

<< key 포인트! >>

1) 중개보수 청구권의 소멸

> ① **개업공인중개사의 고의·과실**: 중개의뢰인 간의 거래계약 무효·취소 또는 해제된 경우, 중개보수를 받을 수 없다.
> ② **거래 당사자의 고의·과실**: 중개의뢰인의 사정으로 계약이 해제된 경우, 개업공인중개사는 중개보수를 받을 수 있다.

2) 지급 시기: 당사자 간에 약정에 따르되, 약정이 없을 때에는 중개대상물의 거래대금 지급이 완료된 날로 한다.

3) 중개보수 요율체계

(1) **주택**: 국토교통부령이 정하는 범위 내에서 시·도 조례로 정한다.

  ① **매매·교환**: 중개의뢰인 쌍방으로부터 각각 받되, 그 일방으로부터 받을 수 있는 한도는 시·도의 조례가 정하는 요율한도 이내에서 당사자 간에 서로 협의하여 결정한다.

  ② **임대차 등**: 중개의뢰인 쌍방으로부터 각각 받되, 그 일방으로부터 받을 수 있는 한도는 시·도의 조례가 정하는 요율한도 이내에서 당사자 간에 **협의하여 결정한다.**

(2) **주택 외**

  ① **거래금액의 0.9% 이내에서 중개의뢰인과 개업공인중개사가 서로 협의로 정한다.**

  ② **예외: 주거용 오피스텔**(다음 요건을 모두 구비할 것)

> ㉠ 전용면적이 85m² 이하일 것
> ㉡ 상·하수도 시설이 갖추어진 전용입식 부엌, 전용수세식 화장실 및 목욕시설
> 〈요율〉 1. 매매·교환 − 1천분의 5   2. 임대차 등 − 1천분의 4

4) 산정 공식

① 임대차 = 보증금 + (월세 × 100)으로 계산한다.

(단, 산출된 금액이 5,000만원 미만일 때 "보증금 + (월세 × 70)"으로 한다.

② 분양권 = 기 납입금 + 프리미엄(총 분양가가 아님)

③ 교환의 경우에는 큰 가액의 중개대상물가액을 기준으로 한다.

④ 동일한 중개대상물에 대하여 동일 당사자 간에 매매를 포함한 둘 이상의 거래가 동일 기회에 이루어지는 경우에는 매매계약에 관한 거래금액만을 적용한다.

⑤ 건축물 중 주택의 면적이 2분의 1 이상인 경우에는 주택으로 계산, 주택의 면적이 2분의 1 미만인 경우에는 주택 외의 계산방식으로 한다.

5) 중개대상물의 소재지와 중개사무소의 소재지가 다른 경우에는 중개사무소 소재지를 관할하는 시·도의 조례에서 정한 기준에 따라 보수 및 실비를 받아야 한다.

※ 주된 사무소와 분사무소가 다른 시·도에 속한 경우, **분사무소의 조례가 적용**된다.

6) 상가나 점포의 권리금은 부동산 그 자체의 거래금액이 아니므로 포함되지 않으며, 겸업(**에** 컨설팅, 프랜차이즈 등)도 적용되지 않고 **당사자 합의**로 정한다.

7) **실비**: 실비의 한도 등에 관하여 필요한 사항은 국토부령이 정하는 범위 안에서 특별시·광역시 또는 도의 조례로 정한다.

> ① **중개대상물의 권리관계 등의 확인 실비**: 매도·임대 등 **권리를 이전하고자 하는 중개의뢰인**이 부담한다.
> ② **계약금 등의 반환채무이행 보장에 소요되는 실비**: 매수·임차 그 밖의 **권리를 취득하는 중개의뢰인**이 부담한다.
> ③ 실비는 의뢰인과 약정에 의해 **거래계약체결과 무관**하게 받을 수 있다.

제1절 **엄선 기출문제**(제15회 ~ 제35회)

01 乙이 개업공인중개사 甲에게 중개를 의뢰하여 거래계약이 체결된 경우 공인중개사법 령상 중개보수에 관한 설명으로 틀린 것은? (다툼이 있으면 판례에 따름) 제31회

① 甲의 고의와 과실 없이 乙의 사정으로 거래계약이 해제된 경우라도 甲은 중개보수를 받을 수 있다.

② 주택의 중개보수는 국토교통부령으로 정하는 범위 안에서 시 · 도의 조례로 정하고, 주택 외의 중개대상물의 중개보수는 국토교통부령으로 정한다.

③ 甲이 중개보수 산정에 관한 지방자치단체의 조례를 잘못 해석하여 법정 한도를 초과한 중개보수를 받은 경우 「공인중개사법」 제33조의 금지행위에 해당하지 않는다.

④ 법정한도를 초과하는 甲과 乙의 중개보수 약정은 그 한도를 초과하는 범위 내에서 무효이다.

⑤ 중개보수의 지급시기는 甲과 乙의 약정이 없을 때에는 중개대상물의 거래대금 지급이 완료된 날이다.

해설
금지행위에 해당되어 처벌된다.

02 공인중개사법령상 중개보수의 제한에 관한 설명으로 옳은 것을 모두 고른 것은?
제33회

> ㉠ 공인중개사법령상 중개보수 제한 규정들은 공매대상 부동산 취득의 알선에 대해서는 적용되지 않는다.
> ㉡ 공인중개사법령에서 정한 한도를 초과하는 부동산 중개보수 약정은 한도를 초과하는 범위 내에서 무효이다.
> ㉢ 개업공인중개사는 중개대상물에 대한 거래계약이 완료되지 않을 경우에도 중개의뢰인과 중개행위에 상응하는 보수를 지급하기로 약정할 수 있고, 이 경우 공인중개사법령상 중개보수 제한 규정들이 적용된다.

① ㉠   ② ㉢   ③ ㉠, ㉡
④ ㉡, ㉢   ⑤ ㉠, ㉡, ㉢

해설
공매대상 부동산 취득의 알선에 대해서도 적용된다.

정답 01 ③ 02 ④

03 공인중개사법령상 일방으로부터 받을 수 있는 중개보수의 한도 및 거래금액의 계산 등에 관한 설명으로 틀린 것은? (다툼이 있으면 판례에 따름) 제29회 수정

① 주택의 임대차에 대한 중개보수는 거래금액 구간별 요율 범위 내에서 시·도의 조례가 정하는 요율한도 내에서 중개의뢰인과 개업공인중개사가 서로 협의하여 결정한다.

② 아파트 분양권의 매매를 중개한 경우 당사자가 거래 당시 수수하게 되는 총 대금 (통상적으로 계약금, 기 납부한 중도금, 프리미엄을 합한 금액)을 거래가액으로 보아야 한다.

③ 교환계약의 경우 거래금액은 교환대상 중개대상물 중 거래금액이 큰 중개대상물의 가액으로 한다.

④ 중개대상물인 건축물 중 주택의 면적이 2분의 1 이상인 건축물은 주택의 중개보수 규정을 적용한다.

⑤ 전용면적이 85m² 이하이고, 상·하수도 시설이 갖추어진 전용입식 부엌, 전용수세식 화장실 및 목욕시설을 갖춘 오피스텔의 임대차에 대한 중개보수의 상한요율은 거래금액의 1천분의 5이다.

해설

거래금액의 1천분의 4이다.

04 공인중개사법령상 중개보수 등에 관한 설명으로 틀린 것은? 제35회

① 개업공인중개사의 중개업무상 과실로 인하여 중개의뢰인 간의 거래행위가 무효가 된 경우 개업공인중개사는 중개의뢰인으로부터 소정의 보수를 받을 수 없다.

② 주택의 중개에 대한 보수는 중개의뢰인 쌍방으로부터 각각 받되, 그 금액은 시·도의 조례로 정하는 요율한도 이내에서 중개의뢰인과 개업공인중개사가 서로 협의하여 결정한다.

③ 중개보수의 지급시기는 개업공인중개사와 중개의뢰인 간의 약정에 따르되, 약정이 없을 때에는 중개대상물의 거래대금 지급이 완료된 날로 한다.

④ 중개대상물인 주택의 소재지와 중개사무소의 소재지가 다른 경우 중개보수는 중개대상물의 소재지를 관할하는 시·도의 조례에서 정한 기준에 따라야 한다.

⑤ 개업공인중개사는 중개의뢰인으로부터 중개대상물의 권리관계 등의 확인에 소요되는 실비를 받을 수 있다.

해설

중개대상물의 소재지와 중개사무소의 소재지가 다른 경우, 개업공인중개사는 **중개사무소의 소재지**를 관할하는 시·도의 조례에서 정한 기준에 따라 보수 및 실비를 받아야 한다.

05 A시에 중개사무소를 둔 개업공인중개사가 A시에 소재하는 주택(부속토지 포함)에 대하여 아래와 같이 매매와 임대차계약을 동시에 중개하였다. 공인중개사법령상 개업공인중개사가 甲으로부터 받을 수 있는 중개보수의 최고한도액은? 제34회

[계약에 관한 사항]

1. 계약당사자 : 甲(매도인, 임차인)과 乙(매수인, 임대인)
2. 매매계약
   1) 매매대금 : 2억 5천만원
   2) 매매계약에 대하여 합의된 중개보수 : 160만원
3. 임대차계약
   1) 임대보증금 : 1천만원
   2) 월차임 : 30만원
   3) 임대기간 : 2년

[A시의 중개보수 조례 기준]

1. 거래금액 2억원 이상 9억원 미만(매매·교환) : 상한요율 0.4%
2. 거래금액 5천만원 미만(임대차 등) : 상한요율 0.5%(한도액 20만원)

---

① 100만원 ② 115만 5천원 ③ 120만원
④ 160만원 ⑤ 175만 5천원

해설

매매대금 2억 5천만원 × 0.4% = 100만원이다. 결론적으로, 법정보수를 초과한 약정은 초과부분은 무효이므로 개업공인중개사가 甲으로부터 받을 수 있는 중개보수는 100만원이다.

06 甲은 개업공인중개사 丙에게 중개를 의뢰하여 乙소유의 전용면적 70m^2 오피스텔을 보증금 2천만원, 월차임 25만원에 임대차계약을 체결하였다. 이 경우 丙이 甲으로부터 받을 수 있는 중개보수의 최고한도액은? (임차한 오피스텔은 건축법령상 업무시설로 상·하수도 시설이 갖추어진 전용입식 부엌, 전용수세식 화장실 목욕시설을 갖춤) 제26회

① 150,000원 ② 180,000원 ③ 187,500원
④ 225,000원 ⑤ 337,500원

해설

2천만원 + (25만원 × 70) = 3,750만원 ⇨ 3,750만원 × 04% = 15만원

정답 03 ⑤ 04 ④ 05 ① 06 ①

07 개업공인중개사가 X시에 소재하는 주택의 면적이 3분의 1인 건축물에 대하여 매매와 임대차계약을 동시에 중개하였다. 개업공인중개사가 甲으로부터 받을 수 있는 중개보수의 최고한도액은? 제25회

> [계약 조건]
> 1. 계약당사자 : 甲(매도인, 임차인)과 乙(매수인, 임대인)
> 2. 매매계약
>   1) 매매대금 : 1억원
>   2) 매매계약에 대하여 합의된 중개보수 : 100만원
> 3. 임대차계약
>   1) 임대보증금 : 3천만원
>   2) 월차임 : 30만원
>   3) 임대기간 : 2년
>
> [X시 중개보수 조례 기준]
> 1. 매매대금 5천만원 이상 2억원 미만 : 상한요율 0.5%(한도액 80만원)
> 2. 보증금액 5천만원 이상 1억원 미만 : 상한요율 0.4%(한도액 30만원)

① 50만원　　　　　② 74만원　　　　　③ 90만원
④ 100만원　　　　 ⑤ 124만원

해설

주택 외의 요율은 0.9%이다. 매매가 1억이다 따라서 1억 × 0.9% ＝ 90만원이다.
산출액 90만원 〈 합의된 보수 100만원이다. 법정보수 초과 합의는 무효이므로 정답은 90만원이 된다.

08 甲과 乙은 개업공인중개사의 중개로 단독주택을 보증금 2,000만원, 월차임 20만원으로 임대차계약을 체결하였다. 중개보수의 산정시 적용되는 거래금액은? 제22회

① 3,000만원　　　　　　　　② 3,200만원
③ 3,400만원　　　　　　　　④ 3,600만원
⑤ 4,000만원

해설

2천만원 ＋ (20만원 × 70) ＝ 거래금액은 3,400만원이다.

09 A시에 중개사무소를 둔 개업공인중개사 甲은 B시에 소재하는 乙 소유의 오피스텔(건축법령상 업무시설로 전용면적 80m²이고, 상·하수도 시설이 갖추어진 전용입식 부엌, 전용수세식 화장실 및 목욕시설을 갖춤)에 대하여, 이를 매도하려는 乙과 매수하려는 丙의 의뢰를 받아 매매계약을 중개하였다. 이 경우 공인중개사법령상 甲이 받을 수 있는 중개보수 및 실비에 관한 설명으로 옳은 것을 모두 고른 것은? 제33회

> ㉠ 甲이 乙로부터 받을 수 있는 실비는 A시가 속한 시·도의 조례에서 정한 기준에 따른다.
> ㉡ 甲이 丙으로부터 받을 수 있는 중개보수의 상한요율은 거래금액의 1천분의 5이다.
> ㉢ 甲은 乙과 丙으로부터 각각 중개보수를 받을 수 있다.
> ㉣ 주택(부속토지 포함)의 중개에 대한 보수 및 실비 규정을 적용한다.

① ㉣ ② ㉠, ㉢ ③ ㉡, ㉣
④ ㉠, ㉡, ㉢ ⑤ ㉠, ㉡, ㉢, ㉣

해설
주거용 오피스텔은 주택 외의 보수 규정이 적용된다.

Chapter 08

공인중개사협회 및 보칙

제1절 공인중개사협회

<< key 포인트! >>

1) 법적 성격

> ① 비영리 사단법인
> ② 「민법」상 사단 법인규정 준용한다. ※ 재단법인(×)

2) 설립절차

> ① 정관작성(회원 300인 이상)
> ② 창립총회(600인 이상, 서울 100인 이상, 광역시·도 및 특별자치도 각 20인 이상)
> ③ **설립인가**: 국토교통부장관
> ④ **설립등기**: 성립

3) 조직

> ① **주된 사무소**: 전국 어디에든 설치 가능
> ② **지부**: 특별시·광역시·도에 정관이 정하는 바에 따라 "**둘 수 있다.**"
> 　　 － 설치한 때에는 시·도지사에게 신고(사후신고)
> ③ **지회**: 시·군·구에 정관이 정하는 바에 따라 "**둘 수 있다.**"
> 　　 － 설치한 때에는 등록관청에 신고(사후신고)

※ 총회 의결사항은 국토부장관에게 지체 없이 보고한다.

4) 공제사업

① 고유업무, 비영리사업, 회원 간의 상호부조 목적
② **공제규정의 제정, 변경**: 국토부장관의 승인
③ **책임준비금의 적립비율**: 공제료 수입액의 10/100 이상
④ 회계분리 및 책임준비금의 전용 사전승인(국토교통부장관)
⑤ **공제사업 운용실적공시**: 매 회계년도 종료 후 3개월 내

5) 공제사업 운영위원회 설치(필수 기관)

심의 · 감독하기 위하여 협회에 **운영위원회를 둔다**(법 제42조의2).

위원은 협회의 임원, 중개업 · 법률 · 회계 · 금융 · 보험 · 부동산 분야 전문가, 관계 공무원 및 그 밖에 중개업관련 자로 구성 − 19명 이내로 한다.
• 위원의 임기는 **2년**으로 하되 **1회에 한하여 연임**할 수 있으며, 보궐위원의 임기는 전임 자 임기의 남은 기간으로 한다.
• 운영위원회에는 위원장과 부위원장 **각각 1명**을 두되, 위원장 및 부위원장은 위원 중에 서 각각 호선한다.
• 운영위원회의 **부위원장**은 위원장을 보좌하며, 위원장이 부득이한 사유로 그 직무를 수 행할 수 없을 때에는 그 **직무를 대행**한다.
• 운영위원회의 회의는 재적위원 과반수의 출석으로 개의하고, 출석위원 과반수의 찬성 으로 심의사항을 의결한다.

6) 기타

① **재무건전성의 유지**: 지급여력비율은 **100분의 100 이상**을 유지할 것
② **국토교통부장관**: 공제사업 운영의 개선명령 〈★ 장.예.집.적.손〉

1. 자산의 **장부**가격의 변경　　　2. 자산**예탁**기관의 변경
3. 업무**집행**방법의 변경　　　4. 불건전한 자산에 대한 **적립금**의 보유
5. 가치가 없다고 인정되는 자산의 **손실** 처리
6. 그 밖에 공제사업의 건전성을 해할 우려가 있는 경우

③ **국토교통부장관**: 사원 · 임원의 징계 · 해임요구권, 시정명령권, 지부 및 지회 감독권 자, 과태료 부과 · 징수권자이다.

제1절　**엄선 기출문제**(제15회 ~ 제35회)

01 공인중개사법령상 공인중개사협회의 업무에 해당하는 것을 모두 고른 것은? 제35회

> ㉠ 회원의 윤리헌장 제정 및 그 실천에 관한 업무
> ㉡ 부동산 정보제공에 관한 업무
> ㉢ 인터넷을 이용한 중개대상물에 대한 표시·광고 모니터링 업무
> ㉣ 회원의 품위유지를 위한 업무

① ㉠, ㉣　　　　　　　② ㉡, ㉢　　　　　　　③ ㉠, ㉡, ㉢
④ ㉠, ㉡, ㉣　　　　　　⑤ ㉠, ㉡, ㉢, ㉣

해설

㉢은 국토교통부장관은 인터넷을 이용한 중개대상물에 대한 표시·광고가 법 규정을 준수하는지 여부를 모니터링 할 수 있다.
나머지 ㉠㉡㉣은 모두 공인중개사협회의 고유업무에 해당한다.

02 「공인중개사법 시행령」 제30조(협회의 설립)의 내용이다. (　　)에 들어갈 숫자를 올바르게 나열한 것은? 제30회

> • 공인중개사협회를 설립하고자 하는 때에는 발기인이 작성하여 서명·날인한 정관에 대하여 회원 (㉠)인 이상이 출석한 창립총회에서 출석한 회원 과반수의 동의를 얻어 국토교통부장관의 설립인가를 받아야 한다.
> • 창립총회에는 서울특별시에서는 (㉡)인 이상, 광역시·도 및 특별자치도에서는 각각 (㉢)인 이상의 회원이 참여하여야 한다.

① ㉠: 300, ㉡: 50, ㉢: 20
② ㉠: 300, ㉡: 100, ㉢: 50
③ ㉠: 600, ㉡: 50, ㉢: 20
④ ㉠: 600, ㉡: 100, ㉢: 20
⑤ ㉠: 800, ㉡: 50, ㉢: 50

03 공인중개사법령상 "공인중개사협회"(이하 '협회'라 함)에 관한 설명으로 옳은 것은?

① 협회는 영리사업으로서 회원 간의 상호부조를 목적으로 공제사업을 할 수 있다.
② 협회는 총회의 의결내용을 지체 없이 등록관청에게 보고하고 등기하여야 한다.
③ 협회가 그 지부 또는 지회를 설치한 때에는 그 지부는 시 · 도지사에게, 지회는 등록관청에 신고하여야 한다.
④ 협회는 개업공인중개사에 대한 행정제재처분의 부과와 집행의 업무를 할 수 있다.
⑤ 협회는 부동산 정보제공에 관한 업무를 직접 수행할 수 없다.

> **해설**
> ① 비영리 ② 국토교통부장관 ④ 할 수 없다. ⑤ 고유업무로 할 수 있다.

04 공인중개사법령상 공인중개사협회에 관한 설명으로 옳은 것은?

① 협회는 재무건전성기준이 되는 지급여력비율을 100분의 100 이상으로 유지해야 한다.
② 협회의 창립총회는 서울특별시에서는 300인 이상의 회원의 참여를 요한다.
③ 협회는 시 · 도에 지부를 반드시 두어야 하나, 시 · 군 · 구에 지회를 반드시 두어야 하는 것은 아니다.
④ 협회는 총회의 의결내용을 15일 내에 국토교통부장관에게 보고해야 한다.
⑤ 협회의 설립은 공인중개사법령의 규정을 제외하고 「민법」의 사단법인에 관한 규정을 준용하므로 설립허가주의를 취한다.

> **해설**
> ② 100인 이상 ③ 지부와 지회 설치는 재량 ④ 지체 없이 ⑤ 인가주의

정답 ▶ 01 ④ 02 ④ 03 ③ 04 ①

05 공인중개사법령상 공인중개사협회와 공제사업에 관한 설명으로 옳은 것은 모두 몇 개인가? 제24회

> ㉠ 협회는 서울특별시에 주된 사무소를 두어야 한다.
> ㉡ 협회에 관하여 공인중개사법령에 규정된 것 외에는 「민법」 중 조합에 관한 규정을 적용한다.
> ㉢ 협회는 정관으로 정하는 바에 따라 광역시에 지부를 둘 수 있다.
> ㉣ 협회는 책임준비금을 다른 용도로 사용하고자 하는 경우에는 국토교통부장관의 승인을 얻어야 한다.
> ㉤ 책임준비금의 적립비율은 협회 총수입액의 100분의 10 이상으로 정해야 한다.

① 1개   ② 2개   ③ 3개
④ 4개   ⑤ 5개

해설
㉠ 전국 ㉡ 사단법인 준용 ㉤ 공제료의 100분의 10 이상

06 공인중개사법령상 공인중개사협회의 공제사업에 관한 설명으로 옳은 것을 모두 고른 것은? (다툼이 있으면 판례에 의함) 제25회

> ㉠ 협회의 공제규정을 제정·변경하고자 하는 때에는 국토교통부장관의 승인을 얻어야 한다.
> ㉡ 위촉받아 보궐위원이 된 운영위원의 임기는 전임자 임기의 남은 기간으로 한다.
> ㉢ 운영위원회의 회의는 재적위원 과반수의 찬성으로 심의사항을 의결한다.
> ㉣ 협회와 개업공인중개사 간에 체결된 공제계약이 유효하게 성립하려면 공제계약 당시에 공제사고의 발생 여부가 확정되어 있지 않은 것을 대상으로 해야 한다.

① ㉠, ㉡   ② ㉢, ㉣   ③ ㉠, ㉡, ㉣
④ ㉡, ㉢, ㉣   ⑤ ㉠, ㉡, ㉢, ㉣

해설
㉢ 출석위원 과반수의 찬성으로 심의사항을 의결

07 공인중개사법령상 국토교통부장관이 공인중개사협회의 공제사업 운영에 대한 개선조치로서 명할 수 있는 것이 아닌 것은?

제35회

① 가치가 없다고 인정되는 자산의 손실 처리

② 공제사업의 양도

③ 불건전한 자산에 대한 적립금의 보유

④ 업무집행방법의 변경

⑤ 자산의 장부가격의 변경

해설

공제사업의 양도는 국토교통부장관의 공제사업 운영에 대한 개선조치로서 명할 수 있는 내용에 해당되지 않는다.

제2절 개업공인중개사 등의 교육

<< key 포인트! >>

1) 실무교육(강행규정)

(1) **교육내용**: 개업공인중개사 및 소속공인중개사의 직무수행에 필요한 법률지식, 부동산 중개 및 경영 실무, 직업윤리 등

(2) **교육시간**: 28시간 이상 32시간 이하

※ **등록신청일**(분사무소는 신고일) **전 1년 이내**(단, 폐업신고 후 1년 이내 재등록시는 대상이 아니다)

(3) **실시권자**: 시·도지사

(4) **실무교육 대상자**

> ① 중개사무소 개설등록을 하고자 하는 자
> ② 법인의 사원·임원 전원이 대상
> ※ 공인중개사가 아닌 임원 또는 사원이라도 실무교육을 받아야 한다.
> ③ 분사무소의 책임자
> ④ 소속공인중개사(고용 신고일 전 1년 이내)

2) 연수교육(강행규정)

> (1) **실시권자**: 시·도지사
> (2) **대상**: 실무교육을 받은 개업공인중개사 및 소속공인중개사
> (3) **내용**: 부동산중개 관련 **법·제도의 변경사항**, 부동산 중개 및 경영 실무, 직업윤리 등
> (4) **기간 및 통지**: 실무교육 또는 연수교육을 받은 후 2년이 되기 2개월 전까지 "**대상자**"에게 통지
> (5) **교육시간**: 12시간 이상 16시간 이하
> (6) **위반**: 500만원 이하의 과태료

3) 직무교육(강행규정)

> (1) **실시권자**: 시 · 도지사, 등록관청
> (2) **교육내용**: 중개보조원의 직무수행에 필요한 직업윤리 등
> (3) **대상**: 중개보조원[단, 고용관계 종료 **신고 후 1년 이내에 고용**(재취업)신고를 다시 하려는 자는 그러하지 아니하다]
> (4) **교육시간**: 3시간 이상 4시간 이하

4) 예방교육(임의교육)

> (1) **실시권자**: 국토교통부장관, 시 · 도지사 및 등록관청
> (2) **대상**: 개업공인중개사 등(중개업 종사자 모두)
> (3) **통지**: 교육일 **10일 전까지** 교육일시 · 교육장소 및 교육내용, 그 밖에 교육에 필요한 사항을 **공고 또는 대상자**에 통지
> (4) 예방교육을 받는 경우에 필요한 **비용을 지원할 수 있다.**

5) 교육의 지침

국토교통부장관은 시 · 도지사가 실시하는 실무교육, 직무교육 및 연수교육의 전국적인 균형유지를 위하여 필요하다고 인정하면 해당 **교육의 지침**을 마련하여 시행할 수 있다.

제2절 엄선 기출문제(제15회 ~ 제35회)

01 다음 중 공인중개사법령상 실무교육을 의무적으로 받아야 하는 자를 고르면 모두 몇 개인가? 제21회 수정

> • 공인중개사인 개업공인중개사의 소속공인중개사가 되려는 자
> • 중개사무소 개설등록을 하고자 하는 법인의 임원
> • 중개사무소 개설등록을 하고자 하는 법인의 사원
> • 법인인 개업공인중개사의 분사무소 책임자가 되려는 공인중개사
> • 폐업신고 후 1년이 지난 뒤 중개사무소의 개설등록을 신청하려는 공인중개사

① 1개 ② 2개 ③ 3개
④ 4개 ⑤ 5개

해설
모두가 실무교육 대상이다.

02 공인중개사법령상 개업공인중개사 등의 교육에 관한 설명으로 틀린 것은? 제24회 수정

① 중개사무소의 개설등록을 신청하려는 공인중개사는 28시간 이상 32시간 이하의 실무교육을 받아야 한다.
② 폐업신고 후 1년 이내에 중개사무소의 개설등록을 다시 신청하려는 자는 실무교육이 면제된다.
③ 공인중개사가 중개사무소의 개설등록을 신청하려는 경우, 등록신청일 전 1년 이내에 법인인 개업공인중개사가 실시하는 실무교육을 받아야 한다.
④ 시·도지사는 연수교육을 실시하려는 경우 실무교육 또는 연수교육을 받은 후 2년이 되기 2개월 전까지 연수교육의 일시·장소·내용 등을 대상자에게 통지하여야 한다.
⑤ 분사무소 설치신고의 경우에는 그 분사무소의 책임자가 그 신고일 전 1년 이내에 실무교육을 받아야 한다.

해설
시·도지사가 실시한다.

03 공인중개사법령상 개업공인중개사 등의 교육에 관한 설명으로 옳은 것을 모두 고른 것은? (단, 다른 법률의 규정은 고려하지 않음) 제29회

> ㉠ 실무교육을 받는 것은 중개사무소 개설등록의 기준에 해당한다.
> ㉡ 개업공인중개사로서 폐업신고를 한 후 1년 이내에 소속공인중개사로 고용 신고를 하려는 자는 실무교육을 받아야 한다.
> ㉢ 연수교육의 교육시간은 28시간 이상 32시간 이하이다.
> ㉣ 연수교육을 정당한 사유 없이 받지 않으면 500만원 이하의 과태료를 부과 한다.

① ㉠, ㉡   ② ㉠, ㉣   ③ ㉡, ㉢
④ ㉠, ㉢, ㉣   ⑤ ㉡, ㉢, ㉣

해설

㉡ 받지 않는다. ㉢ 12시간 이상 16시간 이하

04 공인중개사법령상 개업공인중개사 등의 교육 등에 관한 설명으로 옳은 것은? 제34회

① 폐업신고 후 400일이 지난 날 중개사무소의 개설등록을 다시 신청하려는 자는 실무교육을 받지 않아도 된다.
② 중개보조원의 직무수행에 필요한 직업윤리에 대한 교육 시간은 5시간이다.
③ 시 · 도지사는 연수교육을 실시하려는 경우 실무교육 또는 연수교육을 받은 후 2년 이 되기 2개월 전까지 연수교육의 일시 · 장소 · 내용 등을 대상자에게 통지하여야 한다.
④ 부동산 중개 및 경영 실무에 대한 교육시간은 36시간이다.
⑤ 시 · 도지사가 부동산거래사고 예방을 위한 교육을 실시하려는 경우에는 교육일 7일 전까지 교육일시 · 교육장소 및 교육내용을 교육대상자에게 통지하여야 한다.

해설

① 실무교육을 받지 않아도 된다.
② 3시간 이상 4시간 이하이다.
④ 실무교육시간은 28시간 이상 32시간 이하, 연수교육은 12시간 이상 16시간 이하이다.
⑤ 교육일 10일 전까지 교육일시 · 교육장소 및 교육내용, 그 밖에 교육에 필요한 사항을 공고하거나 교육 대상자에게 통지하여야 한다.

정답 ▶ 01 ⑤   02 ③   03 ②   04 ③

05 공인중개사법령상 공인중개사인 개업공인중개사 甲과 그에 소속된 소속공인중개사 乙에 관한 설명으로 틀린 것을 모두 고른 것은? 제35회

> ㉠ 甲과 乙은 실무교육을 받은 후 2년마다 등록관청이 실시하는 연수교육을 받아야 한다.
> ㉡ 甲이 중개를 의뢰받아 乙의 중개행위로 중개가 완성되어 중개대상물 확인·설명서를 작성하는 경우 乙은 甲과 함께 그 확인·설명서에 서명 또는 날인하여야 한다.
> ㉢ 乙이 甲과의 고용관계 종료 신고 후 1년 이내에 중개사무소의 개설등록을 신청한 경우 개설등록 후 1년 이내에 실무교육을 받아야 한다.

① ㉠   ② ㉡   ③ ㉠, ㉢

④ ㉡, ㉢   ⑤ ㉠, ㉡, ㉢

해설

㉠ 실무교육을 받은 개업공인중개사 및 소속공인중개사는 실무교육을 받은 후 2년마다 시·도지사가 실시하는 연수교육을 받아야 한다(법 제34조 제4항).
㉡ 개업공인중개사(법인인 경우에는 대표자, 분사무소의 책임자)가 서명 및 날인하되 해당 중개행위를 한 소속공인중개사가 있는 경우에는 소속공인중개사가 함께 서명 및 날인하여야 한다(법 제25조 제4항).
㉢ 소속공인중개사 乙이 고용관계 종료 신고 후 1년 이내에 중개사무소의 개설등록을 신청하려는 경우나 고용관계 종료 신고 후 1년 이내에 고용 신고를 다시 하려는 경우는 실무교육을 받지 않아도 된다.

제3절 보칙(1. 행정수수료)

<< key 포인트! >>

법 제47조 【수수료】 다음에 해당하는 자는 해당 지방자치단체의 조례로 정하는 바에 따라 수수료를 납부하여야 한다. 다만, 공인중개사자격시험을 국토교통부장관이 시행하는 경우는 국토교통부장관이 결정 · 공고하는 수수료를 납부하여야 한다.

1. 공인중개사자격시험에 응시하는 자
2. 공인중개사자격증의 재교부를 신청하는 자
3. 중개사무소의 개설등록을 신청하는 자
4. 중개사무소 등록증의 재교부를 신청하는 자
5. 분사무소설치의 신고를 하는 자
6. 분사무소설치 신고확인서의 재교부를 신청하는 자

참고 | ① 공인중개사자격시험 또는 공인중개사자격증 재교부업무를 위탁한 경우에는 해당 업무를 위탁받은 자가 위탁한 자의 승인을 얻어 결정 · 공고하는 수수료를 각각 납부하여야 한다.
② 공인중개사자격시험을 국토교통부장관이 시행하는 경우는 국토교통부장관이 결정 · 공고하는 수수료를 납부하여야 한다.

〈보충〉

수수료 납부(×)	
1. 공인중개사 자격증 첫 발급시	2. 휴업 · 폐업 · 재개 · 변경신고시
3. 고용인 고용, 종료신고시	4. 포상금지급 신청시
5. 거래정보사업자 지정신청	

제3절 **엄선 기출문제**(제15회 ~ 제35회)

01 공인중개사법령상 조례가 정하는 바에 따라 수수료를 납부해야 하는 경우를 모두 고른 것은?   제30회

> ㉠ 분사무소설치 신고확인서의 재교부 신청
> ㉡ 국토교통부장관이 시행하는 공인중개사 자격시험 응시
> ㉢ 중개사무소의 개설등록 신청
> ㉣ 분사무소설치의 신고

① ㉠, ㉡   ② ㉠, ㉡, ㉣   ③ ㉠, ㉢, ㉣
④ ㉡, ㉢, ㉣   ⑤ ㉠, ㉡, ㉢, ㉣

해설
㉡ 국토교통부장관이 결정·공고

02 공인중개사법령상 수수료납부 대상자에 해당하는 것은 모두 몇 개인가?   제27회

> ㉠ 분사무소설치의 신고를 하는 자
> ㉡ 중개사무소의 개설등록을 신청하는 자
> ㉢ 중개사무소의 휴업을 신고하는 자
> ㉣ 중개사무소등록증의 재교부를 신청하는 자
> ㉤ 공인중개사 자격시험에 합격하여 공인중개사자격증을 처음으로 교부받는 자

① 1개   ② 2개   ③ 3개
④ 4개   ⑤ 5개

해설
㉢㉤은 수수료 대상이 아니다.

제4절 **보칙(2. 포상금)**

<< key 포인트! >>

제46조 【포상금】 ① 등록관청은 등록관청, 수사기관이나 부동산거래질서교란행위 신고센터(한국부동산원)에 신고 또는 고발한 자에 대하여 포상금을 지급할 수 있다.

신고 또는 고발대상 〈★ 부.양. 무시체. 방표시!〉	1. 거짓이나 그 밖의 부정한 방법으로 중개사무소의 개설등록을 한 자 **(부정등록자)** 2. 중개사무소등록증 또는 공인중개사자격증을 다른 사람에게 양도·대여하거나 다른 사람으로부터 양수·대여받은 자 **(양)** 3. 중개사무소의 개설등록을 하지 아니하고 중개업을 한 자 **(무등록업자)** 4. **법 제33조 제1항 제8호** : 부당한 이익을 얻거나 제3자에게 부당한 이익을 얻게 할 목적으로 거짓으로 거래가 완료된 것처럼 꾸미는 등 중개대상물의 시세에 부당한 영향을 주거나 줄 우려가 있는 행위 **(시)** 5. **법 제33조 제1항 제9호** : 단체를 구성하여 특정 중개대상물에 대하여 중개를 제한하거나 단체 구성원 이외의 자와 공동중개를 제한하는 행위 **(체)** 6. **법 제33조 제2항** : 누구든지 시세에 부당한 영향을 줄 목적으로 안내문 등을 이용하여 개업공인중개사 등의 업무를 방해한 자 **(방)** 7. **개업공인중개사가 아닌 자가 표시·광고를 한 경우 (표시)**

지급절차	1) 포상금지급 신청서를 등록관청에 제출
	2) **처분내용 조회** : 검사의 공소제기 또는 기소유예 결정 〈유·무죄 판결은 무관〉
	3) **포상금 지급**
	  ① **지급권자** : 등록관청
	  ② 1건당 50만원(예산의 범위 안에서 지급, 국고에서 50/100 내 보조 가능)
	  ③ 지급 결정일부터 1개월 이내에 지급
	  ④ 하나의 사건에 대하여 2인 이상이 공동으로 신고 또는 고발한 경우 포상금을 균등 배분 지급(합의된 경우는 그에 따라 지급)
	  ⑤ 하나의 사건에 대하여 2건 이상의 신고 또는 고발이 접수된 경우 최초로 신고 또는 고발한 자에게 포상금을 지급

제4절 | 엄선 기출문제(제15회 ~ 제35회)

01 공인중개사법령상 포상금제도에 관한 설명으로 옳은 것은? 제21회

① 부정한 방법으로 중개사무소의 개설등록을 한 개업공인중개사를 신고하더라도 포상금의 지급대상이 아니다.

② 포상금은 해당 신고사건에 관하여 검사가 불기소처분을 한 경우에도 지급한다.

③ 하나의 사건에 대하여 2인 이상이 공동으로 신고한 경우 포상금은 1인당 50만원 이다.

④ 하나의 사건에 대하여 2건 이상의 신고가 접수된 경우 포상금은 균분하여 지급한다.

⑤ 등록관청은 포상금의 지급결정일부터 1개월 이내에 포상금을 지급해야 한다.

해설

① 대상이다. ② 공소제기 또는 기소유예에 한하여 지급 ③ 균등배분(단, 합의시는 합의) ④ 최초 신고자

02 공인중개사법령상 포상금을 지급받을 수 있는 신고 또는 고발의 대상이 아닌 것은? 제32회

① 중개사무소의 개설등록을 하지 않고 중개업을 한 자

② 부정한 방법으로 중개사무소의 개설등록을 한 자

③ 공인중개사자격증을 다른 사람으로부터 양수받은 자

④ 개업공인중개사로서 부당한 이익을 얻을 목적으로 거짓으로 거래가 완료된 것처럼 꾸미는 등 중개대상물의 시세에 부당한 영향을 줄 우려가 있는 행위를 한 자

⑤ 개업공인중개사로서 중개의뢰인과 직접 거래를 한 자

해설

법 제33조의 금지행위(예 직접거래)가 모두 포상금 사유는 아니다.

03 공인중개사법령상 甲과 乙이 받을 수 있는 포상금의 최대 금액은?

제27회

> ⊙ 甲은 중개사무소를 부정한 방법으로 개설등록한 A와 B를 각각 고발하였으며, 검사는 A를 공소제기하였고, B를 무혐의처분 하였다.
> ⓛ 乙은 중개사무소를 부정한 방법으로 개설등록한 C를 신고하였으며, C는 형사재판에서 무죄판결을 받았다.
> ⓒ 甲과 乙은 포상금배분에 관한 합의 없이 중개사무소등록증을 대여한 D를 공동으로 고발하여 D는 기소유예의 처분을 받았다.
> ⓔ 중개사무소의 개설등록을 하지 않고 중개업을 하는 E를 乙이 신고한 이후에 甲도 E를 신고하였고, E는 형사재판에서 유죄판결을 받았다.
> ⓜ A, B, C, D, E는 甲 또는 乙의 위 신고 · 고발 전에 행정기관에 의해 발각되지 않았다.

① 甲 : 75만원, 乙 : 50만원
② 甲 : 75만원, 乙 : 75만원
③ 甲 : 75만원, 乙 : 125만원
④ 甲 : 125만원, 乙 : 75만원
⑤ 甲 : 125만원, 乙 : 125만원

해설

⊙ 甲은 50만원 ⓛ 乙은 50만원 ⓒ 甲과 乙은 각 25만원 ⓔ 乙은 50만원

제5절 | 부동산거래질서교란행위

<< key 포인트! >>

1) 부동산거래질서교란행위 해당 사항

> 1. 자격증 양도·대여금지, 유사명칭의 사용금지, 중개사무소개설등록, 중개보조원의 고지의무, 제33조(금지행위)를 위반하는 행위
> 2. 거짓, 부정하게 등록한 자에 해당하는 행위
> 3. 2중등록금지, 2중사무소설치금지, 임시중개시설물, 2중소속금지, 법인의 겸업제한 위반, 중개보조원 5배초과 고용금지, 게시의무, 명칭-문자사용, 등록증 양도·대여금지, 중개대상물 확인·설명위반, 주택임대차 중개시 설명의무, 중계약서 작성을 위반하는 행위, 업무상 비밀준수
> 4. 「부동산 거래신고 등에 관한 법률」 제3조(부동산거래신고 위반), 제3조의2(부동산거래의 해제등 신고) 또는 제4조(금지행위 : 거짓신고 요구, 거짓신고 조장·방조, 의무 아닌 자가 거짓신고, 가장매매 또는 해제신고)를 위반하는 행위

2) 조사 및 조치를 요구를 받은 "시·도지사 및 등록관청" 등은 신속하게 조사 및 조치를 완료하고, 완료한 날부터 10일 이내에 그 결과를 "신고센터"에 통보해야 한다.

3) "신고센터"는 "매월 10일"까지 직전 달의 신고사항 접수 및 처리 결과 등을 "국토교통부장관"에게 제출해야 한다.

제5절 | 엄선 기출문제(제15회 ~ 제35회)

01 공인중개사법령상 부동산거래질서교란행위에 해당하지 않는 것은? 제35회
① 공인중개사자격증 양도를 알선한 경우
② 중개보조원이 중개업무를 보조하면서 중개의뢰인에게 본인이 중개보조인이라는 사실을 미리 알리지 않은 경우
③ 개업공인중개사가 중개행위로 인한 손해배상책임을 보장하기 위하여 가입해야 하는 보증보험이나 공제에 가입하지 않은 경우
④ 개업공인중개사가 동일한 중개대상물에 대한 하나의 거래를 완성하면서 서로 다른 둘 이상의 거래계약서를 작성한 경우
⑤ 개업공인중개사가 거래당사자 쌍방을 대리한 경우

> **해설**
> "업무보증설정제도"는 부동산거래질서교란행위에 해당되지 않는다.

정답 01 ③

지도 · 감독 및 벌칙

제1절 **자격취소**

<< key 포인트! >>

1) **자격취소**(제35조) : **시 · 도지사는** 다음의 경우에는 그 자격을 **취소하여야 한다.**

1. **부정한 방법**으로 공인중개사의 자격을 취득한 경우
2. 다른 사람에게 자기의 성명을 사용하여 중개업무를 하게 하거나 공인중개사자격증을 양도 또는 대여한 경우
3. 소속공인중개사가 그 **자격정지 기간 중에 중개업무를** 하거나 기간 중에 **2중소속**
4. **이 법 +「형법」상 공인중개사 업무 관련 사기, 사문서 위조 · 변조 및 횡령 · 배임 등 위반**
   ⇨ **금고형 이상(집행유예 포함) 선고**

① **자격취소권자 : 교부한 시 · 도지사**
② **자격취소의 효과**

   ㉠ 7일 이내에 자격증을 교부한 시 · 도지사에 자격증을 반납(100만원 이하의 과태료)
   ㉡ 자격이 취소시에 3년간 - 자격취득 및 중개업 종사 불가함.
   ㉢ 시 · 도지사는 5일 이내에 국토교통부장관과 다른 시 · 도지사에게 통보

③ **자격증을 교부한 시 · 도지사와 공인중개사 사무소의 관할 시 · 도지사가 서로 다른 경우 :** 사무소의 소재지를 관할하는 시 · 도지사가 자격취소처분 또는 자격정지처분에 **필요한 절차(예 청문)를** 모두 이행한 후 ⇨ **교부한 시 · 도지사에게 통보**한다.

01 공인중개사법령상 공인중개사의 자격취소에 관한 설명으로 옳은 것은? 제21회

① 시·도지사는 공인중개사 자격증을 대여한 자의 자격을 취소할 수 있다.

② 공인중개사자격이 취소된 자는 취소된 후 5년이 경과하지 않으면 공인중개사가 될 수 없다.

③ 공인중개사가 자격정지처분을 받은 기간 중에 다른 법인인 개업공인중개사의 사원이 되는 경우 자격취소사유에 해당한다.

④ 공인중개사자격증 교부 시·도지사와 중개사무소 소재지 관할 시·도지사가 다른 경우 자격증 반납은 소재지 관할 시·도지사에게 하여야 한다.

⑤ 공인중개사자격이 취소된 자는 그 취소처분을 받은 날부터 10일 이내에 자격증을 반납해야 한다.

해설

① 하여야 한다. ② 3년 ④ 교부 시·도지사 ⑤ 7일 이내

02 공인중개사법령상 공인중개사 자격취소에 관한 설명으로 옳은 것은? 제24회

① 공인중개사가 폭행죄로 징역형을 선고받은 경우에는 자격취소사유가 된다.

② 자격이 취소된 자는 그 자격증을 폐기하고, 그 사실을 시·도지사에게 고지해야 한다.

③ 자격취소처분을 받은 자는 그 취소처분을 안 날로부터 14일 이내에 그 자격증을 반납해야 한다.

④ 취소처분을 받은 자가 자격증을 분실한 경우에는 그 사유를 구두로 설명하는 것으로 자격증 반납에 갈음할 수 있다.

⑤ 공인중개사 자격정지처분을 받고 그 기간 중에 다른 개업공인중개사의 소속공인중개사가 된 경우, 자격취소사유가 된다.

해설

① 폭행죄(×) ② 반납 ③ 처분받은 날 7일 이내 ④ 사유서 제출

03 공인중개사법령상 공인중개사의 자격취소에 관한 설명으로 옳은 것은? 제27회

① 공인중개사 자격취소처분을 받은 개업공인중개사는 중개사무소의 소재지를 관할하는 시 · 도지사에게 공인중개사자격증을 반납해야 한다.

② 부정한 방법으로 공인중개사의 자격을 취득한 경우 자격취소사유에 해당하며, 1년 이하의 징역 또는 1천만원 이하의 벌금에 처해진다.

③ 시 · 도지사는 공인중개사의 자격취소처분을 한 때에는 7일 이내에 이를 국토교통부장관에게 보고해야 한다.

④ 자격증을 교부한 시 · 도지사와 공인중개사 사무소의 소재지를 관할하는 시 · 도지사가 다른 경우, 자격증을 교부한 시 · 도지사가 자격취소처분에 필요한 절차를 이행한다.

⑤ 소속공인중개사가 자격정지처분을 받고 그 정지기간 중에 다른 개업공인중개사의 소속공인중개사가 된 경우 자격취소사유가 된다.

해설

① 교부 시 · 도지사 ② 1년 이하의 징역 또는 1천만원 이하의 벌금(×) ③ 5일 ④ 사무소의 소재지를 관할하는 시 · 도지사

04 공인중개사법령상 공인중개사의 자격취소 등에 관한 설명으로 틀린 것은? 제34회

① 공인중개사의 자격취소처분은 청문을 거쳐 중개사무소의 개설등록증을 교부한 시 · 도지사가 행한다.

② 공인중개사가 자격정지처분을 받은 기간 중에 법인인 개업공인중개사의 임원이 되는 경우 시 · 도지사는 그 자격을 취소하여야 한다.

③ 자격취소처분을 받아 공인중개사자격증을 반납하려는 자는 그 처분을 받은 날부터 7일 이내에 반납해야 한다.

④ 시 · 도지사는 공인중개사의 자격취소처분을 한 때에는 5일 이내에 이를 국토교통부장관에게 보고하여야 한다.

⑤ 분실로 인하여 공인중개사자격증을 반납할 수 없는 자는 자격증 반납을 대신하여 그 이유를 기재한 사유서를 시 · 도지사가에 제출하여야 한다.

해설

공인중개사의 자격취소처분은 청문을 거쳐 그 공인중개사자격증을 교부한 시 · 도지사가 행한다.

정답 01 ③   02 ⑤   03 ⑤   04 ①

제2절 | 자격정지

<< key 포인트! >>

1) 자격정지대상: 소속공인중개사

2) 자격정지사유

> 1. 2 이상의 중개사무소에 소속된 경우
> 2. 인장등록을 하지 아니하거나 등록하지 아니한 인장을 사용한 경우
> 3. 성실·정확하게 중개대상물의 확인·설명을 하지 아니하거나 설명의 근거자료를 제시하지 아니한 경우
> 4. 중개대상물 확인·설명서에 서명·날인을 하지 아니한 경우
> 5. 거래계약서에 서명·날인을 하지 아니한 경우
> 6. 거래계약서에 거래금액 등 거래내용을 거짓으로 기재하거나 서로 다른 2 이상의 거래계약서를 작성한 경우
> 7. 법 제33조 제1항의 금지행위를 한 경우 〈★ 기.수.매.무 − 관.직.쌍.투.시.체〉

3) 주요 내용

① 자격정지처분 전에 의견제출 기회를 주어야 한다(청문대상이 아니다).

② **자격정지처분권자**: **교부한 시·도지사**

③ 자격증을 **교부한 시·도지사**와 사무소의 관할 시·도지사가 서로 다른 경우에는 **사무소의 관할 시·도지사**가 자격정지처분에 절차를 모두 이행한 후 자격증을 교부한 시·도지사에게 통보하여야 한다.

④ 등록관청은 자격정지사유에 해당하는 사실을 알게 된 때에는 지체 없이 시·도지사에게 통보한다.

⑤ 자격정지기간 동안 결격이며, 자격증은 반납하지 않는다.

⑥ **자격정지의 기준**: 시·도지사는 위반행위의 동기·결과 및 횟수 등을 참작하여 **자격정지 기간의 2분의 1의 범위 안에서 가중 또는 경감**할 수 있다.

이 경우 가중하여 처분하는 때에도 자격정지 기간은 **6개월을 초과할 수 없다.**

01 공인중개사법령상 공인중개사 자격정지의 절차에 관한 설명으로 옳은 것은? 제22회

① 등록관청은 공인중개사가 자격정지처분 사유에 해당하는 사실을 알게 된 때에는 지체 없이 그 사실을 시 · 도지사에게 통보해야 한다.

② 시 · 도지사는 공인중개사의 자격을 정지하고자 하는 경우에는 청문을 실시해야 한다.

③ 공인중개사자격증을 교부한 시 · 도지사와 공인중개사사무소의 소재지를 관할하는 시 · 도지사가 서로 다른 경우에는 공인중개사 사무소의 소재지를 관할하는 시 · 도지사가 자격정지처분을 한다.

④ 시 · 도지사는 공인중개사의 자격정지처분을 한 때에는 5일 이내에 이를 국토교통부장관에게 보고해야 한다.

⑤ 공인중개사의 자격이 정지된 자는 자격정지처분을 받은 날부터 7일 이내에 자격증을 교부한 시 · 도지사에게 그 자격증을 반납해야 한다.

해설
② 청문(×) ③ 교부한 시 · 도지사 ④ 규정이 없다. ⑤ 반납(×)

02 공인중개사법령상 중개업무를 수행하는 소속공인중개사의 자격정지에 관한 설명으로 옳은 것은? 제27회

① 거래계약서에 서명 및 날인을 하지 아니한 경우는 자격정지사유에 해당한다.

② 중개대상물 확인 · 설명서를 교부하지 아니한 경우는 자격정지사유에 해당한다.

③ 전속중개계약서에 의하지 아니하고 전속중개계약을 체결한 경우는 자격정지사유에 해당한다.

④ 시장 · 군수 또는 구청장은 공인중개사 자격정지사유 발생시 6개월의 범위 안에서 기간을 정하여 그 자격을 정지할 수 있다.

⑤ 자격정지기간은 2분의 1의 범위 안에서 가중 또는 감경할 수 있으며, 가중하여 처분하는 때에는 9개월로 할 수 있다.

해설
②와 ③은 의무가 아니다. ④ 교부한 시 · 도지사 ⑤ 6개월

정답 01 ① 02 ①

03 공인중개사법령상 중개업무를 수행하는 소속공인중개사의 자격정지사유에 해당하지 않는 것은?

제30회

① 고객을 위하여 거래내용에 부합하는 동일한 거래계약서를 4부 작성한 경우
② 2 이상의 중개사무소에 소속된 경우
③ 고객의 요청에 의해 거래계약서에 거래금액을 거짓으로 기재한 경우
④ 권리를 취득하고자 하는 중개의뢰인에게 중개가 완성되기 전까지 등기사항증명서 등 확인·설명의 근거자료를 제시하지 않은 경우
⑤ 법인의 분사무소의 책임자가 서명 및 날인하였기에 당해 중개행위를 한 소속공인중개사가 확인·설명서에 서명 및 날인을 하지 않은 경우

해설

동일 내용은 법 위반이 아니다.

04 공인중개사법령상 공인중개사의 자격취소와 자격정지에 관한 설명으로 틀린 것은?

제25회

① 자격취소 또는 자격정지처분을 할 수 있는 자는 자격증을 교부한 시·도지사이다.
② 자격취소처분은 공인중개사를 대상으로, 자격정지처분은 소속공인중개사를 대상으로 한다.
③ 자격정지처분을 받고 그 자격정지기간 중에 중개업무를 행한 경우는 자격취소사유에 해당한다.
④ 공인중개사에 대하여 자격취소와 자격정지를 명할 수 있는 자는 자격취소 또는 자격정지처분을 한 때에 5일 이내에 국토교통부장관에게 통지해야 한다.
⑤ 자격정지사유에는 행정형벌이 병과될 수 있는 경우도 있다.

해설

자격정지는 통지의무가 없다.

05 공인중개사법령상 소속공인중개사의 규정 위반행위 중 자격정지 기준이 6개월에 해당하는 것을 모두 고른 것은? 제34회

> ㉠ 2 이상의 중개사무소에 소속된 경우
> ㉡ 거래계약서에 서명 · 날인을 하지 아니한 경우
> ㉢ 등록하지 아니한 인장을 사용한 경우
> ㉣ 확인 · 설명의 근거자료를 제시하지 아니한 경우

① ㉠   ② ㉠, ㉢   ③ ㉡, ㉢

④ ㉠, ㉡, ㉣   ⑤ ㉡, ㉢, ㉣

해설

자격정지의 기준은 다음과 같다.

위반행위	정지 기준
1. 2 이상의 중개사무소에 소속된 경우	6개월
2. 인장등록을 하지 아니하거나 등록하지 아니한 인장을 사용한 경우	3개월
3. 성실 · 정확하게 중개대상물의 확인 · 설명을 하지 아니하거나 설명의 근거자료를 제시하지 아니한 경우	3개월
4. 중개대상물 확인 · 설명서에 서명 · 날인을 하지 아니한 경우	3개월
5. 거래계약서에 서명 · 날인을 하지 아니한 경우	3개월
6. 거래계약서에 거래금액 등 거래내용을 거짓으로 기재하거나 서로 다른 2 이상의 거래계약서를 작성한 경우	6개월
7. 법 제33조 제1항 각호(1호~9호)에 규정된 금지행위를 한 경우	6개월

제3절 | **등록취소** (절대적, 임의적)

<< key 포인트! >>

1) 절대적 등록취소 〈★ 최근 - 양.이.사 - 업무 - 5배 - 부.결!〉

등록관청은 다음에 해당하는 경우, 중개사무소의 개설등록을 **취소하여야 한다.**

① **최근 1년** 이내에 **2회 이상의 업무정지** ▷ 다시 업무정지 위반행위
② 타인에게 성명·상호 사용, **등록증 양도 또는 대여**
③ **이중소속**
④ **이중등록**
⑤ **사망, 해산**
⑥ **업무정지기간 중** 중개업 / 자격정지 중인 소·공에게 **업무하게 함.**
⑦ **5배** 초과 고용
⑧ **부정** 등록
⑨ **결격사유**(예 임원 2개월 내 해소 ×)

※ 주요 내용

① 등록취소**사유**에 해당되어도 등록취소**처분**이 행해지기 전까지는 등록효력은 유지된다.
② 중개법인의 사원·임원이 결격이면 법인 자체가 결격 - 절대적 등록취소사유
　(※ 단, 해당 사원·임원이 **2개월 이내** 해소할 경우는 그렇지 않다)
③ 등록 취소되면 **3년간 결격**자가 되고 그럼으로써 중개업에 종사 자체를 할 수 없다.
④ 등록취소처분에 대한 **청문절차**는 규정하고 있지만 이의신청에 관한 규정은 없다.
⑤ 등록취소와 자격취소의 경우 등록증(등록관청)·자격증(교부한 시·도지사)을 **7일**
　이내에 반납하여야 한다(※ 위반: 100만원 이하의 과태료).
⑥ 휴업, 폐업, 종별변경 등도 등록증을 반납하나 자격정지와 업무정지는 반납하지 않음.
⑦ 중개법인 해산 - 법인의 **대표자이었던 자가 7일** 이내 등록관청에 반납한다.
⑧ 고용인이 결격이면 개업공인중개사는 2개월 이내 해소의무(위반시 - 업무정지사유)

2) 임의적(상대적) 등록취소 〈★ 임 = 금. 겸업. 미.달.이 − 6.보.전!〉

① **금지행위**를 위반한 경우
② **법인이 겸업**을 위반한 경우(**예** 분양대행 등)
③ **등록기준에 미달**하게 된 경우(**예** 법인의 자본금 5천만원 이상 등)
④ 2 이상의 중개사무소를 둔 경우(2중사무소 설치)
⑤ 임시 중개시설물을 설치한 경우(가설물, 파라솔 및 의자 등)
⑥ 서로 다른 2 이상의 거래계약서를 작성한 경우(**2중계약서 작성**)
⑦ 무단 **6개월**을 초과하여 휴업한 경우
⑧ 손해배상책임을 보장하기 위한 **보증**설정을 하지 않고 업무를 개시한 경우
⑨ **전속**중개계약시 정보 공개위반
⑩ 최근 1년 이내 **3회 이상 업·정 또는 과태료**처분 ⇨ 다시 업·정 또는 과태료 행위
⑪ 사업자단체나 구성원이 독점규제법 위반으로 행위중지 등을 **최근 2년 이내에 2회 이상** 받은 경우

※ 주요 내용

① 임의적(재량) 등록취소는 업무정지처분으로 대체하여 처벌할 수 있다.
② 등록취소처분을 받은 날부터 **7일 이내**에 등록관청에 그 중개사무소등록증을 반납하여야 한다.
③ 자격정지, 업무정지의 경우에는 중개사무소 등록증을 반납하지 않는다.

01 공인중개사법령상 등록관청이 중개사무소의 개설등록 취소처분을 하고자 하는 경우, 청문을 실시하지 않아도 되는 것은? 제23회

① 개업공인중개사가 이중으로 중개사무소의 개설등록을 한 경우

② 개업공인중개사인 법인이 해산한 경우

③ 개업공인중개사가 중개의뢰인과 직접 거래를 한 경우

④ 개업공인중개사가 다른 사람에게 자기의 중개사무소 등록증을 대여한 경우

⑤ 개업공인중개사가 서로 다른 2 이상의 거래계약서를 작성한 경우

해설

② 사망 또는 법인이 해산한 경우는 청문(×)

02 공인중개사법령상 중개사무소 개설등록을 반드시 취소해야 하는 사유가 아닌 것을 모두 고른 것은? 제24회

> ㉠ 자격정지처분을 받은 소속공인중개사로 하여금 자격정지기간 중에 중개업무를 하게 한 경우
> ㉡ 거래계약서에 거래금액을 거짓으로 기재한 경우
> ㉢ 개인인 개업공인중개사가 사망한 경우
> ㉣ 증여의 명목으로 법령이 정한 수수료 또는 실비를 초과하는 금품을 받은 경우
> ㉤ 탈세를 목적으로 미등기 부동산의 매매를 중개하는 등 부동산 투기를 조장한 경우

① ㉠, ㉡, ㉤　　　　　② ㉠, ㉢, ㉣　　　　　③ ㉡, ㉣, ㉤

④ ㉠, ㉢, ㉣, ㉤　　　　⑤ ㉡, ㉢, ㉣, ㉤

해설

㉡㉣㉤은 임의적 등록취소

03 공인중개사법령상 등록관청이 인지하였다면 공인중개사인 개업공인중개사 甲의 중개사무소 개설등록을 취소하여야 하는 경우에 해당하지 않는 것은? _{제29회 수정}

① 甲이 2024년 9월 12일에 사망한 경우
② 공인중개사법령을 위반한 甲에게 2024년 9월 12일에 400만원 벌금형이 선고되어 확정된 경우
③ 甲이 2024년 9월 12일에 배임죄로 징역 1년, 집행유예 1년 6개월이 선고되어 확정된 경우
④ 甲이 최근 1년 이내에 공인중개사법령을 위반하여 1회 업무정지처분, 2회 과태료처분을 받고 다시 업무정지처분에 해당하는 행위를 한 경우
⑤ 甲이 2024년 10월 12일에 다른 사람에게 자기의 상호를 사용하여 중개업무를 하게 한 경우

해설
최근 1년 이내 **3회 이상 업무정지** 또는 **과태료**처분 받고, 다시 업무정지 또는 과태료 행위에 해당하는 경우 - 임의적 등록취소사유이다.

04 공인중개사법령상 개업공인중개사의 사유로 중개사무소 개설등록을 취소할 수 있는 경우가 아닌 것은? _{제26회}

① 중개사무소 등록기준에 미달하게 된 경우
② 국토교통부령이 정하는 전속중개계약서에 의하지 아니하고 전속중개계약을 체결한 경우
③ 이동이 용이한 임시 중개시설물을 설치한 경우
④ 대통령령으로 정하는 부득이한 사유가 없음에도 계속하여 6개월을 초과하여 휴업한 경우
⑤ 손해배상책임을 보장하기 위한 조치를 이행하지 아니하고 업무를 개시한 경우

해설
업무정지사유

05 공인중개사법령상 중개사무소 개설등록을 취소하여야 하는 사유에 해당하는 것을 모두 고른 것은? _{제32회}

> ㉠ 개업공인중개사인 법인이 해산한 경우
> ㉡ 개업공인중개사가 거짓으로 중개사무소 개설등록을 한 경우
> ㉢ 개업공인중개사가 이중으로 중개사무소 개설등록을 한 경우
> ㉣ 개업공인중개사가 개설등록 후 금고 이상의 형의 집행유예를 받고 그 유예기간 중에 있게 된 경우

① ㉠, ㉡, ㉢ ② ㉠, ㉡, ㉣ ③ ㉠, ㉢, ㉣
④ ㉡, ㉢, ㉣ ⑤ ㉠, ㉡, ㉢, ㉣

정답 01 ② 02 ③ 03 ④ 04 ② 05 ⑤

06 「공인중개사법」의 내용으로 (   )에 들어갈 숫자를 바르게 나열한 것은? 제32회

> • 등록관청은 개업공인중개사가 최근 (㉠)년 이내에 이 법에 의하여 (㉡)회 이 상 업무정지처분을 받고 다시 업무정지처분에 해당하는 행위를 한 경우에는 중개사무소의 개설등록을 취소하여야 한다.
> • 금고 이상의 실형의 선고를 받고 그 집행이 종료(집행이 종료된 것으로 보는 경우를 포함한다)되거나 집행이 면제된 날부터 (㉢)년이 지나지 아니한 자 는 중개사무소의 개설등록을 할 수 없다.
> • 중개행위와 관련된 손해배상책임을 보장하기 위하여 이 법에 따라 공탁한 공탁 금은 개업공인중개사가 폐업한 날부터 (㉣)년 이내에는 회수할 수 없다.

① ㉠: 1, ㉡: 2, ㉢: 1, ㉣: 3
② ㉠: 1, ㉡: 2, ㉢: 3, ㉣: 3
③ ㉠: 1, ㉡: 3, ㉢: 3, ㉣: 1
④ ㉠: 2, ㉡: 3, ㉢: 1, ㉣: 1
⑤ ㉠: 2, ㉡: 3, ㉢: 3, ㉣: 3

07 공인중개사법령상 공인중개사인 개업공인중개사의 중개사무소 개설등록 취소사유에 해당하지 않는 경우는? 제35회

① 중개대상물 확인·설명서를 교부하지 아니한 경우
② 거짓으로 중개사무소의 개설등록을 한 경우
③ 업무정지기간 중에 중개업무를 한 경우
④ 공인중개사인 개업공인중개사가 개업공인중개사인 법인의 사원·임원이 된 경우
⑤ 개업공인중개사가 사망한 경우

해설

업무정지사유에 해당된다.
②③④⑤는 모두 절대적 등록취소사유에 해당된다.

정답 ▶ 06 ② 07 ①

제**4**절 **업무정지**

<< key 포인트! >>

1) 업무정지

> **등록관청**은 개업공인중개사가 다음에 해당하면 **6개월**의 범위 안에서 업무의 정지를 명할 수 있다(단, 법인 또는 **분사무소별**로 업무의 정지를 명할 수 있다).

2) 사유 〈★ 서.인.교(존) − 임.기.중 − 2회. 망!〉

> ① 거래**계약서** − **서명** 및 날인, 거래계약서 **교부** 및 5년 **보존**
> ② 확인 · **설명서** − **서명** 및 날인, 확인 · 설명서 **교부** 및 3년 **보존**
> > 주의 확인 · 설명 위반 − 500만원 이하의 과태료
> ③ 전속중개**계약서** − 미사용, 전속중개계약서 3년 미**보존**
> ④ 인장 미등록 또는 미등록 **인장** 사용
> ⑤ **임의적 등록취소사유** ⇨ 업무정지로 대체 가능
> ⑥ (기타) **그 밖에** 이 법 또는 이 법에 의한 명령에 위반한 경우
> > ※ 절대적 등록취소, 과태료는 제외
> ⑦ **중개**인이 업무지역 위반
> ⑧ 거래**정보망**에 거짓공개 또는 거래사실 미통보
> ⑨ **최근 1년 내에** 2회 이상 업정 또는 과태료 ⇨ 다시 과태료 위반행위
> ⑩ 고용인의 결격사유 발생(단, 2개월 내 해소하면 ×)
> ⑪ 개업공인중개사가 지도 · 감독상 명령 위반
> ⑫ 독점규제법 위반으로 행위중지, 시정명령, 과징금을 받은 경우

3) 주요 내용

① 업무정지처분은 재량사항이다(사전에 의견진술 기회 부여).
② 업무정지 받고 바로 폐업 가능(단, 그 기간 동안 결격사유이다)
③ 등록증 **반납** − (×)
④ **소멸시효: 사유가 발생한 날부터 3년이 경과한 때에는 이를 할 수 없다.**
⑤ 등록관청은 위반행위의 동기 · 결과 및 횟수 등을 참작하여 업무정지기간의 **2분의 1의 범위 안에서 가중 또는 감경할 수 있다.** 가중시에도 6개월을 초과할 수 없다.
⑥ 등록관청은 다음달 10일까지 협회 통보사항이다.

01 공인중개사법령상 개업공인중개사의 업무정지사유이면서 중개행위를 한 소속공인중개사의 자격정지사유에 해당하는 것을 모두 고른 것은?   제29회

> ㉠ 인장등록을 하지 아니한 경우
> ㉡ 중개대상물 확인·설명서에 서명 및 날인을 하지 아니한 경우
> ㉢ 거래계약서에 서명 및 날인을 하지 아니한 경우
> ㉣ 중개대상물 확인·설명서를 교부하지 않은 경우

① ㉠, ㉡   ② ㉢, ㉣   ③ ㉠, ㉡, ㉢
④ ㉡, ㉢, ㉣   ⑤ ㉠, ㉡, ㉢, ㉣

해설
㉣은 개업공인중개사만의 의무로 업무정지사유이다.

02 다음 중 개업공인중개사에 대한 업무정지처분을 할 수 없는 경우는?   제25회
① 개업공인중개사가 등록하지 아니한 인장을 사용한 경우
② 개업공인중개사가 최근 1년 이내에 「공인중개사법」에 의하여 1회의 과태료처분을 받고 다시 과태료처분에 해당하는 행위를 한 경우
③ 개업공인중개사가 부동산거래정보망에 중개대상물에 관한 정보를 거짓으로 공개한 경우
④ 법인인 개업공인중개사가 최근 1년 이내에 겸업금지 규정을 1회 위반한 경우
⑤ 중개대상물 확인·설명서 원본 또는 사본의 보존기간을 준수하지 않은 경우

해설
가중처벌 규정인 "최근 1년 내에 2회 이상 업무정지 또는 과태료 받고 다시 과태료 위반행위"의 요건에 해당하지 않으므로 과태료처분 대상일 뿐이다.

03 다음 중 개업공인중개사에 대한 업무정지에 관한 설명 중 옳은 것은?　　　제24회

① 광역시장은 업무정지기간의 2분의 1 범위 안에서 가중할 수 있다.

② 업무정지가간을 가중 처분하는 경우, 그 기간은 9개월을 한도로 한다.

③ 최근 1년 이내에 이 법에 의하여 2회 이상 업무정지처분을 받은 개업공인중개사가 다시 업무정지처분에 해당하는 행위를 한 경우, 6개월의 업무정지처분을 받을 수 있다.

④ 업무정지처분은 해당사유가 발생한 날부터 2년이 된 때에는 이를 할 수 없다.

⑤ 개업공인중개사가 중개대상물에 관한 정보를 거짓으로 공개한 경우, 등록관청은 위반행위의 동기 등을 참작하여 4개월의 업무정지처분을 할 수 있다.

해설

① 시 · 군 · 구청장　② 6개월　③ 절대적 등록취소　④ 3년

04 공인중개사법령상 개업공인중개사 업무정지의 기준에서 개별기준에 따른 업무정지기간이 6개월인 것은?　　　제35회

① 인장등록을 하지 않거나 등록하지 않은 인장을 사용한 경우

② 거래정보사업자에게 공개를 의뢰한 중개대상물의 거래가 완성된 사실을 그 거래정보사업자에게 통보하지 않은 경우

③ 부동산거래정보망에 중개대상물에 관한 정보를 거짓으로 공개한 경우

④ 중개대상물 확인 · 설명서를 보존기간 동안 보존하지 않은 경우

⑤ 법령상의 전속중개계약서 서식에 따르지 않고 전속중개계약을 체결한 경우

해설

①②④⑤는 개별기준에 따른 업무정지기간이 3개월이다.

제5절 | **행정제재처분 효과 승계**

<< key 포인트! >>

1) 폐업신고 후 다시 등록을 한 때에는 **폐업신고 전**의 개업공인중개사의 지위를 승계한다.

2) 구체적 내용

① **처분효과**: 폐업신고 전의 업무정지, 과태료처분의 효과는 그 **처분일부터 1년간 승계**
② **위반행위**
  ㉠ 등록취소사유: **폐업기간이 3년**을 초과한 경우에는 승계 불가
    [주의] 결격기간은 등록취소로 인한 3년에서 폐업기간을 공제한다.
  ㉡ 업무정지사유: **폐업기간이 1년**을 초과한 경우에는 승계 불가
    [주의] **소멸시효와 구별**: 업무정지사유가 발생한 날로부터 3년이 경과한 때에는 이를 할 수가 없다.

3) 행정처분을 함에 있어서는 폐업기간과 폐업의 사유 등을 고려하여야 한다.

제5절 | **엄선 기출문제**(제15회 ~ 제35회)

01 공인중개사법령상 행정제재처분효과의 승계 등에 관한 설명으로 옳은 것은? 제29회

① 폐업기간이 13개월인 재등록 개업공인중개사에게 폐업신고 전의 업무정지사유에 해당하는 위반행위에 대하여 업무정지처분을 할 수 있다.
② 폐업신고 전에 개업공인중개사에게 한 업무정지처분의 효과는 그 처분일부터 3년간 재등록 개업공인중개사에게 승계된다.
③ 폐업기간이 3년 6개월인 재등록 개업공인중개사에게 폐업신고 전의 중개사무소 개설등록 취소사유에 해당하는 위반행위를 이유로 개설등록취소처분을 할 수 있다.
④ 폐업신고 전에 개업공인중개사에게 한 과태료부과처분의 효과는 그 처분일부터 9개월된 때에 재등록을 한 개업공인중개사에게 승계된다.
⑤ 재등록 개업공인중개사에 대하여 폐업신고 전의 개설등록취소에 해당하는 위반행위를 이유로 행정처분을 할 때 폐업의 사유는 고려하지 않는다.

해설
① 할 수 없다. ② 1년 ③ 할 수 없다. ⑤ 폐업사유와 기간을 고려한다.

02 공인중개사법령상 공인중개사인 개업공인중개사 甲의 중개사무소 폐업 및 재등록에 관한 설명으로 옳은 것은? 제31회

① 甲이 중개사무소를 폐업하고자 하는 경우, 국토교통부장관에게 미리 신고하여야 한다.

② 甲이 폐업 사실을 신고하고 중개사무소 간판을 철거하지 아니한 경우, 과태료 부과처분을 받을 수 있다.

③ 甲이 공인중개사법령 위반으로 2019. 2. 8. 1개월의 업무정지처분을 받았으나 2019. 7. 1. 폐업신고를 하였다가 2019. 12. 11. 다시 중개사무소 개설등록을 한 경우, 종전의 업무정지처분의 효과는 승계되지 않고 소멸한다.

④ 甲이 공인중개사법령 위반으로 2019. 1. 8. 1개월의 업무정지처분에 해당하는 행위를 하였으나 2019. 3. 5. 폐업신고를 하였다가 2019. 12. 5. 다시 중개사무소 개설등록을 한 경우, 종전의 위반행위에 대하여 1개월의 업무정지처분을 받을 수 있다.

⑤ 甲이 공인중개사법령 위반으로 2018. 2. 5. 등록취소처분에 해당하는 행위를 하였으나 2018. 3. 6. 폐업신고를 하였다가 2020. 10. 16. 다시 중개사무소 개설등록을 한 경우, 그에게 종전의 위반행위에 대한 등록취소처분을 할 수 없다.

해설

① 등록관청 ② 행정대집행(과태료 ×) ③ 승계된다. ⑤ 21년 3월 5일까지 승계하여 처벌할 수 있다.

03 공인중개사법령상 행정제재처분효과의 승계 등에 관한 설명으로 옳은 것을 모두 고른 것은? 제33회

> ㉠ 폐업신고 전에 개업공인중개사에게 한 업무정지처분의 효과는 그 처분일부터 2년간 재등록 개업공인중개사에게 승계된다.
> ㉡ 폐업기간이 2년을 초과한 재등록 개업공인중개사에 대해 폐업신고 전의 중개사무소 업무정지사유에 해당하는 위반행위를 이유로 행정처분을 할 수 없다.
> ㉢ 폐업신고 전에 개업공인중개사에게 한 과태료부과처분의 효과는 그 처분일부터 10개월 된 때에 재등록을 한 개업공인중개사에게 승계된다.
> ㉣ 폐업기간이 3년 6개월이 지난 재등록 개업공인중개사에게 폐업신고 전의 중개사무소 개설등록 취소사유에 해당하는 위반행위를 이유로 개설등록취소처분을 할 수 없다.

① ㉠   ② ㉠, ㉣   ③ ㉡, ㉢

④ ㉡, ㉢, ㉣   ⑤ ㉠, ㉡, ㉢, ㉣

해설

㉠은 1년간 승계

정답   01 ④   02 ④   03 ④

04 공인중개사법령상 행정제재처분효과의 승계 등에 관한 설명으로 옳은 것은? 제34회

① 폐업신고한 개업공인중개사의 중개사무소에 다른 개업공인중개사가 중개사무소를 개설등록한 경우 그 지위를 승계한다.

② 중개대상물에 관한 정보를 거짓으로 공개한 사유로 행한 업무정지처분의 효과는 그 처분에 대한 불복기간이 지난날부터 1년간 다시 중개사무소의 개설등록을 한 자에게 승계된다.

③ 폐업신고 전의 위반행위에 대한 행정처분이 업무정지에 해당하는 경우로서 폐업기간이 6개월인 경우 재등록 개업공인중개사에게 그 위반행위에 대해서 행정처분을 할 수 없다.

④ 재등록 개업공인중개사에 대하여 폐업신고 전의 업무정지에 해당하는 위반행위를 이유로 행정처분을 할 때 폐업기간과 폐업의 사유는 고려하지 않는다.

⑤ 개업공인중개사가 2022. 4. 1. 과태료 부과 처분을 받은 후 폐업신고를 하고, 2023. 3. 2. 다시 중개사무소의 개설등록을 한 경우 그 처분의 효과는 승계된다.

해설

① 전혀 승계규정이 적용되지 않는다.
② **처분일부터 1년간** 다시 중개사무소의 개설등록을 한 자에게 승계된다.
③ **폐업기간이 1년을 초과한** 경우는 승계하지 않는다.
④ 폐업기간과 **폐업의 사유 등을 고려**하여야 한다.

제6절 벌칙, 행정형벌(3징역 − 3벌금 또는 1징역 − 1벌금)

<< key 포인트! >>

3년 징역 − 3천 벌금 〈★ 허.무.관. 직.쌍.투.시. 체.방〉	① **허위** · 부정등록 ② **무등록**업자 ③ **관련**증서 등 중개, 매매업 ④ **직접** 거래 ⑤ **쌍**방대리 ⑥ **투기**조장(미등기, 전매 제한부동산 중개 등) ⑦ **시세** 조작(부당한 이익) ⑧ 단**체**구성(공동중개 제한 행위 등) ⑨ 개업공인중개사 등의 업무 **방**해
1년 징역 − 1천 벌금 〈★ 양.아.이. 5배.비.정.기. 수.매.무〉	① 타인에게 성명 사용 등 자격증 **양도** · 대여한 자 / 양수 · 대여받은 자 ② 등록증을 다른 사람에게 **양도** · 대여한 자 또는 양수 · 대여 받은 자 　※ ①②를 **알선**한 자 포함 ③ 공인중개사 **아닌 자**가 "공인중개사 또는 이와 유사한 명칭을 사용한 자" ④ 개업공인중개사가 **아닌 자**가 "공인중개사사무소", "부동산중개" 또는 이와 유사 명칭사용 ⑤ 개업공인중개사가 **아닌 자**가 중개대상물에 대한 표시 · 광고를 한 자 ⑥ **2중**으로 개설등록 한 자(절 · 취) ⑦ **2중**으로 소속한 자(절 · 취 / 자 · 정) ⑧ **2중**으로 중개사무소를 설치한 자(임 · 취) ⑨ **임시** 중개시설물을 설치한 자(임 · 취) 　※ **2중계약서 작성은 행정형벌 제재가 없다(임 · 취사유일 뿐).** ⑩ **5배수** 중개보조원을 초과 고용 ⑪ **비밀**을 누설한 자 ⑫ 거래**정보**사업자가 개 · 공 이외자의 **정보공개, 다르게, 차별적 공개** ⑬ 제33조(금지행위) − **기망, 보수 초과, 매매업, 무등록업자와 협력** 〈★ 기.수.매.무〉
양벌규정	① 법인의 사원 · 임원, 고용인이 행정형벌 해당하는 경우에 개업공인중개사는 벌금형을 받을 수 있다. 　⚠주의 징역형 − ×, 또한 언제나 동일한 벌금액으로 처벌되는 것도 아니다. ② 다만, 개업공인중개사가 상당한 주의와 감독을 다했으면 벌금형을 받지 않을 수 있다(과실 책임). ③ 개업공인중개사가 양벌규정 적용으로 300만원 이상 벌금형 받은 경우도 결격 사유가 아니며, 따라서 등록취소처분할 수 없다(판례). ④ 행정처분과 과태료는 양벌규정 부적용

01 공인중개사법령상 벌금형 부과에 해당하는 자를 모두 고른 것은? 제31회

> ㉠ 중개사무소 개설등록을 하지 아니하고 중개업을 한 공인중개사
> ㉡ 거짓으로 중개사무소의 개설등록을 한 자
> ㉢ 등록관청의 관할 구역 안에 두 개의 중개사무소를 개설등록한 개업공인중개사
> ㉣ 임시 중개시설물을 설치한 개업공인중개사
> ㉤ 중개대상물이 존재하지 않아서 거래할 수 없는 중개대상물을 광고한 개업공인중개사

① ㉠
② ㉠, ㉡
③ ㉡, ㉢, ㉤
④ ㉠, ㉡, ㉢, ㉣
⑤ ㉠, ㉡, ㉢, ㉣, ㉤

해설

㉠㉡은 3년 이하의 징역 또는 3천만원 이하의 벌금 ㉢㉣은 1년 이하의 징역 또는 1천만원 이하의 벌금 ㉤ 500만원 이하의 과태료

02 공인중개사법령상 벌칙에 관한 설명으로 틀린 것은? (다툼이 있으면 판례에 의함) 제21회

① 양벌규정은 소속공인중개사가 과태료 부과대상인 행위를 한 경우에도 적용된다.
② 등록관청의 관할 구역 안에 2 이상의 중개사무소를 둔 공인중개사인 개업공인중개사는 1년 이하의 징역 또는 1천만원 이하의 벌금에 처한다.
③ 벌금과 과태료는 병과할 수 없다.
④ 거래당사자 쌍방을 대리하는 행위를 한 개업공인중개사는 3년 이하의 징역 또는 3천만원 이하의 벌금에 처한다.
⑤ 개업공인중개사가 중개보조원의 위반행위로 양벌규정에 의하여 벌금형을 받은 경우는 이 법상 '벌금형의 선고를 받고 3년이 경과되지 아니한 자'에 해당하지 않는다.

해설

양벌규정은 사원·임원, 고용인이 3년 이하의 징역 또는 3천만원 이하의 벌금 또는 1년 이하의 징역 또는 1천만원 이하의 벌금형에 위반했을 때 적용된다. 따라서 과태료 위반은 양벌규정과 관련 없다.

03 다음 중 1년 이하의 징역 또는 1천만원 이하의 벌금형을 모두 고른 것은? 제28회

> ㉠ 공인중개사가 아닌 자로서 공인중개사 명칭을 사용한 자
> ㉡ 이중으로 중개사무소의 개설등록을 하여 중개업을 한 개업공인중개사
> ㉢ 개업공인중개사로부터 공개를 의뢰받지 아니한 중개대상물의 정보를 부동산 거래정보망에 공개한 거래정보사업자
> ㉣ 중개의뢰인과 직접 거래를 한 개업공인중개사

① ㉠, ㉣　　　　　② ㉡, ㉢　　　　　③ ㉠, ㉡, ㉢
④ ㉡, ㉢, ㉣　　　　⑤ ㉠, ㉡, ㉢, ㉣

해설

㉣은 3년 이하의 징역 또는 3천만원 이하의 벌금

04 공인중개사법령상 벌칙의 법정형이 같은 것끼리 모두 묶은 것은? 제25회

> ㉠ 이중으로 중개사무소의 개설등록을 한 개업공인중개사
> ㉡ 중개의뢰인과 직접 거래를 한 개업공인중개사
> ㉢ 이동이 용이한 임시 중개시설물을 설치한 개업공인중개사
> ㉣ 2 이상의 중개사무소에 소속된 공인중개사
> ㉤ 중개사무소의 개설등록을 하지 아니하고 중개업을 한 자

① ㉠, ㉡　　　　　② ㉠, ㉢, ㉣　　　　③ ㉠, ㉣, ㉤
④ ㉡, ㉢, ㉤　　　　⑤ ㉢, ㉣, ㉤

해설

㉠㉢㉣은 1년 이하의 징역 또는 1천만원 이하의 벌금형. 나머지는 3년 이하의 징역 또는 3천만원 이하의 벌금

05 공인중개사법령상 다음의 행위를 한 자에 대하여 3년의 징역에 처할 수 있는 경우는? 제35회

① 거짓이나 그 밖의 부정한 방법으로 중개사무소의 개설등록을 한 경우
② 공인중개사가 다른 사람에게 자기의 성명을 사용하여 중개업무를 하게 한 경우
③ 등록관청의 관할 구역 안에 2개의 중개사무소를 둔 경우
④ 개업공인중개사가 천막 그 밖에 이동이 용이한 임시 중개시설물을 설치한 경우
⑤ 공인중개사가 아닌 자로서 공인중개사 또는 이와 유사한 명칭을 사용한 경우

해설

① 3년 이하의 징역 또는 3천만원 이하의 벌금형에 해당된다.
②③④⑤는 모두 1년 이하의 징역 또는 1천만원 이하의 벌금형에 해당된다.

정답 ▶ 01 ④　02 ①　03 ③　04 ②　05 ①

| 제7절 | **과태료**(500만원 또는 100만원 이하) |

<< key 포인트! >>

구분	대상	부과권자	내용
500만원 이하 〈★ 정.통. 협.연.설. 부.고지〉	거·정	국·장	① 운영규정 제정, 변경 승인×, 위반 운영(지정취소) ② 지도 감독상 명령 위반
	정보**통신** 사업자	국·장	① 관련 자료 제출 요구 – 불응 ② 추가정보의 게재 등 조치 요구 – 불응
	협회	국·장	① 공제사업 운영실적 미공시(3개월) ② 임원에 대한 징계, 해임요구 불이행 또는 시정명령을 이행하지 아니한 자 ③ 공제업무 개선명령을 불이행 ④ 지도, 감독상 명령 위반
	구별	시·도지사	**연수**교육을 받지 아니한 자 〈주의〉 실무, 직무교육은 ×
		등록관청 (개·공)	① 확인·**설명**의무 위반 ② **부당** 표시·광고 위반 ③ 중개보조원의 신분(직위) **고지**의무 위반
100만원 이하 〈★ 이.보. 게.문.폐. 반납.표시〉	개업공인 중개사	등록관청	① 중개사무소의 **이전신고**를 하지 아니한 자 ② 손해배상책임에 관한 사항을 설명하지 아니하거나 관계증서(**보증서**)의 사본 또는 관계증서에 관한 전자문서를 교부하지 아니한 자 ③ 중개사무소등록증 등을 **게**시하지 아니한 자 ④ 사무소의 명칭에 "공인중개사사무소", "부동산중개"라는 **문자**를 사용하지 아니한 자, 옥외광고물에 성명표기(×) ⑤ 중개인이 사무소명칭에 "공인중개사사무소", **문자**를 사용한 경우 ⑥ 휴업, **폐업**, 휴업한 중개업의 재개 또는 휴업기간의 변경신고를 하지 아니한 자 ⑦ 공인중개사자격증을 **반납** ×, 사유서 제출 – × ⑧ 등록증을 **반납**하지 아니한 자 ⑨ 중개대상물의 중개에 관한 **표시**, 광고 위반한 자 (**예** 전단지 또는 인터넷 광고)
	자격취소	시·도지사	자격증 7일 미반납

∷ 참고 | 위반행위의 동기·결과 및 횟수 등을 고려하여 500만원 이하 또는 100만원 이하 사유는 과태료 부과 기준금액의 2분의 1의 범위에서 **가중** 또는 **감경할 수** 있다. 다만, 가중하는 경우에도 과태료의 **총액** 100만원 또는 500만원을 초과할 수 없다.

제7절 **엄선 기출문제**(제15회 ~ 제35회)

01 다음 중 개업공인중개사의 행위 중 과태료 부과대상이 아닌 것은? 제32회

① 중개대상물의 거래상의 중요사항에 관해 거짓된 언행으로 중개의뢰인의 판단을 그르치게 한 경우
② 휴업신고에 따라 휴업한 중개업을 재개하면서 등록관청에 그 사실을 신고하지 않은 경우
③ 중개대상물에 과한 권리를 취득하려는 중개의뢰인에게 해당 중개대상물의 권리관계를 성실·정확하게 확인·설명하지 않은 경우
④ 인터넷을 이용하여 중개대상물에 대한 표시·광고를 하면서 중개대상물의 종류별로 가격 및 거래형태를 명시하지 않은 경우
⑤ 연수교육을 정당한 사유 없이 받지 않은 경우

해설

임의적 등록취소와 1년 이하의 징역 또는 1천만원 이하의 벌금형

02 다음 중 100만원 이하의 과태료 부과 대상인 개업공인중개사에 해당하지 않는 자는? 제26회

① 중개사무소를 이전한 날부터 10일 이내에 이전신고를 하지 아니한 자
② 중개사무소등록증을 게시하지 아니한 자
③ 「공인중개사법」에 따른 연수교육을 정당한 사유 없이 받지 아니한 자
④ 사무소의 명칭에 "공인중개사사무소" 또는 "부동산중개"라는 문자를 사용하지 아니한 자
⑤ 「옥외광고물 등 관리법」에 따른 옥외광고물에 성명을 거짓으로 표기한 자

해설

③은 500만원 이하의 과태료

03 공인중개사법령상 과태료 부과대상자와 부과기관의 연결이 틀린 것은? 제29회

① 공제사업 운용실적을 공시하지 아니한 자 − 국토교통부장관
② 공인중개사협회의 임원에 대한 징계·해임의 요구를 이행하지 아니한 자 − 국토교통부장관
③ 연수교육을 정당한 사유 없이 받지 아니한 자 − 등록관청
④ 휴업기간의 변경 신고를 하지 아니한 자 − 등록관청
⑤ 성실·정확하게 중개대상물의 확인·설명을 하지 아니한 자 − 등록관청

해설

③ 시·도지사가 부과

04 공인중개사법령상 과태료의 부과대상자와 부과기관이 바르게 연결된 것을 모두 고른 것은? 제31회

> ㉠ 부동산거래정보망의 이용 및 정보제공방법 등에 관한 운영규정의 내용을 위반하여 부동산거래정보망을 운영한 거래정보사업자 − 국토교통부장관
> ㉡ 공인중개사법령에 따른 보고의무를 위반하여 보고를 하지 아니한 거래정보사업자 − 국토교통부장관
> ㉢ 중개사무소등록증을 게시하지 아니한 개업공인중개사 − 등록관청
> ㉣ 공인중개사 자격이 취소된 자로 공인중개사자격증을 반납하지 아니한 자 − 등록관청
> ㉤ 중개사무소 개설등록이 취소된 자로 중개사무소등록증을 반납하지 아니한 자 − 시·도지사

① ㉠, ㉢　　　　　② ㉠, ㉡, ㉢　　　　　③ ㉡, ㉣, ㉤
④ ㉠, ㉡, ㉢, ㉣　　　⑤ ㉠, ㉡, ㉢, ㉣, ㉤

해설

㉣은 시·도지사 ㉤ 등록관청

정답　03 ③　04 ②

MEMO

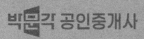

박문각 공인중개사

제1장 부동산 거래신고제도
제2장 외국인 등의 부동산 취득 등에 관한 특례
제3장 토지거래허가제

부동산 거래신고
등에 관한 법령

Chapter 01

부동산 거래신고제도

<< key 포인트! >>

1) 신고대상

(1) 부동산 분양 관련법

① 「건축물의 분양에 관한 법률」   ② 「공공주택 특별법」
③ 「도시개발법」   ④ 「택지개발촉진법」
⑤ 「산업입지 및 개발에 관한 법률」   ⑥ 「주택법」
⑦ 「도시 및 주거환경정비법」   ⑧ 「빈집 및 소규모주택 정비에 관한 특례법」

(2) 관련 내용

① 토지, 상가, 아파트, 오피스텔 등에 대한 최초분양계약과 분양권 전매는 신고 대상이다.
② 「도시 및 주거환경정비법」 + 「빈집 및 소규모주택 정비에 관한 특례법」상의 **입주자로 선정된 지위**(입주권)는 거래신고대상이다.
   주의 "「주택법」"상의 입주예정자로 **선정될 수 있는 지위**는 신고대상이 아니다.
③ 건축물 : 무허가건물, 미등기건물, 공장 및 상가건물도 신고대상이다.
   ※ **입목, 공장재단, 광업재단**은 신고대상이 아니다.

2) 신고기간

신고대상 부동산에 대하여 매매계약을 체결한 자는 계약체결일로부터 30일 이내 신고한다.

3) 신고의무자

(1) 당자자 직접거래

① 거래당사자(외국인 포함)가 직접거래인 경우에는 당사자가 공동으로 신고하여야 한다.
   주의 신고서에 공동 서명 또는 날인하여 **1인이 제출한다.**
② 거래당사자 중 일방이 국가, 지방자치단체, 공공기관, 지방직영기업, 지방공사 및 지방공단의 경우에는 국가 등이 신고를 하여야 한다.
③ 일방이 신고를 거부하는 경우에는 다른 일방은 단독으로 신고할 수 있다.

⑵ **중개거래**

　① 거래계약서를 작성 · 교부한 중개 거래인 경우에는 개업공인중개사가 신고를 하여야 한다.

　② 공동중개는 해당 개업공인중개사가 공동으로 서명 또는 날인하여 신고하여야 한다.

4) 신고 계약유형

소유권이전과 관련된 매매계약에 한한다(단, 주택임대차는 일정한 요건에 해당하면 신고 대상이다). 따라서, 교환, 증여, 판결, 상속, 판결, 경매 등은 신고 대상이 아니다.

5) 신고관청

부동산 등(권리의 대상인 부동산)**의 소재지**를 관할하는 시장(구가 설치되지 아니한 시의 시장 및 특별자치시장과 특별자치도 행정시의 시장) · 군수 또는 구청장에게 하여야 한다.

6) 신고할 사항

⑴ 개인과 법인의 공통 신고사항 〈★ 실.조.계 − 당.부.중 − 관리인〉

> 1. **실제** 거래가격
> 2. 계약의 **조건**이나 기한이 있는 경우에는 그 조건 또는 기한
> 3. **계약** 체결일, 중도금 지급일 및 잔금 지급일
> 4. 거래**당사**자의 인적 사항
> 5. 거래대상 **부동산** 등(부동산을 취득할 수 있는 권리의 대상인 부동산)의 소재지 · 지번 · 지목 및 면적
> 6. 거래대상 **부동산** 등의 종류(부동산을 취득할 수 있는 권리의 종류)
> 7. 개업공인**중개사**가 거래계약서를 작성 · 교부한 경우에 인적 사항, 중개사무소의 상호 · 전화번호 및 소재지
> 8. 매수인이 국내에 주소 또는 거소를 두지 않을 경우 − 위탁관리인의 인적 사항

🔴주의 부동산의 권리관계나 공법상 이용제한 거래규제는 신고사항이 아니다.

⑵ **주택**: 지역 · 금액별 기타 신고사항

구분		규제
비규제지역(개인)		실제거래가격 6억 이상 ⇨ 자금조달계획 및 입주계획서 제출
규제지역 (개인)	조정대상지역	모든 주택 ⇨ 자금조달계획 및 입주계획서 제출
	투기과열지구	모든 주택 ⇨ 자금조달계획 및 **금액증명자료 제출**
법인이 매수자인 경우		지역, 금액불문 모든 주택 ⇨ 자금조달계획 및 입주계획서 제출 (※ 단, 투기과열지구 ⇨ **금액증명자료 제출**)

7) 대행신고

(1) **거래당사자의 대행신고**: 거래당사자 또는 법인 또는 매수인의 위임을 받은 사람은 **거래신고, 정정 및 변경신고, 해제등신고, 법인신고서, 자금조달, 입주계획서 등**의 제출을 대행할 수 있다.

(2) **개업공인중개사의 대행신고**

① 개업공인중개사의 위임을 받은 소속공인중개사는 거래계약신고서의 제출을 대행할 수 있다. 소속공인중개사는 신분증명서를 신고관청에 제시한다.

② 중개보조원은 부동산거래계약신고서의 제출을 대행할 수 없다.

8) 전자문서에 의한 신고(부동산거래관리시스템)

전자문서에 의한 신고의 경우에는 신고서의 제출대행이 인정되지 아니한다.

9) 부동산거래계약시스템 신고

부동산거래계약 관련 정보시스템을 통하여 부동산 거래계약이 체결된 때에 부동산거래계약 신고서를 제출한 것으로 본다.

10) 정정신청

: 거래당사자 또는 개업공인중개사는 부동산 거래계약 신고 내용 중 일부 내용이 잘못 기재된 경우에는 정정을 신청할 수 있다. 〈★ 개.대.지 － 당.면 － 종〉

1. **개**업공인중개사의 전화번호·상호 또는 사무소 소재지
2. 거래**대**상 부동산 등(부동산을 취득할 수 있는 권리)의 지목, **대지**권비율
3. 거래 **지분**, 거래**지분 비율**
4. 거래**당**사자의 주소·전화번호 또는 휴대전화
5. 부동산 등(권리)의 **면적**
6. 거래대상 "건축물의 **종류**"

11) 변경신고

: 거래당사자 또는 개업공인중개사는 부동산 거래계약 신고 내용 중 **일부 내용이 변경된 경우**에는 부동산에 관한 등기신청 전에 신고내용의 변경을 신고할 수 있다. 〈★ 공.중.지.면.가.기 － 위탁관리인〉

1. **공동**매수의 경우 일부 매수인의 변경(매수인 중 일부가 제외되는 경우만 해당)
2. 거래대상 부동산 등이 다수(**공동**)인 경우 일부 부동산 등의 변경(다수 부동산 중 일부가 제외되는 경우만)
3. **중도금**·잔금 및 지급일
4. 거래 **지분**
5. 거래**지분** 비율
6. 거래대상 부동산 등의 **면적**
7. 거래**가격**
8. 거래의 조건 또는 **기한**
9. **위탁관리인**의 성명, 주민등록번호, 주소 및 전화번호(휴대전화번호)

12) 주택임대차계약 신고제도

(1) 신고 대상

대상 금액	보증금이 6천만원을 초과 또는 월차임이 30만원을 초과
대상 지역	수도권(서울, 경기도, 인천광역시) 전역 / 광역시(군 포함), 특별자치도, 특별자치시 / 도의 시지역(도지역의 군은 제외)

(2) 신고기간 : 계약의 체결일부터 30일 이내에 관할하는 신고관청에 신고한다.

(3) 신고 방법

① 당사자 공동신고

계약당사자는 "**주택 임대차계약 신고서**"에 공동으로 서명 또는 날인하여 신고관청에 제출해야 한다.

※ 다만, 계약당사자 중 일방이 국가 등인 경우에는 국가 등이 신고한다.

② 단독 신고

㉠ 당사자 중 일방이 신고를 "거부"하면 단독으로 신고할 수 있다.

단독으로 신고하려는 "**임대차신고서**"에 서명 또는 날인한 후 "**주택 임대차계약서와 계약갱신요구권**"을 행사한 경우 이를 확인할 수 있는 서류 등과 "**단독신고 사유서**"를 **첨부**해 신고관청에 제출해야 한다.

㉡ 신고하려는 자는 **신분증명서**를 신고관청에 보여줘야 한다.

(4) 신고 기간

보증금 또는 차임 등을 임대차계약의 **체결일부터 30일 이내에** 주택 소재지를 관할하는 신고관청에 신고하여야 한다.

(5) 임대차 계약의 변경 및 해제 신고

① 계약당사자는 주택 임대차계약의 **보증금, 차임 등 임대차 가격이 변경되거나 해제된 경우**에는 해당 신고관청에 공동으로 신고하여야 한다.

② 다만, 임대차계약 당사자 중 일방이 국가 등인 경우에는 **국가 등**이 신고하여야 한다.

(6) 다른 법률의 의제

> ① 임차인이 **전입신고**를 하는 경우, 이 법에 따른 임대차계약 신고를 한 것으로 본다.
> ② 공공주택사업자 및 임대사업자는 관련 법령에 따라 신고 또는 변경신고 한 경우, 이 법에 따른 신고를 한 것으로 본다.
> ③ "**임대차계약서**"를 **첨부**하여 임대차계약신고, 변경 · 해제 신고의 **접수를 완료한 때**에는 **확정일자**를 부여한 것으로 본다.

13) 신고서 서식 내용

1. 거래대상의 종류가 공급계약(분양) 또는 전매계약(분양권, 입주권)인 경우, 물건별 거래가격 및 총 실제거래가격에 **부가가치세를 포함한 금액을 적고**, 그 외의 거래대상의 경우 부가가치세를 제외한 금액을 적는다.
2. 신고한 계약이 해제, 무효 또는 취소가 된 경우 거래당사자는 해제 등이 확정된 날로부터 30일 이내에 신고를 해야 한다.
3. 거래당사자가 외국인인 경우 거래당사자의 **국적을 반드시** 적어야 한다.
4. **외국인이 부동산 등을 매수하는 경우**: **매수용도란**의 주거용(아파트), 주거용(단독주택), 주거용(그 밖의 주택), 레저용, 상업용, 공장용, 그 밖의 용도 중 하나에 √표시
5. 공급계약은 최초로 부동산을 공급(분양)하는 계약을 말하며, **준공 전과 준공 후** 계약여부에 따라 √표시 - "임대주택 분양전환"은 임대주택사업자(법인으로 한정)가 임대기한이 완료되어 **분양전환하는 주택인 경우에** √표시
6. 전매는 부동산을 취득할 수 있는 권리의 매매로서, **"분양권"** 또는 **"입주권"**에 √**표시**
7. **최초 공급계약 또는 전매계약(분양권, 입주권)의 경우**: 분양가격, 발코니 확장 등 선택비용 및 추가 지불액 등(프리미엄 등 분양가격을 초과 또는 미달하는 금액)을 각각 적는다(단, 각각의 비용에 **부가가치세가 있는 경우 부가가치세를 포함**).
8. **건축물대장상의 건축물 면적**: 집합건축물의 경우 호수별 전용면적, 그 밖의 건축물의 **경우 연면적** 기재
9. 등기사항증명서상의 대지권 비율, 각 거래대상의 토지와 건축물에 대한 거래 지분
10. 거래당사자가 다수인 경우는 **각자의 거래지분 비율** 표시
11. "법인신고서 등"란은 / "법인 주택 거래계약 신고서" / "주택취득자금 조달 및 입주계획서" / 자금증명서류, / 사유서(⑩ 대출 미실행 등) / 및 / 토지취득자금 조달 및 토지이용계획서/를 이 신고서와 함께 제출하는지 또는 별도로 제출하는지를 표시하고, / 그 밖의 경우에는 해당 없음에 표시를 한다.
12. 부동산 매매의 경우 "종류"에는 토지, 건축물 또는 토지 및 건축물 여부 표시
13. "건축물" 또는 "토지 및 건축물"인 경우에는 아파트, 연립 등 용도별 건축물의 종류
14. 물건별 거래가격란에는 **각각의 부동산별 거래가격**을 적는다.
15. **총 실제 거래가격란**: **전체 거래가격**(둘 이상의 부동산합계 금액)을 적고, 계약금·중도금·잔금 및 그 지급일을 적는다.
16. **종전 부동산란**: **입주권 매매의 경우에만 적고**, 거래금액란에는 추가지불액 및 권리가격, 합계 금액, 계약금, 중도금, 잔금을 적는다.
17. **계약의 조건 및 참고사항란**: 부동산 거래계약 내용에 **계약조건이나 기한을 붙인 경우**, 거래와 관련한 참고내용이 있는 경우

제1장 | **엄선 기출문제**(제15회 ~ 제35회)

01 부동산 거래신고 등에 관한 법령상 부동산거래 신고에 관한 설명으로 옳은 것은?

제25회

① 부동산거래의 신고를 하려는 개업공인중개사는 부동산거래계약 신고서에 서명 또는 날인을 하여 거래대상 부동산 소재지 관할 신고관청에 제출해야 한다.

② 개업공인중개사가 공동으로 중개하는 경우, 부동산 거래신고는 공동으로 중개한 개업공인중개사 중 어느 1인의 명의로 해도 된다.

③ 중개대상물의 범위에 속하는 물건의 매매계약을 체결한 때에는 모두 부동산 거래 신고를 해야 한다.

④ 부동산거래계약 신고서의 방문 제출은 당해 거래계약을 중개한 개업공인중개사의 위임을 받은 소속공인중개사가 대행할 수 없다.

⑤ 외국인이 대한민국 안의 토지를 취득하는 계약을 체결하였을 때, 부동산 거래신고를 한 경우에도 「외국인 등 특례법」에 따른 토지취득신고를 해야 한다.

해설

② 공동으로 신고 ③ 토지, 건축물(권리 포함)이므로 모두(×) ④ 대행 가능 ⑤ 「외국인 등 특례법」에 따른 토지취득신고(×)

02 부동산 거래신고 등에 관한 법령상 부동산 거래신고의 대상이 되는 계약을 모두 고른 것은?

제28회

> ㉠ 「건축물의 분양에 관한 법률」에 따른 부동산에 대한 공급계약
> ㉡ 「도시개발법」에 따른 부동산에 대한 공급계약
> ㉢ 「주택법」에 따른 부동산에 대한 공급계약을 통하여 부동산을 공급받는 자로 선정된 지위의 매매계약
> ㉣ 「도시 및 주거환경정비법」에 따른 관리처분계획의 인가로 취득한 입주자로 선정된 지위의 매매계약

① ㉠, ㉡
② ㉢, ㉣
③ ㉠, ㉡, ㉢
④ ㉡, ㉢, ㉣
⑤ ㉠, ㉡, ㉢, ㉣

정답 ▶ 01 ① 02 ⑤

03 부동산 거래신고 등에 관한 법령상 신고대상인 부동산거래계약의 신고에 관한 설명으로 틀린 것은? 제28회

① 사인 간의 거래를 중개한 개업공인중개사가 거래계약서를 작성·교부한 경우, 해당 개업공인중개사가 거래신고를 해야 한다.

② 부동산의 매수인은 신고인이 부동산거래계약 신고필증을 발급받은 때에 「부동산 등기 특별조치법」에 따른 검인을 받은 것으로 본다.

③ 개업공인중개사의 위임을 받은 소속공인중개사가 부동산거래계약 신고서의 제출을 대행하는 경우, 소속공인중개사는 신분증명서를 신고관청에 보여주어야 한다.

④ 거래당사자 중 일방이 국가인 경우, 국가가 부동산 거래계약의 신고를 해야 한다.

⑤ 신고관청은 거래대금 지급을 증명할 수 있는 자료를 제출하지 아니한 사실을 자진 신고한 자에 대하여 과태료를 감경 또는 면제할 수 있다.

해설

거래대금 지급을 증명할 수 있는 자료(대금 증명 외의 자료 포함), 가장매매신고, 가장해제신고 감경 또는 면제(×)

04 부동산 거래신고 등에 관한 법령상 부동산 거래신고에 관한 설명으로 옳은 것은? (다툼이 있으면 판례에 따름) 제30회

① 개업공인중개사가 거래계약서를 작성·교부한 경우 거래당사자는 60일 이내에 부동산 거래신고를 하여야 한다.

② 소속공인중개사 및 중개보조원은 부동산 거래신고를 할 수 있다.

③ 「지방공기업법」에 따른 지방공사와 개인이 매매계약을 체결한 경우 양 당사자는 공동으로 신고하여야 한다.

④ 거래대상 부동산의 공법상 거래규제 및 이용제한에 관한 사항은 부동산거래계약 신고서의 기재사항이다.

⑤ 매매대상 토지 중 공장부지로 편입되지 아니할 부분의 토지를 매도인에게 원가로 반환한다는 조건을 당사자가 약정한 경우 그 사항은 신고사항이다.

해설

① 30일 ② 중개보조원(×) ③ 국가 등이 신고 ④ 기재사항이 아니다.

05 부동산 거래신고 등에 관한 법령상 부동산거래신고에 관한 설명으로 틀린 것은? 제35회

① 거래당사자 또는 개업공인중개사는 부동산 거래계약 신고 내용 중 거래 지분 비율이 잘못 기재된 경우 신고관청에 신고 내용의 정정을 신청할 수 있다.

② 자연인 甲이 단독으로 「주택법」상 투기과열지구 외에 소재하는 주택을 실제 거래가격 6억원으로 매수한 경우 입주 예정 시기 등 그 주택의 이용계획은 신고사항이다.

③ 법인이 주택의 매수자로서 거래계약을 체결한 경우 임대 등 그 주택의 이용계획은 신고사항이다.

④ 부동산의 매수인은 신고인이 부동산거래계약 신고필증을 발급받은 때에 「부동산 등기 특별조치법」에 따른 검인을 받은 것으로 본다.

⑤ 개업공인중개사가 신고한 후 해당 거래계약이 해제된 경우 그 계약을 해제한 거래당사자는 해제가 확정된 날부터 30일 이내에 해당 신고관청에 단독으로 신고하여야 한다.

> **해설**
>
> 신고한 후 거래계약이 해제, 무효 또는 취소된 경우 해제 등이 확정된 날부터 30일 이내에 해당 신고관청에 공동으로 신고하여야 한다. 다만, 거래당사자 중 일방이 신고를 거부하는 경우에는 단독으로 신고할 수 있다. 주의할 점은 개업공인중개사는 신고의무가 없고 재량사항이다.

06 甲이 「건축법 시행령」에 따른 단독주택을 매수하는 계약을 체결하였을 때, 부동산 거래신고 등에 관한 법령에 따라 甲 본인이 그 주택에 입주할지 여부를 신고해야 하는 경우를 모두 고른 것은? (甲, 乙, 丙, 丁은 자연인이다) 제32회 수정

> ㉠ 甲이 「주택법」상 투기과열지구에 소재하는 乙 소유의 주택을 실제 거래가격 3억원으로 매수하는 경우
> ㉡ 甲이 「주택법」상 '투기과열지구 또는 조정대상지역' 외의 장소에 소재하는 丙 소유의 주택을 실제 거래가격 5억원으로 매수하는 경우
> ㉢ 甲이 「주택법」상 투기과열지구에 소재하는 丁 소유의 주택을 실제 거래가격 10억원으로 매수하는 경우

① ㉠   ② ㉡   ③ ㉠, ㉡
④ ㉠, ㉢   ⑤ ㉡, ㉢

> **해설**
>
> ㉠㉢의 규제지역은 금액을 불문하고 자금조달 및 입주계획서를 제출
> ㉡의 비규제지역은 실제거래가격이 6억 이상일 때 제출한다.

07 부동산 거래신고 등에 관한 법령상 부동산 매매계약의 거래신고에 관한 설명으로 틀린 것은? (단, 거래당사자는 모두 자연인이고, 공동중개는 고려하지 않음) 제34회

① 신고할 때는 실제 거래가격을 신고해야 한다.

② 거래당사자 간 직접거래의 경우 매도인이 거래신고를 거부하면 매수인이 단독으로 신고할 수 있다.

③ 거래신고 후에 매도인이 매매계약을 취소하면 매도인이 단독으로 취소를 신고해야 한다.

④ 개업공인중개사가 매매계약의 거래계약서를 작성 · 교부한 경우에는 그 개업공인중개사가 신고를 해야 한다.

⑤ 개업공인중개사가 매매계약을 신고한 경우에 그 매매계약이 해제되면 그 개업공인중개사가 해제를 신고할 수 있다.

해설

거래계약이 해제, 무효 또는 취소된 경우 해제 등이 **확정된 날부터 30일 이내**에 해당 신고관청에 **공동으로 신고하여야** 한다. 다만, 거래당사자 중 일방이 신고를 거부하는 경우에는 **단독으로 신고**할 수 있다.

08 부동산 거래신고 등에 관한 법령상 부동산거래계약 신고내용의 정정신청사항이 아닌 것은? 제30회

① 거래대상 건축물의 종류 ② 개업공인중개사의 성명 · 주소

③ 거래대상 부동산의 면적 ④ 거래 지분 비율

⑤ 거래당사자의 전화번호

해설

개업공인중개사의 성명 · 주소, 소재지 등은 불가

09 부동산 거래신고 등에 관한 법령상 부동산 거래계약의 변경신고사항이 아닌 것은? 제35회

① 거래가격 ② 공동매수의 경우 매수인의 추가

③ 거래 지분 비율 ④ 거래대상 부동산의 면적

⑤ 거래 지분

해설

공동매수의 경우 일부 매수인의 변경, 즉 매수인 중 일부가 제외되는 경우만 해당한다. 따라서, 공동매수의 경우 매수인의 추가 또는 교체의 경우는 변경신고가 불가하다.

10 부동산 거래신고 등에 관한 법령상 부동산거래계약신고서 작성방법으로 틀린 것은?

제29회 수정

① 거래당사자가 외국인인 경우 거래당사자의 국적을 반드시 기재해야 한다.

② 거래당사자 간 직접거래의 경우 공동으로 신고서에 서명 또는 날인을 하여 공동으로 신고서를 제출해야 한다.

③ 거래대상의 종류가 공급계약(분양) 또는 전매계약(분양권, 입주권)인 경우, ⑧ 물건별 거래가격 및 ⑨ 총 실제거래가격에 부가가치세를 포함한 금액을 적는다.

④ "임대주택 분양전환"은 법인인 임대주택사업자가 임대기한이 완료되어 분양전환하는 주택인 경우에 √표시를 한다.

⑤ 계약대상 면적에는 실제 거래면적을 계산하여 적되, 건축물 면적은 집합건축물의 경우 전용면적을 적는다.

해설

일방이 제출한다.

11 부동산 거래신고 등에 관한 법령상 부동산거래계약 신고서의 작성·제출에 관한 설명으로 틀린 것은?

제23회 수정

① 실제거래가격이 6억 이상인 주택, 투기과열지구 또는 조정대상지역에 소재하는 주택을 매수한 경우에는 자금조달계획서 및 입주계획서를 제출하여야 한다.

② 권리이전의 내용은 부동산 거래계약 신고서의 기재사항이다.

③ 계약대상 면적에는 실제 거래면적을 계산하여 적되, 건축물 면적은 집합건축물의 경우 전용면적을 기재한다.

④ 물건 거래금액란에는 2 이상의 부동산을 함께 거래하는 경우 각각의 부동산별 거래금액을 적는다.

⑤ 부동산 거래계약 신고서의 제출(전자문서에 의한 신고제외)은 당해 거래계약을 중개한 개업공인중개사의 위임을 받은 소속공인중개사가 대행할 수 있다.

해설

"부동산 거래계약 신고서"의 기재사항이 아니다. 참고로, 거래계약서에 기재사항이다.

12 부동산 거래신고 등에 관한 법령상 부동산거래계약 신고서 작성에 관한 설명으로 틀린 것은? 제33회

① 거래당사자가 외국인인 경우 거래당사자의 국적을 반드시 적어야 한다.
② '계약대상 면적'란에는 실제 거래면적을 계산하여 적되, 건축물 면적은 집합건축물의 경우 전용면적을 적는다.
③ '종전 부동산'란은 입주권 매매의 경우에만 작성한다.
④ '계약의 조건 및 참고사항'란은 부동산 거래계약 내용에 계약조건이나 기한을 붙인 경우, 거래와 관련한 참고내용이 있을 경우에 적는다.
⑤ 거래대상의 종류가 공급계약(분양)인 경우 물건별 거래가격 및 총 실제거래가격에 부가가치세를 제외한 금액을 적는다.

해설
부가가치세를 포함한 금액을 적는다.

13 甲이 서울특별시에 있는 자기 소유의 주택에 대해 임차인 乙과 보증금 3억원의 임대차계약을 체결하는 경우, 「부동산 거래신고 등에 관한 법률」에 따른 신고에 관한 설명으로 옳은 것을 모두 고른 것은? (단, 甲과 乙은 자연인임) 제34회

> ㉠ 보증금이 증액되면 乙이 단독으로 신고해야 한다.
> ㉡ 乙이 「주민등록법」에 따라 전입신고를 하는 경우 주택 임대차 계약의 신고를 한 것으로 본다.
> ㉢ 임대차계약서를 제출하면서 신고를 하고 접수가 완료되면 「주택임대차보호법」에 따른 확정일자가 부여된 것으로 본다.

① ㉠   ② ㉡   ③ ㉠, ㉡
④ ㉡, ㉢   ⑤ ㉠, ㉡, ㉢

해설
㉠ 계약당사자는 주택 임대차계약의 보증금, 차임 등 임대차 가격이 변경되거나 해제된 경우에는 해당 신고관청에 공동으로 신고하여야 한다. 다만, 임대차계약 당사자 중 일방이 국가 등인 경우에는 국가 등이 신고하여야 한다.

14 개업공인중개사 甲이 A도 B시 소재의 X주택에 관한 乙과 丙 간의 임대차계약 체결을 중개하면서 「부동산 거래신고 등에 관한 법률」에 따른 주택임대차계약의 신고에 관하여 설명한 내용의 일부이다. ( )에 들어갈 숫자를 바르게 나열한 것은? (X주택은 「주택임대차보호법」의 적용대상이며, 乙과 丙은 자연인이다) 제32회

> 보증금이 (㉠)천만원을 초과하거나 월 차임이 (㉡)만원을 초과하는 주택임대차계약을 신규로 체결한 계약당사자는 그 보증금 또는 차임 등을 임대차계약의 체결일부터 (㉢)일 이내에 주택 소재지를 관할하는 신고관청에 공동으로 신고해야 한다.

① ㉠: 3, ㉡: 30, ㉢: 60
② ㉠: 3, ㉡: 50, ㉢: 30
③ ㉠: 6, ㉡: 30, ㉢: 30
④ ㉠: 6, ㉡: 30, ㉢: 60
⑤ ㉠: 6, ㉡: 50, ㉢: 60

15 부동산 거래신고 등에 관한 법령상 주택 임대차계약의 신고에 관한 설명으로 옳은 것은? (단, 다른 법률에 따른 신고의 의제는 고려하지 않음) 제35회

① A특별자치시 소재 주택으로서 보증금이 6천만원이고 월 차임이 30만원으로 임대차계약을 신규 체결한 경우 신고 대상이다.

② B소재 주택으로서 보증금이 5천만원이고 월 차임이 40만원으로 임대차계약을 신규 체결한 경우 신고 대상이 아니다.

③ 자연인 甲과 「지방공기업법」에 따른 지방공사 乙이 신고 대상인 주택 임대차계약을 체결한 경우 甲과 乙은 관할 신고관청에 공동으로 신고하여야 한다.

④ C광역시 D군 소재 주택으로서 보증금이 1억원이고 월 차임이 100만원으로 신고된 임대차계약에서 보증금 및 차임의 증감 없이 임대차 기간만 연장하는 갱신계약은 신고 대상이 아니다.

⑤ 개업공인중개사가 신고 대상인 주택 임대차계약을 중개한 경우 해당 개업공인중개사가 신고하여야 한다.

해설

④와 ①은 보증금이 6천만원을 초과하거나 월 차임이 30만원을 초과하는 주택 임대차 계약(계약을 갱신하는 경우로서 보증금 및 차임의 증감 없이 임대차 기간만 연장하는 계약은 제외한다)을 말한다.
② 보증금 또는 차임 둘 중에 하나만 해당되어도 신고하여야 한다.
③ 임대차계약당사자 중 일방이 국가 등인 경우에는 국가 등인 乙이 신고하여야 한다.
⑤ 임대차계약당사자는 임대차 계약의 체결일부터 30일 이내에 주택 소재지를 관할하는 신고관청에 공동으로 신고하여야 한다. 따라서 개업공인중개사는 신고의무가 없다.

정답 ▶ 12 ⑤ 13 ④ 14 ③ 15 ④

Chapter 02 외국인 등의 부동산 취득 등에 관한 특례

<< key 포인트! >>

1) 총설

소유권 취득시만 적용되고, 양도·처분시에는 적용 안 됨. ※ **지상권, 저당권 등은 적용** ×

2) 용어: "외국인 등"이란 다음에 해당하는 개인·법인 또는 단체를 말한다.

① 대한민국의 국적을 보유하고 있지 아니한 개인
② **외국의 법령**에 따라 설립된 법인 또는 단체
③ 사원 또는 구성원의 **2분의 1 이상**이 대한민국의 국적이 아닌 법인 또는 단체
④ 사원이나 이사 등 **임원의 2분의 1 이상**이 대한민국의 국적이 아닌 법인 또는 단체
⑤ 대한민국의 국적이 아닌 사람이나 외국의 법령에 따라 설립된 법인 또는 단체가 **자본금의 2분의 1 이상이나 의결권의 2분의 1 이상**을 가지고 있는 법인 또는 단체
⑥ 외국 정부. **국제기구**(국제연합과 그 산하기구·전문기구·정부 간 기구·준정부 간 기구·비정부 간·국제기구)

3) 신고 또는 허가

(1) 사후신고

구분		신고기간	위반에 대한 제재
사후신고	계약	• 계약 체결일부터 60일 이내(예 교환, 교환계약) 【주의】 매매는 실거래신고함.	신고 ×, 거짓신고 − 300만원 이하의 과태료
	계약 외	• 취득한 날로부터 6개월 이내(상속 − 상속개시일, 경매 − 매각대금완납, 판결 − 판결확정, 환매권 − 소유권이전 등기시, 합병 − 합병등기) • 건축물의 신축·증축·개축·재축	신고 ×, 거짓신고 − 100만원 이하의 과태료 (시·군·구청장 부과·징수)
	계속보유	외국인으로 변경된 날로부터 6개월 이내	100만원 이하의 과태료
허가(사전)		허가 없이 취득: 무효 15일 이내 허가 여부 통보	2년 이하의 징역 또는 2,000만원 이하의 벌금

(2) 사전 허가 지역 〈★ 군.문 - 자.자 - 야!!〉

① 「**군사**기지 및 시설보호법」상 군사시설보호구역, 기타 대통령령으로 정하는 지역
② 「**문화**유산의 보존 및 활용에 관한 법률」: 지정문화재와 이를 위한 보호물 또는 보호구역
③ 「**자연**환경보전법」: 생태계 · 경관보전지역
④ 「**자연**유산의 보존 및 활용에 관한 법률」: 천연기념물 · 명승 및 시 · 도자연유산과 이를 위한 보호물 또는 보호구역
⑤ 「**야생** 생물보호 및 관리에 관한 법률」: 야생생물특별보호구역

4) 신고관청 제출 의무: 매 분기 종료일부터 **1개월 이내**에 특별시장 · 광역시장 · 도지사 또는 특별자치도지사에게 제출(전자문서 포함)하여야 한다. 다만, **특별자치시장**은 직접 국토교통부장관에게 제출하여야 한다.

5) 시 · 도지사 제출 의무: 신고내용을 제출받은 특별시장 · 광역시장 · 도지사 또는 특별자치도지사는 **제출받은 날부터 1개월 이내**에 그 내용을 국토교통부장관에게 제출하여야 한다.

01 공인중개사인 개업공인중개사가 국내에서 토지를 취득하고자 하는 외국인 등에게 한 설명으로 틀린 것은? 제22회 수정

① 외국의 법령에 따라 설립된 법인 또는 단체도 「외국인 등 특례법」상의 외국인에 속한다.

② 외국인 등이 대한민국 안의 토지를 취득하는 계약을 체결한 경우에는 원칙적으로 계약체결일부터 60일 이내에 토지소재지를 관할하는 시장·군수·구청장에게 신고해야 한다.

③ 「외국인 등 특례법」에 따라 토지를 취득하는 계약을 체결한 후에 신고를 하지 아니하거나 거짓으로 신고한 자는 2년 이하의 징역 또는 2천만원 이하의 벌금에 처한다.

④ 외국인 등이 「문화유산보호법」에 따른 지정문화재와 이를 위한 보호물 또는 보호구역에 있는 토지를 취득하고자 하는 경우에는 원칙적으로 토지소재지를 관할하는 시장·군수·구청장으로부터 토지취득 허가를 받아야 한다.

⑤ 부동산 거래신고에 법률에 따라 부동산 거래신고를 한 경우에는 「외국인 등 특례법」에 따른 신고의무는 없다.

해설
300만원 이하의 과태료

02 개업공인중개사가 대한민국 내의 부동산 등을 취득하고자 하는 외국인에게 한 설명으로 옳은 것은? 제23회 수정

① 대한민국 안의 토지를 가지고 있는 대한민국 국민이 외국인으로 변경된 경우 그 외국인이 해당 토지를 계속 보유하려는 경우에는 외국인으로 변경된 날부터 3개월 이내에 국토교통부장관에게 신고해야 한다.

② 국토교통부장관은 토지의 취득신고를 하지 않은 외국인 등에게 과태료를 부과·징수한다.

③ 외국인 등이 경매로 대한민국 안의 부동산 등을 취득한 때에는 취득한 날부터 6개월 이내에 시장·군수 또는 구청장에게 신고해야 한다.

④ 부동산 거래신고에 관한 법률에 따라 부동산 거래신고를 한 경우에도 「외국인 등 특례법」에 따라 별도의 신고를 해야 한다.

⑤ 시장·군수 또는 구청장은 토지취득신고 등의 내용을 국토교통부장관에게 직접 통보해야 한다.

해설
① 6개월 ② 시장·군수·구청장 ④ 별도 신고(×) ⑤ **매 분기 종료일부터 1개월 이내에 시·도지사에게 제출**(전자문서에 의한 제출을 포함)**하여야 한다.**

2025 최상준 기출문제 2차 공인중개사법·중개실무

03 부동산 거래신고에 관한 법령상 "외국인 등의 부동산 등 취득 특례법"에 관한 설명으로 옳은 것은? (다툼이 있으면 판례에 따름) 제26회

① 「외국인 등 특례법」은 대한민국영토에서 외국인 등의 상속·경매 등 계약 외의 원인에 의한 취득의 경우에는 적용되지 않는다.

② 외국인이 부동산거래의 신고를 한 경우에도 「외국인 등 특례법」에 따른 취득의 신고를 해야 한다.

③ 외국인 등이 대한민국에 소재하는 부동산에 대한 저당권을 취득하는 경우에는 「외국인 등 특례법」이 적용될 여지가 없다.

④ 외국의 법령에 따라 설립된 법인이라도 구성원의 2분의 1이 대한민국 국민인 경우 「외국인 등 특례법」에 따른 "외국인 등"에 해당하지 아니한다.

⑤ 전원이 외국인으로 구성된 비법인사단은 「외국인 등 특례법」에 따른 "외국인 등"에 해당하지 아니한다.

해설

① 적용된다. ② 별도 신고(×) ④ 해당한다. ⑤ 해당한다.

04 부동산 거래신고 등에 관한 법령상 외국인 등의 부동산 취득 등에 관한 특례에 대한 설명으로 옳은 것은? (단, 헌법과 법률에 따라 체결된 조약의 이행에 필요한 경우는 고려하지 않음) 제30회

① 국제연합의 전문기구가 경매로 대한민국 안의 부동산 등을 취득한 때에는 부동산 등을 취득한 날부터 3개월 이내에 신고관청에 신고하여야 한다.

② 외국인 등이 부동산 임대차계약을 체결하는 경우 계약체결일로부터 6개월 이내에 신고관청에 신고하여야 한다.

③ 특별자치시장은 외국인 등이 신고한 부동산 등의 취득·계속보유 신고내용을 매분기 종료일부터 1개월 이내에 직접 국토교통부장관에게 제출하여야 한다.

④ 외국인 등의 토지거래 허가신청서를 받은 신고관청은 신청서를 받은 날부터 30일 이내에 허가 또는 불허가 처분을 하여야 한다.

⑤ 외국인 등이 법원의 확정판결로 대한민국 안의 부동산 등을 취득한 때에는 신고하지 않아도 된다.

해설

① 6개월 ② 임대차, 전세권 등 신고(×) ④ 15일 ⑤ 6개월

정답 01 ③ 02 ③ 03 ③ 04 ③

05 부동산 거래신고 등에 관한 법령상 외국인 등의 부동산 취득 등에 관한 설명으로 옳은 것을 모두 고른 것은? 제31회

> ○ 국제연합도 외국인 등에 포함된다.
> ○ 외국인 등이 대한민국 안의 부동산(토지, 건축물)에 대한 매매계약을 체결하였을 때에는 계약체결일부터 60일 이내에 신고관청에 신고하여야 한다.
> ○ 외국인이 상속으로 대한민국 안의 부동산을 취득한 때에는 부동산을 취득한 날부터 1년 이내에 신고관청에 신고하여야 한다.
> ○ 외국인이 「수도법」에 따른 상수원보호구역에 있는 토지를 취득하려는 경우 토지취득계약을 체결하기 전에 신고관청으로부터 토지취득의 허가를 받아야 한다.

① ○   ② ○, ○   ③ ○, ○
④ ○, ○, ○   ⑤ ○, ○, ○, ○

해설
○ 30일 ○ 6개월 ○ 매매계약일부터 30일 이내 신고

06 부동산 거래신고 등에 관한 법령상 외국인 등의 부동산 취득에 관한 설명으로 옳은 것을 모두 고른 것은? (단, 법 제7조에 따른 상호주의는 고려하지 않음) 제32회

> ○ 대한민국의 국적을 보유하고 있지 않은 개인이나 이사 등 임원이 2분의 1 이상인 법인은 외국인 등에 해당한다.
> ○ 외국인 등이 건축물의 개축을 원인으로 대한민국 안의 부동산을 취득한 때에도 부동산 취득신고를 해야 한다.
> ○ 「군사기지 및 군사시설 보호법」에 따른 군사기지 및 군사시설 보호구역 안의 토지는 외국인 등이 취득할 수 없다.
> ○ 외국인 등이 허가 없이 「자연환경보전법」에 따른 생태·경관보전지역 안의 토지를 취득하는 계약을 체결한 경우 그 계약은 효력이 발생하지 않는다.

① ○, ○   ② ○, ○   ③ ○, ○, ○
④ ○, ○, ○   ⑤ ○, ○, ○, ○

해설
○ 허가받아 취득할 수 있다.

07 부동산 거래신고 등에 관한 법령상 외국인 등의 대한민국 안의 부동산(이하 "국내 부동산"이라 함) 취득에 관한 설명으로 **틀린** 것은? (단, 상호주의에 따른 제한은 고려하지 않음) 제35회

① 정부 간 기구는 외국인 등에 포함된다.

② 외국의 법령에 따라 설립된 법인이 건축물의 신축으로 국내 부동산을 취득한 때에는 부동산을 취득한 날부터 60일 이내에 신고관청에 취득신고를 하여야 한다.

③ 외국인이 국내 부동산을 취득하는 교환계약을 체결하였을 때에는 계약체결일부터 60일 이내에 신고관청에 취득신고를 하여야 한다.

④ 외국인이 국내 부동산을 매수하기 위하여 체결한 매매계약은 부동산 거래신고의 대상이다.

⑤ 국내 부동산을 가지고 있는 대한민국국민이 외국인으로 변경된 경우 그 외국인이 해당 부동산을 계속보유하려는 때에는 외국인으로 변경된 날부터 6개월 이내에 신고관청에 계속보유신고를 하여야 한다.

> **해설**
> 부동산을 취득한 날부터 6개월 이내에 신고관청에 취득신고를 하여야 한다.

Chapter 03 토지거래허가제

<< key 포인트! >>

1) 지정권자

① 2 이상의 시·도: 국토교통부장관이 지정
② 동일한 시·도: 시·도지사가 지정
※ 예외: **국가가 시행하는 개발사업** 등은 **국토교통부장관**이 지정할 수 있다.

2) 지정절차

① 허가구역으로 지정
　㉠ 중앙(시·도)도시계획위원회의 심의를 거쳐야 한다.
　㉡ 재지정하고자 하는 때에는 **심의 전에** 시·도지사(국토교통부장관이 지정하는 경우만) 및 시장·군수·구청장의 의견을 들어야 한다.
② 허가구역으로 지정·해제·축소한 때에는 이를 공고하고,
　㉠ 국토교통부장관은 시·도지사를 거쳐 시장·군수 또는 구청장에게 통지하고,
　㉡ 시·도지사는 국토교통부장관, 시장·군수 또는 구청장에게 통지하여야 한다.
③ 시장·군수·구청장은 관할 **등기소의 장**에게 통지하여야 하며,
　㉠ **7일 이상** 공고하고, ㉡ **15일간 일반이 열람**할 수 있도록 하여야 한다.

3) 허가 대상

허가대상	소유권(매매, 교환)과 지상권의 설정, 이전계약 − 유상계약(예약), 소유권 및 지상권청구권보전 가등기, 담보가등기, 비업무용 부동산 공매, 판결 등
허가(×)	건물, 전세권, 지역권, 저당권, 증여, 상속, 경매, 압류용 공매, 비업무용 부동산 공매 3회 유찰시 등

4) 허가기준 면적 : 다음의 기준면적 이하의 토지는 허가가 필요 없다.

도시지역	① 주거지역 : 60 m² 이하, ② 상업지역 : 150 m² 이하, ③ 공업지역 : 150 m² 이하, ④ 녹지지역 : 200 m² 이하, ⑤ 용도지역의 미지정 : 60 m² 이하	※ 특례 : **국토교통부장관 또는 시 · 도지사**가 기준면적(**10% 이상~300% 이하**)의 범위 안에서 따로 정할 수 있다.
도시 외 지역	기타 250 m² 이하, 농지 500 m² 이하, 임야 1,000 m² 이하	

5) 기준면적 산정

① 계약체결 후 1년 이내에 일단의 토지이용을 위해 일부계약 : **전체**에 대한 거래로 본다.
② 허가구역의 지정 후 분할된 토지 : **분할** 후 **최초**의 거래에 한하여 허가의 대상이 된다.
③ 허가구역의 지정 후 공유지분으로 거래 : **최초**거래에 한하여 허가의 대상이 된다.

6) 토지이용 의무기간

5년 범위 내에서 대통령령이 정하는 기간 동안 허가받은 목적대로 이용하여야 한다.

목적	의무이용기간
대체토지, 농업 등(어 · 축산 · 임업)	2년
복지 · 편익시설, 주택용지	〈★ 대.농.복.주〉
사업 시행(단, 분양목적 및 진행 ×)	4년
현상보존, 임대사업, 기타	5년

7) 위반행위 조치

① 효력 : 토지거래계약을 허가 없이 체결한 때에는 그 효력은 무효이다.
② 허가를 받지 않고 토지거래계약을 체결하거나, 부정한 방법으로 허가를 받은 자는 2년 이하의 **징역** 또는 **토지가격의 30%**에 해당하는 금액의 **벌금**에 처한다.
③ 취소, 처분, 조치명령 위반 : 1년 이하의 징역 또는 1천만원 이하의 벌금에 처한다.
④ 토지이용에 대한 이행명령 기간 내에 불이행 : **토지 취득가액의 100분의 10의 범위**에서 일정한 금액의 **이행강제금**을 부과한다.

8) 이행강제금

① 시·군·구청장은 이용 의무기간이 **지난 후에는** 이행강제금을 부과할 수 없다.

② 시·군·구청장은 **최초의 이행명령이 있었던 날을 기준으로 1년에 한 번씩** 그 이행명령이 이행될 때까지 반복하여 이행강제금을 부과·징수할 수 있다.

③ 시·군·구청장은 토지 **취득가액의 10%의 범위 내** 이행강제금을 부과한다.

> • **방치한 경우** : 토지 취득가액의 100분의 10에 상당하는 금액
> • **임대한 경우** : 토지 취득가액의 100분의 7에 상당하는 금액

④ 이행강제금의 부과처분에 불복하는 자는 시·군·구청장에게 **30일 이내**에 이의를 제기하여야 한다.

9) 이의신청

처분에 이의가 있는 자는 그 처분을 받은 날부터 **1개월 이내**에 시·군·구청장에게 이의를 신청할 수 있다.

10) 매수청구

> ① 허가신청에 대하여 **불허가처분을 받은 자는** 그 통지를 받은 날부터 **1개월 이내**에 시·군·구청장에게 **매수를 청구**할 수 있다.
> ② 시·군·구청장은 국가·지방자치단체, 공공단체 중에서 매수하게 하여야 한다.
> ③ 공시지가를 기준으로 한다. 단, 신청서에 **적힌 가격**이 **낮은** 경우는 **적힌 가격**으로 한다.

11) 선매제도

① 시·군·구청장은 허가신청이 있는 날부터 **1개월 이내**에 선매자의 지정 및 통지

② 선매자는 지정통지일부터 **15일 이내에 선매협의**를 하여야 하며, **지정통지**를 받은 날부터 **1개월 이내**에 선매협의를 끝내야 한다.

③ **감정가격을 기준으로 한다.** 단, 신청서에 **적힌 가격**이 낮은 경우 **적힌 가격**으로 매수

④ **선매협의 불성립** : **지체 없이** 허가 또는 불허가 여부를 결정하여 통보하여야 한다.

제3장 엄선 기출문제(제15회 ~ 제35회)

01 부동산 거래신고 등에 관한 법령상 토지거래허가구역에 관한 설명으로 옳은 것은?

제31회

① 국토교통부장관은 토지의 투기적인 거래가 성행하는 지역에 대해서는 7년의 기간을 정하여 토지거래계약에 관한 허가구역을 지정할 수 있다.
② 시 · 도지사가 토지거래허가구역을 지정하려면 시 · 도도시계획위원회의 심의를 거쳐 인접 시 · 도지사의 의견을 들어야 한다.
③ 시 · 도지사가 토지거래허가구역을 지정한 때에는 이를 공고하고 그 공고내용을 국토교통부장관, 시장 · 군수 또는 구청장에게 통지하여야 한다.
④ 허가구역의 지정은 허가구역의 지정을 공고한 날부터 3일 후에 효력이 발생한다.
⑤ 「국토의 계획 및 이용에 관한 법률」에 따른 도시지역 중 주거지역의 경우 600m² 이하의 토지에 대해서는 토지거래계약허가가 면제된다.

해설

① 5년 ② 의견(×) ④ 5일 ⑤ 60m²

02 부동산 거래신고 등에 관한 법령상 토지거래허가구역(이하 '허가구역'이라 함)에 관한 설명으로 옳은 것은?

제32회 수정

① 시 · 도지사는 법령의 개정으로 인해 토지이용에 대한 행위제한이 강화되는 지역을 허가구역으로 지정할 수 있다.
② 토지의 투기적인 거래 성행으로 지가가 급격히 상승하는 등의 특별한 사유가 있으면 5년을 넘는 기간으로 허가구역을 지정할 수 있다.
③ 허가구역 지정의 공고에는 허가구역에 대한 축척 5만분의 1 또는 2만 5천분의 1의 지형도가 포함되어야 한다.
④ 허가구역을 지정한 시 · 도지사는 지체 없이 허가구역지정에 관한 공고내용을 관할 등기소의 장에게 통지해야 한다.
⑤ 허가구역 지정에 이의가 있는 자는 그 지정이 공고된 날부터 1개월 내에 시장 · 군수 · 구청장에게 이의를 신청할 수 있다.

해설

① 완화 ② 5년 이내 ④ 시 · 군 · 구청장 ⑤ 이의신청(×)

정답 ▶ 01 ③   02 ③

03 부동산 거래신고 등에 관한 법령상 토지거래허가에 관한 내용으로 옳은 것은? 제32회

① 토지거래허가구역의 지정은 그 지정을 공고한 날부터 3일 후에 효력이 발생한다.

② 토지거래허가구역의 지정 당시 국토교통부장관 또는 시·도지사가 따로 정하여 공고하지 않은 경우, 「국토의 계획 및 이용에 관한 법률」에 다른 도시지역 중 녹지지역 안의 180m² 면적의 토지거래계약에 관하여는 허가를 받아야 한다.

③ 토지거래계약을 허가받은 자는 대통령령으로 정하는 사유가 있는 경우 외에는 토지 취득일부터 10년간 그 토지를 허가받은 목적대로 이용해야 한다.

④ 허가받은 목적대로 토지를 이용하지 않았음을 이유로 이행강제금 부과처분을 받은 자가 시장·군수·구청장에게 이의를 제기하려면 그 처분을 고지받은 날부터 60일 이내에 해야 한다.

⑤ 토지거래허가신청에 대해 불허가처분을 받은 자는 그 통지를 받은 날부터 1개월 이내에 시장·군수·구청장에게 해당 토지에 관한 권리의 매수를 청구할 수 있다.

> **해설**
>
> ① 5일 ② 허가가 필요 없다. ③ 5년 범위 내 ④ 30일

04 부동산 거래신고 등에 관한 법령상 토지거래허가구역(이하 "허가구역"이라 함)의 지정에 관한 설명으로 옳은 것은? 제35회

① 허가구역이 둘 이상의 시·도의 관할구역에 걸쳐 있는 경우 해당 시·도지사가 공동으로 지정한다.

② 토지의 투기적인 거래 성행으로 지가가 급격히 상승하는 등의 특별한 사유가 있으면 7년 이내의 기간을 정하여 허가구역을 지정할 수 있다.

③ 허가구역의 지정은 시장·군수 또는 구청장이 허가구역 지정의 통지를 받은 날부터 5일 후에 그 효력이 발생한다.

④ 허가구역 지정에 관한 공고 내용의 통지를 받은 시장·군수 또는 구청장은 지체없이 그 공고 내용을 관할 등기소의 장에게 통지해야 한다.

⑤ 허가구역 지정에 관한 공고 내용의 통지를 받은 시장·군수 또는 구청장은 그 사실을 7일 이상 공고해야 하고, 그 공고 내용을 30일간 일반이 열람할 수 있도록 해야 한다.

> **해설**
>
> ① 허가구역이 둘 이상의 시·도의 관할 구역에 걸쳐 있는 경우 국토교통부장관이 지정한다.
> ② 5년 이내
> ③ 허가구역의 지정은 국토교통부장관 또는 시·도지사 허가구역의 지정을 공고한 날부터 5일 후에 그 효력이 발생한다.
> ⑤ 통지를 받은 시장·군수 또는 구청장은 지체 없이 그 사실을 7일 이상 공고하고, 그 공고 내용을 15일간 일반이 열람할 수 있도록 하여야 한다.

05 부동산 거래신고 등에 관한 법령에 대한 설명이다. (   )에 들어갈 숫자는? (단, 국토교통부장관 또는 시·도지사가 따로 정하여 공고한 경우와 종전 규정에 따라 공고된 면제대상 토지면적 기준은 고려하지 않음) 제33회

> 경제 및 지가의 동향과 거래단위면적 등을 종합적으로 고려하여 「국토의 계획 및 이용에 관한 법률」에 따른 도시지역 중 아래의 세부 용도지역별 면적 이하의 토지에 대한 토지거래계약허가는 필요하지 아니하다.
> - 주거지역 : (㉠) m^2
> - 상업지역 : (㉡) m^2
> - 공업지역 : (㉢) m^2
> - 녹지지역 : (㉣) m^2

① ㉠: 60, ㉡: 100, ㉢: 100, ㉣: 200

② ㉠: 60, ㉡: 150, ㉢: 150, ㉣: 200

③ ㉠: 180, ㉡: 180, ㉢: 660, ㉣: 500

④ ㉠: 180, ㉡: 200, ㉢: 660, ㉣: 200

⑤ ㉠: 180, ㉡: 250, ㉢: 500, ㉣: 1천

06 부동산 거래신고 등에 관한 법령상 토지거래허가구역 등에 관한 설명으로 옳은 것을 모두 고른 것은? 제28회

> ㉠ 허가구역의 지정은 그 지정을 공고한 날부터 5일 후에 그 효력이 발생한다.
> ㉡ 「민사집행법」에 따른 경매의 경우에는 허가구역 내 토지거래에 대한 허가의 규정은 적용하지 아니한다.
> ㉢ 자기의 거주용 주택용지로 이용할 목적으로 토지거래계약을 허가받은 자는 대통령령으로 정하는 사유가 있는 경우 외에는 토지취득일부터 2년간 그 토지를 허가받은 목적대로 이용해야 한다.
> ㉣ 토지의 이용의무를 이행하지 않아 이행명령을 받은 자가 그 명령을 이행하는 경우에는 새로운 이행강제금의 부과를 즉시 중지하고, 명령을 이행하기 전에 이미 부과된 이행강제금을 징수해서는 안 된다.

① ㉠, ㉡

② ㉡, ㉢

③ ㉠, ㉡, ㉢

④ ㉠, ㉢, ㉣

⑤ ㉠, ㉡, ㉢, ㉣

해설

㉣ 징수한다.

정답 ▶ 03 ⑤ 04 ④ 05 ② 06 ③

07 부동산 거래신고 등에 관한 법령상 '허가구역 내 토지거래에 대한 허가'의 규정이 적용되지 않는 경우를 모두 고른 것은?   제35회

> ㉠ 「부동산 거래신고 등에 관한 법률」에 따라 외국인이 토지취득의 허가를 받은 경우
> ㉡ 「공익사업을 위한 토지 등의 취득 및 보상에 관한 법률」에 따라 토지를 환매하는 경우
> ㉢ 「한국농어촌공사 및 농지관리기금법」에 따라 한국농어촌공사가 농지의 매매를 하는 경우

① ㉠   ② ㉡   ③ ㉠, ㉢
④ ㉡, ㉢   ⑤ ㉠, ㉡, ㉢

해설

제14조(국가 등의 토지거래계약에 관한 특례 등) ② 다음 각 호의 경우에는 '허가'의 규정이 적용되지 않는다.
1. 「공익사업을 위한 토지 등의 취득 및 보상에 관한 법률」에 따른 토지의 수용
2. 「민사집행법」에 따른 경매
3. 그 밖에 대통령령으로 정하는 경우
   ㉠ 「주택법」에 따른 사업계획의 승인을 받아 조성한 대지를 공급하는 경우
   ㉡ 「국유재산법」상 국유재산을 일반경쟁입찰로 처분하는 경우
   ㉢ 「공유재산 및 물품 관리법」 공유재산을 일반경쟁입찰로 처분하는 경우
   ㉣ 한국자산관리공사가 경쟁입찰을 거쳐서 매각하는 경우 또는 매각이 의뢰되어 3회 이상 공매하였으나 유찰된 토지를 매각하는 경우
   ㉤ 국세 및 지방세의 체납처분 또는 강제집행을 하는 경우 등이 있다(영 제11조 제3항 참조).

08 부동산 거래신고 등에 관한 법령상 이행강제금에 대하여 개업공인중개사가 중개의뢰인에게 설명한 내용으로 옳은 것은?

제30회

① 군수는 최초의 의무이행위반이 있었던 날을 기준으로 1년에 한 번씩 그 이행명령이 이행될 때까지 반복하여 이행강제금을 부과 · 징수할 수 있다.

② 시장은 토지의 이용 의무기간이 지난 후에도 이행명령 위반에 대해서는 이행강제금을 반복하여 부과할 수 있다.

③ 시장 · 군수 또는 구청장은 이행명령을 받은 자가 그 명령을 이행하는 경우라도 명령을 이행하기 전에 이미 부과된 이행강제금은 징수하여야 한다.

④ 토지거래계약허가를 받아 토지를 취득한 자가 직접 이용하지 아니하고 임대한 경우에는 토지 취득가액의 100분의 20에 상당하는 금액을 이행강제금으로 부과한다.

⑤ 이행강제금 부과처분을 받은 자가 국토교통부장관에게 이의를 제기하려는 경우에는 부과처분을 고지받은 날부터 14일 이내에 하여야 한다.

해설

① 최초의 이행명령이 있었던 날 ② 부과(×) ④ 7% ⑤ 시 · 군 · 구청장, 30일

09 부동산 거래신고 등에 관한 법령상 이행강제금에 관한 설명이다. (   )에 들어갈 숫자로 옳은 것은?

제33회

> 시장 · 군수는 토지거래계약허가를 받아 토지를 취득한 자가 당초의 목적대로 이용하지 아니하고 방치한 경우 그에 대하여 상당한 기간을 정하여 토지의 이용 의무를 이행하도록 명할 수 있다. 그 의무의 이행기간은 (㉠)개월 이내로 정하여야 하며, 그 정해진 기간 내에 이행되지 않은 경우, 그 정해진 기간 내에 이행되지 않은 경우, 토지 취득가액의 100분의 (㉡)에 상당하는 금액의 이행강제금을 부과한다.

① ㉠: 3, ㉡: 7　　　　② ㉠: 3, ㉡: 10　　　　③ ㉠: 6, ㉡: 7

④ ㉠: 6, ㉡: 10　　　　⑤ ㉠: 12, ㉡: 15

10 부동산 거래신고 등에 관한 법령상 토지거래허가구역 등에 관한 설명으로 틀린 것은?

제33회

① 시장·군수 또는 구청장은 공익사업용 토지에 대해 토지거래계약에 관한 허가신청이 있는 경우, 한국토지주택공사가 그 매수를 원하는 경우에는 한국토지주택공사를 선매자(先買者)로 지정하여 그 토지를 협의 매수하게 할 수 있다.

② 국토교통부장관 또는 시·도지사는 허가구역의 지정 사유가 없어졌다고 인정되면 지체 없이 허가구역의 지정을 해제해야 한다.

③ 토지거래허가신청에 대해 불허가처분을 받은 자는 그 통지를 받은 날부터 1개월 이내에 시장·군수 또는 구청장에게 해당 토지에 관한 권리의 매수를 청구할 수 있다.

④ 허가구역의 지정은 허가구역의 지정을 공고한 날의 다음 날부터 그 효력이 발생한다.

⑤ 토지거래허가를 받으려는 자는 그 허가신청서에 계약내용과 그 토지의 이용계획, 취득자금 조달계획 등을 적어 시장·군수 또는 구청장에게 제출해야 한다.

해설

공고한 날부터 5일 후

11 부동산 거래신고 등에 관한 법령상 벌금 또는 과태료의 부과기준이 '계약 체결 당시의 개별공시지가에 따른 해당 토지가격' 또는 '해당 부동산 등의 취득가액'의 비율 형식으로 규정된 경우가 아닌 것은?

제32회

① 토지거래허가구역 안에서 허가 없이 토지거래계약을 체결한 경우

② 외국인이 부정한 방법으로 허가를 받아 토지취득계약을 체결한 경우

③ 토지거래허가구역 안에서 속임수나 그 밖의 부정한 방법으로 토지거래계약 허가를 받은 경우

④ 부동산매매계약을 체결한 거래당사자가 그 실제거래가격을 거짓으로 신고한 경우

⑤ 부동산매매계약을 체결한 후 신고 의무자가 아닌 자가 거짓으로 부동산 거래신고를 한 경우

해설

② 2년 이하의 징역 또는 2천만원 이하의 벌금에 처한다.
①③은 2년 이하의 징역 또는 30% 이하의 벌금
④⑤는 취득가액의 5% 이하

12 부동산 거래신고 등에 관한 법령상 2년 이하의 징역 또는 계약 체결 당시의 개별공시지가에 따른 해당 토지가격의 100분의 30에 해당하는 금액 이하의 벌금에 처해지는 자는? 제33회

① 신고관청의 관련 자료의 제출요구에도 거래대금 지급을 증명할 수 있는 자료를 제출하지 아니한 자
② 토지거래허가구역 내에서 토지거래계약허가를 받은 사항을 변경하려는 경우 변경허가를 받지 아니하고 토지거래계약을 체결한 자
③ 외국인이 경매로 대한민국 안의 부동산을 취득한 후 취득 신고를 하지 아니한 자
④ 개업공인중개사에게 부동산 거래신고를 하지 아니하게 한 자
⑤ 부동산의 매매계약을 체결한 후 신고 의무자가 아닌 자가 거짓으로 부동산 거래신고를 하는 자

해설
① 3천만원 이하의 과태료 ③ 100만원 이하의 과태료 ④ 500만원 이하의 과태료 ⑤ 취득가액 5% 이하의 과태료

13 부동산 거래신고 등에 관한 법령상 포상금의 지급에 관한 설명으로 틀린 것을 모두 고른 것은? 제34회

> ㉠ 가명으로 신고하여 신고인을 확인할 수 없는 경우에는 포상금을 지급하지 아니할 수 있다.
> ㉡ 신고관청에 포상금지급신청서가 접수된 날부터 1개월 이내에 포상금을 지급하여야 한다.
> ㉢ 신고관청은 하나의 위반행위에 대하여 2명 이상이 각각 신고한 경우에는 포상금을 균등하게 배분하여 지급한다.

① ㉠　　　　　　　② ㉠, ㉡　　　　　　　③ ㉠, ㉢
④ ㉡, ㉢　　　　　　⑤ ㉠, ㉡, ㉢

해설
㉡ 신고관청에 포상금지급신청서가 접수된 날부터 2개월 이내에 포상금을 지급하여야 한다.
㉢ 신고관청은 하나의 위반행위에 대하여 2명 이상이 각각 신고한 경우에는 최초로 신고한 사람에게 포상금을 지급한다.

정답　10 ④　11 ②　12 ②　13 ④

제1장 중개실무 총설 및 중개의뢰접수
제2장 중개대상물의 조사·확인 실무
제3장 거래계약 체결 및 개별적 중개실무
제4장 경매·공매 및 매수신청대리인 등록
제5장 집합건물의 소유 및 관리에 관한 법률

중개실무

Chapter 01

중개실무 총설 및 중개의뢰접수

제1절 | **중개실무의 일반적 과정**

<< key 포인트! >>

1) 중개실무라 함은 이 법에서 정한 내용에 따라 개업공인중개사가 중개의뢰인과 중개계약을 체결하고, **거래당사자 간의 거래계약체결까지 행하는 일체의 업무**를 말한다.

2) **중개실무 절차 및 내용**

중개실무 내용(○)	실무내용(×)
① 중개의뢰의 접수(중개계약)	① 중개사무소의 개설등록 · 실무교육 등
② 중개대상물의 조사 · 확인(공부 · 현장확인)	② 업무보증의 설정
③ 영업 판매 활동	③ 인장등록, 휴업신고
④ 거래계약서, 확인 · 설명서의 작성 및 교부	④ 중개업 경영 일환으로 중개사무소 광고 등
⑤ 거래계약체결 및 서명 및 날인과 교부	⑤ 거래정보망에의 가입
	⑥ 거래계약체결 이후의 이행업무(목적물의 인도, 대금지급, 등기이전 절차안내, 확정일자 대행 등)

3) 거래계약체결 이후의 **이행업무인** 목적물의 인도 · 인수, 중도금이나 잔금의 지급, 소유권이전등기신청 등은 중개실무에 해당하지 않는다.

제1절 | 엄선 기출문제(제15회 ~ 제35회)

01 다음 보기에서 광의의 중개실무 절차를 바르게 나열한 것은? 　제20회 수정

> ㉠ 중개업무활동계획의 수립
> ㉡ 중개대상물의 조사 · 확인 및 가격산정
> ㉢ 중개의뢰의 접수
> ㉣ 중개판매활동
> ㉤ 거래계약의 체결
> ㉥ 물건의 인도 및 계약의 완결

① ㉢ - ㉠ - ㉡ - ㉣ - ㉤ - ㉥　　② ㉡ - ㉣ - ㉢ - ㉤ - ㉥ - ㉠

③ ㉢ - ㉠ - ㉣ - ㉡ - ㉤ - ㉥　　④ ㉢ - ㉣ - ㉠ - ㉡ - ㉤ - ㉥

⑤ ㉡ - ㉢ - ㉣ - ㉤ - ㉠ - ㉥

02 다음 「공인중개사법」에 근거한 중개실무 범위에 포함될 수 없는 것은? 　제18회

① 임대차계약서에 확정일자 날인

② 중개대상물의 확인 · 설명서 작성 및 교부

③ 거래계약서 작성 및 서명 · 날인

④ 일반 · 전속중개계약체결

⑤ 중개대상물의 공법상 이용제한이나 사법상의 권리분석

해설

확정일자 날인은 실무 외의 서비스 영역에 해당된다.

정답　01 ①　02 ①

03 공인중개사법령상 중개행위 등에 관한 설명으로 옳은 것은? (다툼이 있으면 판례에 따름)
제32회

① 중개행위에 해당하는지 여부는 개업공인중개사의 행위를 객관적으로 보아 판단할 것이 아니라 개업공인중개사의 주관적 의사를 기준으로 판단해야 한다.

② 임대차계약을 알선한 개업공인중개사가 계약 체결 후에도 목적물의 인도 등 거래 당사자의 계약상 의무의 실현에 관여함으로써 계약상 의무가 원만하게 이행되도록 주선할 것이 예정되어 있는 경우, 그러한 개업공인중개사의 행위는 사회통념상 중개행위의 범주에 포함된다.

③ 소속공인중개사는 자신의 중개사무소 개설등록을 신청할 수 있다.

④ 개업공인중개사는 거래계약서를 작성하는 경우 거래계약서에 서명하거나 날인하면 된다.

⑤ 개업공인중개사가 국토교통부장관이 정한 거래계약서 표준서식을 사용하지 않는 경우 과태료부과처분을 받게 된다.

해설

① 객관적으로 판단(주관적 ×) ③ 등록 불가 ④ 서명 및 날인 ⑤ 권장사항이다.

Chapter 02

중개대상물의 조사·확인 실무

<< key 포인트! >>

1) 각종 공적장부로 조사·확인

종류	중요 기재사항	특징	참고사항
토지와 임야대장	소재지·지목·면적·소유자 등 사실에 관한 사항	소유자 기재됨.	〈대장과 등기부 불일치〉 ① 중개대상물 자체의 물리적, 기본적인 사항은 **건축물대장이 우선적 기준**이 된다. ⇨ 따라서, 등기부기재사항을 변경한다. ② 권리관계 등 소유권 등에 관한 사항은 대장보다도 **등기부를 기준**으로 하고 대장을 변경한다.
건축물대장	소재지·구조·용도·면적·소유자·연면적·허가일자·사용승인일자 등 사실에 관한 사항 〔주의〕건물 방향(×)		
등기부	• 표제부: 부동산의 표시에 관한 사항 (소재지·면적·용도·구조 등) • 갑구: 소유권에 관한 사항(가압류·가처분 등) • 을구: 소유권 이외의 제한물권 등 (가등기·가처분 등)		
토지이용 계획확인서	• 공법상 이용제한 및 거래규제에 관한 사항으로 용도지역·지구·구역·도시계획시설·개발제한구역·토지거래 허가구역 등 확인 가능(일부)	소유자 기재되지 않음.	공법상 모든 제한 및 규제사항을 규정한 것은 아님.
지적도 임야도	지목·경계·축척, 지번·지형·위치·방향 등		〔주의〕소유자와 면적(×)

공부의 종류	확인 사항
대지권등록부	토지의 소재, 지번, 대지권의 비율, 전유부분의 건물의 표시, 건물명칭, 토지의 고유번호, 토지 소유자 변경일과 원인, 소유자의 성명·주소 및 주민등록번호 등
공유지연명부	토지의 소재, 지번, 소유권 지분, 토지의 고유번호, 소유자의 성명 또는 명칭·주소 및 주민등록번호, 필지별 토지 또는 임야대장의 장번호, 소유자 변경일과 원인 등
환지예정지지정증명원	종전토지의 지번, 지목, 면적과 환지예정지의 구획번호, 권리면적, 환지면적, 도시계획사항(용도지역, 지구 등) 등
가족관계등록부	상속관계, 법정대리인, 미성년자
부동산종합증명서	부동산종합공부를 열람하거나 부동산종합공부 기록사항의 전부 또는 일부에 관한 증명서
후견등기사항증명서	제한능력자 여부(피한정후견인, 피성년후견인) 등

2) 현장답사(임장활동)로 확인

① 공부상 확인내용과 현장과의 일치 여부를 확인
② 공부상 확인할 수 없는 물리적 사항에 대한 조사·확인
③ 권리관계: 주택·상가임차권·법정지상권·법정저당권·유치권·분묘기지권·점유권 등을 조사한다.
④ 미공시 중요시설 및 물건에 관한 사항(例 정원석, 고급조명, 종물 등)

3) 중개대상물 상태자료 요구로 확인

4) 조사·확인할 사항

(1) **경계**: 지적도나 임야도에 의하여 조사한다. ※ 공부상의 경계를 기준으로 한다.

(2) **지형**: 지형은 **토지의 형상(모양)**을 말하며, 지적도나 임야도를 통하여 조사한다.

(3) **지세**: 토지의 경사도, 지적공부로는 확인이 불가능하므로 **현장답사**를 통하여 확인한다.

(4) **건물의 방향**: 건축물대장으로 확인 불가, **현장답사**를 통해 조사. 우리나라는 일조권 등으로 남향을 가장 선호한다.

제1절 | **엄선 기출문제**(제15회 ~ 제35회)

01 개업공인중개사가 중개의뢰인에게 중개대상물에 대하여 설명한 내용으로 옳은 것을 모두 고른 것은? (다툼이 있으면 판례에 따름)　제27회

> ㉠ 토지의 소재지, 지목, 지형 및 경계는 토지대장을 통해 확인할 수 있다.
> ㉡ 분묘기지권은 등기사항증명서를 통해 확인할 수 없다.
> ㉢ 지적도상의 경계와 실제경계가 일치하지 않는 경우 특별한 사정이 없는 한 실제경계를 기준으로 한다.
> ㉣ 동일한 건물에 대하여 등기부상의 면적과 건축물대장의 면적이 다른 경우 건축물대장을 기준으로 한다.

① ㉠, ㉢　　　　　② ㉡, ㉣　　　　　③ ㉠, ㉡, ㉢
④ ㉠, ㉢, ㉣　　　　⑤ ㉡, ㉢, ㉣

해설
㉠ 지형 및 경계는 지적도 ㉢ 지적도상의 경계 기준

02 다음은 개업공인중개사의 조사 · 확인설명에 관한 내용이다. 올바른 것을 모두 고른 것은?　제24회

> ㉠ 토지대장의 면적과 등기사항증명서의 면적이 서로 다른 경우에는 토지대장의 기재사항을 기준으로 판단한다.
> ㉡ 토지소유자의 인적 사항에 관하여 토지대장과 등기사항증명서가 일치하지 아니하는 경우에는 토지대장을 기준으로 판단한다.
> ㉢ 토지의 소재지가 토지대장과 등기사항증명서가 일치하지 아니하는 경우에는 등기사항증명서를 기준으로 판단한다.
> ㉣ 도시계획에 관한 사항은 건축물대장을 우선적으로 열람하여 확인한다.
> ㉤ 유치권 및 법정지상권의 성립 여부는 등기사항증명서를 열람하여 알 수 있다.
> ㉥ 토지대장을 통하여 지목을 확인할 수 있다.

① ㉠, ㉥　　　　　② ㉠, ㉡　　　　　③ ㉠, ㉢
④ ㉠, ㉡, ㉢　　　　⑤ ㉠, ㉡, ㉢, ㉣, ㉤

해설
㉡ 등기사항증명서 기준 ㉢ 토지대장 기준 ㉣ 토지이용계획 확인서 ㉤ 현장조사

정답 ▶ 01 ② 　 02 ①

제2절 **중개대상물 조사·확인 방법 및 확인사항**(2. 분묘기지권과 장사 등에 관한 법률)

<< key 포인트! >>

1) 분묘기지권

(1) 의의

타인의 토지에 분묘를 설치한 자가 분묘를 소유하기 위하여 타인의 토지를 사용할 수 있는 **지상권 유사의 물권**이다.

(2) 분묘기지권의 효력

분묘의 수호 및 제사의 봉행에 필요한 **주위의 빈 땅**에도 효력이 미친다.

(3) 존속기간

존속기간의 약정이 없는 경우에는 권리자가 분묘의 수호와 봉사를 계속하는 동안 분묘기지권도 존속한다.

(4) 지료 지급

> ① 자기 소유 토지에 분묘를 설치한 후 그 토지를 타인에게 양도한 경우에 특별한 사정이 없는 한 분묘의 기지에 대한 토지사용의 대가로서 **지료를 지급할 의무가 있다.**
> ② 분묘기지권자는 **토지소유자가 지료 지급을 청구한 때로부터는** 토지소유자에게 그 분묘 부분에 대한 **지료를 지급할 의무가 있다.**

(5) 분묘기기권 소멸

분묘기지권의 포기는 "**포기 의사표시**"로 충분하고 점유까지 포기해야 소멸하는 것은 아니다.

2) 「장사 등에 관한 법률」

(1) 사설묘지와 자연장지 면적

묘지	개인묘지(30m² 이하), 가족묘지(100m² 이하), 종중묘지(1,000m² 이하), 법인묘지(10만m² 이상)
자연장지	개인 자연장지(30m² 미만), 가족 자연장지(100m² 미만), 종중자연장지(2,000m² 이하), 공공법인 및 재단법인(5만m² 이상), 종교단체(4만m² 이하)

⑵ 신고 및 허가(관할 소재지 시장 등)

묘지	① 사후 신고: 개인묘지 설치 후 30일 이내 신고.
	② 사전 허가: 가족묘지, 종중·문중묘지, 법인묘지
자연장지	③ **개인 자연장지는 조성 후 신고 – (사후 30일 이내 신고)**
	④ **가족, 종중·문중 자연장지 – (사전 신고)**
	⑤ **법인의 자연장지 – (사전 허가)**
	※ 재단법인, 공공법인, 종교단체만 설치 가능

⑶ 분묘(1기)의 면적

① 공설묘지, 가족묘지, 종중·문중묘지, 법인묘지 안의 **분묘 1기** 및 당해 분묘의 상석, 비석 등 시설물의 설치구역 면적: **10m²**(합장 15m²) 초과 금지
② 개인묘지: 30m² 초과 금지

⑷ 설치기간

① 공설묘지, 사설묘지에 설치된 분묘의 설치기간: **30년**
 [단, **30년간 1회**에 한하여 당해 설치기간 연장 가능(기속적)]
② 연장기간 단축: **5년 이상 30년 미만**의 기간 내에서 조례로 단축 가능
③ 기간 종료 분묘 처리: 종료된 날부터 **1년 이내**에 철거, 화장 또는 봉안

⑸ **타인 토지에 설치된 분묘처리: 토지 소유자**(점유자, 관리인 포함), **묘지 설치자 또는 연고자**는 개장을 하려면 **미리 3개월 이상의 기간**을 정하여 분묘의 설치자 또는 연고자에게 알려야 한다.

⑹ 토지 소유자 또는 자연장지 조성자의 승낙 없이 다른 사람 소유의 토지 또는 자연장지에 자연장을 한 자 또는 그 연고자는 토지사용권이나 그 밖에 자연장의 보존을 위한 권리를 주장할 수 없다.

제2절 **엄선 기출문제**(제15회 ~ 제35회)

01 개업공인중개사가 분묘와 관련된 토지에 관하여 매수의뢰인에게 설명한 내용으로 옳은 것은? (다툼이 있으면 판례에 의함) 제21회

① 가족묘지 1기 및 그 시설물의 총면적은 합장하는 경우 $20m^2$까지 가능하다.

② 최종으로 연장받은 설치기간이 종료한 분묘의 연고자는 설치기간 만료 후 2년 내에 분묘에 설치된 시설물을 철거해야 한다.

③ 평장의 경우에도 유골이 매장되어 있는 때에는 분묘기지권이 인정된다.

④ 단순히 토지소유자의 설치승낙만을 받아 분묘를 설치할 경우 분묘의 설치자는 사용대차에 따른 차주의 권리를 취득한다.

⑤ 토지소유자의 승낙 없이 타인 소유의 토지에 자연장을 한 자는 토지소유자에 대하여 시효취득을 이유로 자연장의 보존을 위한 권리를 주장할 수 없다.

해설

① $15m^2$ ② 1년 ③ 인정되지 않는다. ④ 지상권 유사 물권

02 개업공인중개사가 분묘가 있는 토지에 관하여 중개의뢰인에게 설명한 내용으로 틀린 것은? (다툼이 있으면 판례에 의함) 제24회

① 문중자연장지를 조성하려는 자는 관할 시장 등의 허가를 받아야 한다.

② 남편의 분묘구역 내에 처의 분묘를 추가로 설치한 경우, 추가설치 후 30일 이내에 해당 묘지의 관할 시장 등에게 신고해야 한다.

③ 분묘기지권은 분묘의 수호와 봉사에 필요한 범위 내에서 타인의 토지를 사용할 수 있는 권리이다.

④ 분묘기지권은 특별한 사정이 없는 한, 분묘의 수호와 봉사가 계속되고 그 분묘가 존속하는 동안 인정된다.

⑤ 가족묘지의 면적은 $100m^2$ 이하여야 한다.

해설

사전 신고

03 개업공인중개사가 토지를 중개하면서 분묘기지권에 대해 설명한 내용으로 틀린 것을 모두 고른 것은? (다툼이 있으면 판례에 의함) 제25회

> ㉠ 장래의 묘소(가묘)는 분묘에 해당하지 않는다.
> ㉡ 분묘의 특성상, 타인의 승낙 없이 분묘를 설치한 경우에도 즉시 분묘기지권을 취득한다.
> ㉢ 평장되어 있어 객관적으로 인식할 수 있는 외형을 갖추고 있지 아니한 경우, 분묘기지권이 인정되지 아니한다.
> ㉣ 분묘기지권의 효력이 미치는 범위는 분묘의 기지 자체에 한정된다.

① ㉠, ㉢   ② ㉡, ㉣   ③ ㉢, ㉣
④ ㉠, ㉡, ㉢   ⑤ ㉠, ㉡, ㉣

해설
㉡ 20년 이상 점유사용 ㉣ 주위의 공지까지

04 개업공인중개사가 「장사 등에 관한 법률」에 대해 중개의뢰인에게 설명한 것으로 틀린 것은? 제27회

① 개인묘지는 20m²를 초과해서는 안 된다.
② 매장을 한 자는 매장 후 30일 이내에 매장지를 관할하는 시장 등에게 신고해야 한다.
③ 가족묘지란 「민법」에 따라 친족관계였던 자의 분묘를 같은 구역 안에 설치하는 묘지를 말한다.
④ 시장 등은 묘지의 설치 · 관리를 목적으로 「민법」에 따라 설립된 재단법인에 한정하여 법인묘지의 설치 · 관리를 허가할 수 있다.
⑤ 설치기간이 끝난 분묘의 연고자는 설치기간이 끝난 날부터 1년 이내에 해당 분묘에 설치된 시설물을 철거하고 매장된 유골을 화장하거나 봉안해야 한다.

해설
30m²

05 개업공인중개사가 분묘가 있는 토지를 매수하려는 의뢰인에게 분묘기지권에 관해 설명한 것으로 옳은 것은? (다툼이 있으면 판례에 따름) 제33회

① 분묘기지권의 존속기간은 지상권의 존속기간에 대한 규정이 유추적용되어 30년으로 인정된다.

② 「장사 등에 관한 법률」이 시행되기 전에 설치된 분묘의 경우 그 법의 시행 후에는 분묘기지권의 시효취득이 인정되지 않는다.

③ 자기 소유 토지에 분묘를 설치한 사람이 분묘 이장의 특약 없이 토지를 양도함으로써 분묘기지권을 취득한 경우, 특별한 사정이 없는 한 분묘기지권이 성립한 때부터 지료 지급 의무가 있다.

④ 분묘기지권을 시효로 취득한 사람은 토지소유자의 지료지급 청구가 있어도 지료 지급 의무가 없다.

⑤ 분묘가 멸실된 경우 유골이 존재하여 분묘의 원상회복이 가능한 일시적인 멸실에 불과하여도 분묘기지권은 소멸한다.

해설

① 지상권의 존속기간에 대한 규정은 부적용되며, 기간제한이 없다. ② 시효취득이 인정된다. ④ 지료지급 의무가 있다. ⑤ 소멸하지 않는다.

06 개업공인중개사가 묘지를 설치하고자 토지를 매수하려는 중개의뢰인에게 장사 등에 관한 법령에 관하여 설명한 내용으로 틀린 것은? 제34회

① 가족묘지는 가족당 1개소로 제한하되, 그 면적은 $100m^2$ 이하여야 한다.

② 개인묘지란 1기의 분묘 또는 해당 분묘에 매장된 자와 배우자 관계였던 자의 분묘를 같은 구역 안에 설치하는 묘지를 말한다.

③ 법인묘지에는 폭 4m 이상의 도로와 그 도로로부터 각 분묘로 통하는 충분한 진출입로를 설치하여야 한다.

④ 화장한 유골을 매장하는 경우 매장 깊이는 지면으로부터 30cm 이상이어야 한다.

⑤ 「민법」에 따라 설립된 사단법인은 법인묘지의 설치 허가를 받을 수 없다.

해설

폭 5m 이상의 도로이다.

07 토지를 매수하여 사설묘지를 설치하려는 중개의뢰인에게 개업공인중개사가 장사 등에 관한 법령에 관하여 설명한 내용으로 옳은 것은? 제35회

① 개인묘지를 설치하려면 그 묘지를 설치하기 전에 해당 묘지를 관할하는 시장 등에게 신고해야 한다.

② 가족묘지를 설치하려면 해당 묘지를 관할하는 시장 등의 허가를 받아야 한다.

③ 개인묘지나 가족묘지의 면적은 제한을 받지만, 분묘의 형태나 봉분의 높이는 제한을 받지 않는다.

④ 분묘의 설치기간은 원칙적으로 30년이지만, 개인묘지의 경우에는 3회에 한하여 그 기간을 연장할 수 있다.

⑤ 설치기간이 끝난 분묘의 연고자는 그 끝난 날부터 1개월 이내에 해당 분묘에 설치된 시설물을 철거하고 매장된 유골을 화장하거나 봉안해야 한다.

해설

① 개인묘지를 설치한 자는 묘지를 설치한 후 30일 이내에 해당 묘지를 관할하는 시장 등에게 신고하여야 한다.

③ 분묘의 봉분은 지면으로부터 1m, 평분의 높이는 50cm, 봉안시설 중 봉안묘의 높이는 70cm를 초과하여서는 아니 된다.

④ 1회에 한하여 30년으로 하여 연장하여야 한다. 다만, 5년 이상 30년 미만의 기간 내에서 조례로 단축할 수 있다.

⑤ 설치기간이 끝난 분묘의 연고자는 그 끝난 날부터 1년 이내에 해당 분묘에 설치된 시설물을 철거하고 매장된 유골을 화장하거나 봉안해야 한다.

정답 05 ③ 06 ③ 07 ②

제3절 **중개대상물 조사·확인 방법 및 확인사항(3. 공법상 농지법)**

<< **key 포인트!** >>

1) 농지소유 제한 및 상한제한

① 상속 : 비농업인은 그 상속농지 중에 1만㎡ 이내에 한하여 소유
② 이농자 : 8년 이상 농업경영을 한 후 이농한 자는 1만㎡ 이내에 한해 소유
③ 주말·체험농지 : 세대원 전부 총면적을 합산하여 1,000㎡ 미만의 농지에 한하여 소유

2) 발급절차

① 아래의 사항이 모두 포함된 농업경영계획서 또는 주말·체험영농계획서를 작성하여 농지 소재지를 관할하는 **시·구·읍·면의 장에게 발급신청**을 하여야 한다.
② **발급 기간** : 시·구·읍·면의 장은 다음의 기간에 신청인에게 농지취득자격증명을 발급하여야 한다.

㉠ 원칙 : 발급신청을 받은 날부터 − 7일
㉡ 농업경영계획서를 작성하지 않는 경우 − 4일
㉢ 농지위원회의 심의 대상의 경우 − 14일

3) 개인의 주말·체험 농지

① 농업인이 아닌 개인이 주말 등을 이용하여 취미생활이나 여가활동으로 농작물을 경작하거나 다년생식물을 재배하는 것을 말한다.
② 개인이 아닌 법인의 경우에는 주말·체험영농 목적의 농지취득이 제한된다.
③ 원칙적으로 주말·체험영농 목적으로 취득하는 농지는 임대·휴경 등을 할 수 없다.
④ 주말·체험영농을 하고자 하는 자는 1,000㎡ 미만의 농지에 한하여 이를 소유할 수 있다. 이 경우 면적의 계산은 그 세대원 전부가 소유하는 총면적으로 한다.

4) 위탁경영

농지 소유자는 다음의 경우 외에는 소유 농지를 위탁경영할 수 없다(「농지법」 제9조).

> ① 「병역법」에 따라 징집 또는 소집된 경우
> ② **3개월 이상** 국외 여행 중인 경우
> ③ 농업법인이 청산 중인 경우
> ④ 질병, 취학, 선거에 따른 공직 취임, 부상으로 3개월 이상의 치료가 필요한 경우, 교도소·구치소 또는 보호감호시설에 수용 중인 경우, 임신 중이거나 분만 후 6개월 미만인 경우
> ⑤ 농지이용증진사업 시행계획에 따라 위탁경영하는 경우
> ⑥ 농업인이 자기 노동력이 부족하여 **농작업의 일부를 위탁**하는 경우

5) 농지의 임대차 또는 사용대차

① 임대차 또는 사용대차가 다음의 경우는 가능하다.

　㉠ 국가 등의 소유농지를 임대하거나 무상사용하게 하는 경우

　㉡ 농지이용증진사업계획에 따라 농지를 임대하거나 무상사용하게 하는 경우

　㉢ 질병, 징집, 취학, 선거에 따른 공직취임, **그 밖에** 부득이한 사유로 인하여 일시적으로 농지를 임대하거나 무상사용하게 하는 경우로 다음과 같다.

> ⓐ 부상으로 **3개월 이상의 치료**가 필요한 경우
> ⓑ 교도소·구치소 또는 보호감호시설에 수용 중인 경우
> ⓒ **3개월 이상 국외여행**을 하는 경우
> ⓓ 농업법인이 청산 중인 경우
> ⓔ 임신 중이거나 **분만 후 6개월 미만**인 경우

② **임대차 기간**: **임대차 기간**은 **3년 이상**으로 하여야 한다. 다만, **다년생식물 재배지 등 농지의 경우**에는 **5년 이상**으로 하여야 한다.

01 개업공인중개사가 중개의뢰인에게 설명한 내용으로 틀린 것은? 제21회

① 농지는 자기의 농업경영에 이용하거나 이용할 자가 아니면 소유하지 못함이 원칙이다.
② 공유농지의 분할을 원인으로 농지를 취득하는 경우 농지취득자격증명을 요하지 않는다.
③ 농지소유자는 6개월 이상 국외여행 중인 경우에 한하여 소유농지를 위탁경영하게 할 수 있다.
④ 외국인이 경매로 대한민국 안의 토지를 취득한 때에는 취득한 날부터 6개월 이내에 이를 신고해야 한다.
⑤ 외국인이 상속으로 대한민국 안의 토지를 취득한 후 법정기간 내에 신고하지 않으면 과태료가 부과된다.

해설
3개월 이상 국외여행

02 개업공인중개사가 중개의뢰인에게 「농지법」상 농지의 임대차에 대해 설명한 내용으로 틀린 것은? 제26회

① 선거에 따른 공직취임으로 인하여 일시적으로 농업경영에 종사하지 아니하게 된 자가 소유하고 있는 농지는 임대할 수 있다.
② 농업경영을 하려는 자에게 농지를 임대하는 임대차계약은 서면계약을 원칙으로 한다.
③ 농지이용증진사업 시행계획에 따라 농지를 임대하는 경우 임대차기간은 5년 이상으로 해야 한다.
④ 농지 임대차계약의 당사자는 기간, 임차료에 관하여 협의가 이루어지지 아니한 경우 농지소재지를 관할하는 시장·군수 또는 자치구구청장에게 조정을 신청할 수 있다.
⑤ 임대 농지의 양수인은 「농지법」에 따른 임대인의 지위를 승계한 것으로 본다.

해설
3년

03 개업공인중개사가 농지를 취득하려는 중개의뢰인에게 설명한 내용으로 틀린 것은?

제27회

① 주말·체험영농을 위해 농지를 소유하는 경우 한 세대의 부부가 각각 1천m² 미만으로 소유할 수 있다.
② 농업경영을 하려는 자에게 농지를 임대하는 임대차계약은 서면계약을 원칙으로 한다.
③ 농업법인의 합병으로 농지를 취득하는 경우 농지취득자격증명을 발급받지 않고 농지를 취득할 수 있다.
④ 징집으로 인하여 농지를 임대하면서 임대차기간을 정하지 않은 경우 3년으로 약정된 것으로 본다.
⑤ 농지전용허가를 받아 농지를 소유하는 자가 취득한 날부터 2년 이내에 그 목적사업에 착수하지 않으면 해당 농지를 처분할 의무가 있다.

해설
세대원 전부가 소유하는 총 면적이 1천m² 미만이어야 한다.

04 개업공인중개사가 「농지법」에 대하여 중개의뢰인에게 설명한 내용으로 틀린 것은?
(다툼이 있으면 판례에 따름)

제29회

① 경매로 농지를 매수하려면 매수신청시에 농지자격취득증명서를 제출해야 한다.
② 개인이 소유하는 임대 농지의 양수인은 「농지법」에 따른 임대인의 지위를 승계한 것으로 본다.
③ 농지전용협의를 마친 농지를 취득하려는 자는 농지취득자격증명을 발급받을 필요가 없다.
④ 농지를 취득하려는 자가 농지에 대한 매매계약을 체결하는 등으로 농지에 관한 소유권이전등기청구권을 취득하였다면, 농지취득자격증명 발급신청권을 보유하게 된다.
⑤ 주말·체험영농을 목적으로 농지를 소유하려면 세대원 전부가 소유하는 총 면적이 1천m² 미만이어야 한다.

해설
매각허가결정기일까지 제출

정답 ▶ 01 ③ 02 ③ 03 ① 04 ①

제4절 | **중개대상물 확인·설명서 작성**

<< key 포인트! >>

① 대상건물이 위반건축물인지 여부는 건축물대장을 확인하여 기재한다.
② "비선호시설", 입지조건 및 관리에 관한 사항은 개업공인중개사가 기본적으로 조사·확인한 사항을 적는다.
③ 거래예정금액 등의 "거래예정금액"은 **중개가 완성되기 전** 거래예정금액을, "개별공시지가(m^2당)" 및 "건물(주택)공시가격"은 **중개가 완성되기 전** 공시된 공시지가 또는 공시가격을 적는다, 다만, **임대차계약**의 경우에는 "개별공시지가" 및 "건물(주택)공시가격"을 생략할 수 있다.
③ 재산세와 종합부동산세는 6월 1일 기준 대상물건 소유자가 납세의무를 부담한다.
④ 취득시 부담할 조세의 종류 및 세율은 **중개가 완성되기 전** 「지방세법」의 내용을 확인하여 적는다. 다만, **임대차**의 경우에는 제외한다.
⑤ 소방시설 중에(단독경보형감지기), 환경조건란(일조량·소음·진동)은 **주거용 건축물 확인·설명서에만** 기재할 사항이다.
⑥ '건폐율 상한 및 용적률 상한'은 **시·군의 조례**를 확인하여 기재한다.
⑦ '거래예정금액'은 개업공인중개사 기본 확인사항으로 **중개가 완성되기 전** 거래예정금액을 기재한다.
⑧ **주택의** 중개보수는 시·도 조례로 정한 요율에 따르거나, 시·도 조례로 정한 요율한도에서 중개의뢰인과 개업공인중개사가 서로 협의하여 결정하도록 한 요율에 따르며, 부가가치세는 별도로 부과될 수 있다.
⑨ 확인·설명서에 개업공인중개사와 소속공인중개사가 함께 서명 및 날인해야 한다. 또한 거래계약서 작성의 경우에도 동일하다.
⑩ **주거용 중개대상물 확인·설명서 - 기본 확인사항과 세부 확인사항**

기본 확인사항	세부 확인사항
1. 대상물건의 표시 2. 권리관계 3. 토지이용계획, 공법상 이용제한 및 거래규제에 관한 사항 4. 임대차 확인 사항 5. 입지조건 6. 관리에 관한 사항 7. 비선호시설(1km 이내) 8. 거래예정금액 등 9. 취득시 부담할 조세의 종류·세율	10. 실제권리관계 또는 공시되지 않은 물건의 권리 사항 **※ 자료 요구하여 확인한 기재함** 11. 내·외부 시설물의 상태 12. 벽면·바닥면 및 도배상태 13. 환경조건(일조, 소음, 진동) 14. 현장안내

⑪ 실제권리관계 등에 관한 사항은(유치권, 법정지상권, 임대차, 토지에 부착된 조각물 및 정원수, 계약 전 소유권 변동 여부 등) 매도(임대)의뢰인이 고지한 사항을 기재한다.

⑫ **4종 서식 공통적 기재사항으로는 확인 · 설명자료, 권리관계**(갑구, 을구)**, 거래예정금액, 취득관련 조세, 실제권리관계 또는 미공시 물건, 중개보수 · 실비 등이다.**

⑬ **비주거용 설명서**에는 "**입지조건**"에 교육, 판매 · 의료시설을 기재하지 않는다. **또한 비선호시설**(1km 이내)**의 유무를 체크하지 않는다.**

⑭ **주거용 확인 · 설명서에는 임대차 확인사항**(확정일자 부여현황 정보, 국세 및 지방세 체납정보, 전입세대 확인서, 최우선변제금)**과 관리비**(총액, 관리비 포함 비목, 관리비 부과방식)**를 기재하여야 한다.**

⑮ **입목광업 · 공장재단에 관한 서식 : 재단목록 또는 입목의 생육상태**, 그 밖의 참고사항을 기재하여야 한다.

⑯ 공동중개시 참여한 개업공인중개사(소속공인중개사를 포함)는 모두 서명 및 날인해야 하며, 2명을 넘는 경우에는 별지로 작성하여 첨부한다.

제4절 **엄선 기출문제**(제15회 ~ 제35회)

---

01 공인중개사법령상 개업공인중개사의 중개대상물 확인 · 설명서 작성에 관한 설명으로 틀린 것은?

제23회

① 개업공인중개사 기본 확인사항은 개업공인중개사가 확인한 사항을 적어야 한다.

② 권리관계의 등기부기재사항은 등기사항증명서를 확인하여 적는다.

③ 매매의 경우 취득시 부담할 조세의 종류 및 세율은 중개가 완성되기 전에 「지방세법」의 내용을 확인하여 적는다.

④ 당해 중개행위를 한 소속공인중개사가 있는 경우, 확인 · 설명서에 개업공인중개사와 소속공인중개사가 함께 서명 또는 날인해야 한다.

⑤ 중개보수는 거래예정금액을 기준으로 계산하여 적는다.

해설

서명 및 날인해야 한다.

정답 ▶ 01 ④

02 공인중개사법령상 주거용 건축물의 중개대상물 확인·설명서의 '개업공인중개사 기본 확인사항'이 아닌 것은? 제23회 수정

① 권리관계
② 임대차 확인사항
③ 비선호시설(1km 이내)
④ 환경조건
⑤ 취득시 부담할 조세의 종류 및 세율

> **해설**
> ④ 일조, 소음, 진동의 환경조건은 세부 확인사항이다.

03 공인중개사법령상 개업공인중개사가 주거용 건축물의 중개대상물 확인·설명서[I]를 작성하는 방법에 관한 설명으로 틀린 것은? 제28회

① 개업공인중개사 기본 확인사항은 개업공인중개사가 확인한 사항을 적어야 한다.
② 건축물의 내진설계 적용 여부와 내진능력은 개업공인중개사 기본 확인사항이다.
③ 거래예정금액은 중개가 완성되기 전 거래예정금액을 적는다.
④ 벽면 및 도배상태는 매도(임대)의뢰인에게 자료를 요구하여 확인한 사항을 적는다.
⑤ 아파트를 제외한 주택의 경우, 단독경보형감지기 설치 여부는 개업공인중개사 세부 확인사항이 아니다.

> **해설**
> 내·외부시설물의 상태로 세부 확인사항이다.

04 공인중개사법령상 주거용 건축물의 중개대상물 확인·설명서 작성방법에 관한 설명으로 옳은 것은? 제21회

① 대상건물이 위반건축물인지 여부는 등기부등본을 확인하여 기재한다.
② "비선호시설", 입지조건 및 관리에 관한 사항은 매도(임대)의뢰인에게 자료를 요구하여 확인한 사항을 기재한다.
③ 매매의 경우 "도시계획시설", "지구단위계획구역, 그 밖의 도시관리계획"은 개업공인중개사가 확인하여 기재한다.
④ 임대차의 경우 "개별공시지가" 및 "건물(주택)공시가격"을 반드시 기재해야 한다.
⑤ 취득시 부담할 조세의 종류 및 세율은 중개가 완성되기 전 「지방세법」의 내용을 확인하여 적어야 하며, 임대차의 경우에도 적어야 한다.

> **해설**
> ① 건축물관리대장 ② 개업공인중개사가 확인하여 기재 ④ 재량 ⑤ 임대차 제외

05 공인중개사법령상 중개대상물 확인·설명서[Ⅱ](비주거용 건축물)에서 개업공인중개사의 확인사항으로 옳은 것을 모두 고른 것은? 제29회

> ㉠ "단독경보형감지기" 설치 여부는 세부 확인사항이다.
> ㉡ "내진설계 적용 여부"는 기본 확인사항이다.
> ㉢ "실제권리관계 또는 공시되지 않은 물건의 권리 사항"은 세부 확인사항이다.
> ㉣ "환경조건(일조량·소음·진동)"은 세부 확인사항이다.

① ㉠, ㉡   ② ㉠, ㉣   ③ ㉡, ㉢
④ ㉠, ㉡, ㉢   ⑤ ㉡, ㉢, ㉣

해설
㉠ 및 ㉣은 주거용 건축물 확인사항

06 공인중개사법령상 중개대상물 확인·설명서 작성방법에 관한 설명으로 옳은 것은? 제25회 수정

① 권리관계의 '등기부기재사항'은 개업공인중개사 기본 확인사항으로, '실제권리관계 또는 공시되지 않은 물건의 권리 사항'은 개업공인중개사 세부 확인사항으로 구분하여 기재한다.
② '건폐율 상한 및 용적률 상한'은 개업공인중개사 기본 확인사항으로 토지이용계획확인서의 내용을 확인하여 적는다.
③ '거래예정금액'은 개업공인중개사 세부 확인사항으로 중개가 완성된 때의 거래금액을 기재한다.
④ '취득시 부담할 조세의 종류 및 세율'은 중개대상물 유형별 모든 서식에 공통적으로 기재할 사항으로 임대차의 경우에도 기재해야 한다.
⑤ 주택의 중개보수는 시·도 조례로 정한 요율한도에서 중개의뢰인과 개업공인중개사가 서로 협의하여 결정하도록 한 요율에 따르며 부가가치세는 별도로 부과할 수 없다.

해설
② 시·군 조례 ③ 기본 확인사항, 중개완성 전 ④ 임대차 제외 ⑤ 별도 부과 가능

07 공인중개사법령상 개업공인중개사가 토지의 중개대상물 확인·설명서에 기재해야 할 사항에 해당하는 것은 모두 몇 개인가? 제27회

> ㉠ 비선호시설(1km 이내)의 유무 ㉡ 일조량 등 환경조건
> ㉢ 관리주체의 유형에 관한 사항 ㉣ 공법상 이용제한 및 거래규제에 관한 사항
> ㉤ 접근성 등 입지조건

① 1개 ② 2개 ③ 3개 ④ 4개 ⑤ 5개

해설

㉠㉣㉤ 해당. 다만, ㉡ 주거용만 ㉢ 주거 및 비주거용 공통

08 공인중개사법령상 개업공인중개사가 확인·설명하여야 할 사항 중 중개대상물 확인·설명서[Ⅰ](주거용 건축물), [Ⅱ](비주거용 건축물), [Ⅲ](토지), [Ⅳ](입목·광업재단·공장재단) 서식에 공통적으로 기재되어 있는 것을 모두 고른 것은? 제31회

> ㉠ 권리관계(등기부 기재사항) ㉡ 비선호시설
> ㉢ 거래예정금액 ㉣ 환경조건(일조량·소음)
> ㉤ 실제 권리관계 또는 공시되지 않은
>   물건의 권리사항

① ㉠, ㉡ ② ㉡, ㉣ ③ ㉠, ㉢, ㉤
④ ㉠, ㉢, ㉣, ㉤ ⑤ ㉠, ㉡, ㉢, ㉣, ㉤

해설

㉡ 주거용 및 토지용에 기재 ㉣ 주거용에 기재

09 공인중개사법령상 중개대상물 확인·설명서[Ⅱ](비주거용 건축물)에서 개업공인중개사 기본 확인사항이 아닌 것은? 제35회

① 토지의 소재지, 면적 등 대상물건의 표시
② 소유권 외의 권리사항 등 등기부 기재사항
③ 관리비
④ 입지조건
⑤ 거래예정금액

해설

③ 주거용 건축물의 중개대상물 확인·설명서에서 개업공인중개사 기본 확인사항에 해당된다. ①②④⑤는 주거용 건축물과 비주거용 건축물의 중개대상물 확인·설명서 모두가 개업공인중개사 기본 확인사항에 해당된다.

정답 ▶ 07 ③ 08 ③ 09 ③

거래계약 체결 및 개별적 중개실무

제1절 **거래계약서 작성**(주의사항, 기재사항)

<< key 포인트! >>

1) 관련 내용

(1) **중개계약은 위임계약과 유사**하므로 개업공인중개사는 중개의뢰인에 대하여 선관주의의
무를 부담한다.

(2) 개업공인중개사는 매도 등 처분을 하려는 자가 진정한 권리자와 동일인인지의 여부를
부동산등기부와 주민등록증 등에 의하여 조사·확인할 의무가 있으며, 매도의뢰인이 알
지 못하는 사람인 경우 필요할 때에는 등기권리증의 소지 여부나 그 내용을 확인·조사
해 보아야 할 의무가 있다(판).

(3) **미성년자, 피한정후견인**인 경우에는 개업공인중개사는 법정대리인과 직접 계약을 체결
하든지, 법정대리인의 동의 여부를 확인 후 계약을 체결하여야 한다.

(4) 후견인과 계약체결시에는 **후견감독인 동의** 여부도 확인하여야 한다.

(5) 대리권자 확인

① **임의대리인** : 본인의 인감증명서 첨부된 위임장(대리권 수여사실을 입증)을 확인하
고, 계약단계에서는 등기필증을 제시하도록 요구하여 확인하여야 한다.

② **법정대리인** : 가족관계증명서, 후견등기사항증명서 등으로 확인한다.

(6) 매매계약을 체결할 대리권을 수여받은 대리인은 특별한 사정이 없는 한 그 약정한 바에
따라 **중도금이나 잔금을 수령할 권한도 있다.**

(7) **법인의 경우**

개업공인중개사는 매도인인 법인의 법인격 유무, 법인의 대표자의 처분권 유무 등을 **법인
등기부등본**을 통하여 조사하여야 한다. 또한 대표권의 제한사항은 정관과 법인등기부등본
을 통해 확인하여야 한다.

⑻ 임의규정은 당사자 간 특약이 가능하다. 예컨대, **매도인의 담보책임, 과실의 귀속, 위험부담, 주물과 종물, 약정해제권 등**이 있다.

2) 거래계약서 필요적 기재 사항 〈★ 당.물.계.대. - 이.도.조. - 확.특〉

---

1. 거래**당**사자의 인적 사항
2. **물**건의 표시
3. **계**약일
4. 거래금액(**대금**) · 계약금액 및 그 지급일자 등 지급에 관한 사항
5. 권리**이**전의 내용
6. 물건의 인**도**일시
7. 계약의 **조**건이나 기한이 있는 경우에는 그 조건 또는 기한
8. 중개대상물 **확**인 · 설명서 교부일자
9. 그 밖의 약정내용(**특약**)

엄선 기출문제(제15회 ~ 제35회)

01 개업공인중개사 甲이 A와 B가 공유하고 있는 X토지에 대한 A의 지분을 매수하려는 乙의 의뢰를 받아 매매를 중개하고자 한다. 이에 관한 설명으로 옳은 것은? (다툼이 있으면 판례에 의함)   제24회

① 甲과 乙은 「민법」상의 위임관계에 있지 않으므로 甲은 乙에 대하여 선관주의의무를 부담하지 않는다.

② 甲은 매매계약서에 A와 B의 주소지를 기재해야 한다.

③ 甲은 A의 지분처분에 대한 B의 동의 여부를 확인해야 할 의무가 있다.

④ 매매계약 체결시에 매매대금은 반드시 특정되어 있어야 한다.

⑤ 甲이 X토지에 저당권이 설정된 사실을 확인하지 않고 중개하였고, 후에 저당권이 실행되어 乙이 소유권을 잃게 된다면, 乙은 甲에게 손해배상을 청구할 수 있다.

해설

① 위임관계에 해당하므로 선관주의의무를 부담한다. ② 및 ③ 지분처분은 자유이므로 A만 기재한다.
④ 매매대금 특정(×)

02 다음은 개업공인중개사가 거래계약서 작성시 당사자 확인에 관하여 주의해야 할 사항이다. 틀린 것은?   제20회 수정

① 매도의뢰인이 미성년자인 경우 혼인을 하였더라도 자기 소유의 주택 처분시 법정대리인의 동의를 받아야 한다.

② 상속인으로부터 상속재산을 매도의뢰를 받은 경우에는 상속의 진정성 여부와 단독상속인지 공동상속인지 여부를 확인하여야 한다.

③ 공동으로 상속받은 부동산을 매매하는 경우 상속인 모두와 직접 체결하거나 위임을 받은 상속인과 체결하여야 한다.

④ 후견인이 부동산거래와 같은 중요한 법률행위에 대하여 동의 또는 대리를 하는 경우에는 후견감독인의 동의를 받아야 한다.

⑤ 남편명의의 부동산을 처가 매도하는 경우에는 원칙적으로 일상가사대리권의 범주로 인정되지 않으므로 남편의 대리권 수여 여부를 본인의 인감증명서가 첨부된 위임장 등을 통하여 확인하여야 한다.

해설

성년의제로 동의 필요 없다.

정답   01 ⑤   02 ①

03 개업공인중개사 甲이 丁소유의 X토지를 공유하고자 하는 乙과 丙에게 매매계약을 중개하였다. 다음 설명 중 옳은 것을 모두 고른 것은? (다툼이 있으면 판례에 의함)

제21회

> ㉠ 乙의 지분이 2분의 1이고 다른 특약이 없는 경우, 乙이 X토지 전부를 사용·수익하고 있다면 丙은 乙에게 부당이득반환청구를 할 수 있다.
> ㉡ 乙의 지분이 2분의 1이고 다른 특약이 없는 경우, 乙은 단독으로 공유물의 관리에 관한 사항을 결정할 수 없다.
> ㉢ 乙의 지분이 3분의 2인 경우, 乙은 X토지의 특정된 부분을 배타적으로 사용하는 결정을 할 수 있다.
> ㉣ 乙과 丙은 X토지를 5년 내에 분할하지 않을 것을 약정할 수 있다.

① ㉠, ㉡
② ㉡, ㉣
③ ㉠, ㉡, ㉣
④ ㉡, ㉢, ㉣
⑤ ㉠, ㉡, ㉢, ㉣

해설

모두 타당

04 개업공인중개사가 X토지를 공유로 취득하고자 하는 甲, 乙에게 설명한 내용으로 옳은 것을 모두 고른 것은? (다툼이 있으면 판례에 따름)

제35회

> ㉠ 甲의 지분이 1/2, 乙의 지분이 1/2인 경우, 乙과 협의 없이 X토지 전체를 사용·수익하는 甲에 대하여 乙은 X토지의 인도를 청구할 수 있다.
> ㉡ 甲의 지분이 2/3, 乙의 지분이 1/3인 경우, 甲이 X토지를 임대하였다면 乙은 그 임대차의 무효를 주장할 수 없다.
> ㉢ 甲의 지분이 1/3, 乙의 지분이 2/3인 경우, 乙은 甲의 동의 없이 X토지를 타인에게 매도할 수 없다.

① ㉠
② ㉡
③ ㉠, ㉢
④ ㉡, ㉢
⑤ ㉠, ㉡, ㉢

해설

㉠ 乙은 甲에 대하여 X토지의 인도를 청구할 수 없다. 다만, 「민법」 제214조에 따른 방해배제청구권은 행사할 수 있다. 또한 이득이 있다면 부당이득 반환청구도 가능하다.

제2절 | 전자계약서 시스템

<< key 포인트! >>

1) 전자계약의 특징

① 개업공인중개사는 종이 계약서 및 중개대상물 확인 · 설명서, 인장이 필요 없다.

② 개업공인중개사는 별도로 거래계약서 및 확인 · 설명서 작성 및 서명 및 날인, 교부, 보존의무가 없다.

③ 원칙적으로 개업공인중개사만이 전자계약을 체결할 수 있다(당사자 간 직거래시는 불가). 따라서, 무자격, 무등록자의 불법한 중개활동을 방지할 수 있다.

④ 공동중개로 전자계약을 체결하기 위해서는 모든 개업공인중개사가 전자계약시스템에 회원가입을 하고, 공인인증서를 발급받아 등록을 하여야 한다.

⑤ 부동산 매매계약과 주택임대차계약의 경우에 부동산거래신고와 거래계약이 해제된 경우, 별도로 신고할 의무가 없다. 또한 주택임대차계약의 경우에는 **확정일자가 자동 부여**된다.

제2절 | 엄선 기출문제(제15회 ~ 제35회)

01 부동산 전자계약에 관한 설명으로 옳은 것은? 제30회

① 시 · 도지사는 부동산거래의 계약 · 신고 · 허가 · 관리 등의 업무와 관련된 정보체계를 구축 · 운영하여야 한다.

② 부동산 거래계약의 신고를 하는 경우 전자인증의 방법으로 신분을 증명할 수 없다.

③ 정보처리시스템을 이용하여 주택임대차계약을 체결하였더라도 해당 주택의 임차인은 정보처리시스템을 통하여 전자계약인증서에 확정일자 부여를 신청할 수 없다.

④ 개업공인중개사가 부동산거래계약시스템을 통하여 부동산거래계약을 체결한 경우 부동산거래계약이 체결된 때에 부동산거래계약 신고서를 제출한 것으로 본다.

⑤ 거래계약서 작성시 확인 · 설명사항이 「전자문서 및 전자거래 기본법」에 따른 공인전자문서센터에 보관된 경우라도 개업공인중개사는 확인 · 설명사항을 서면으로 작성하여 보존하여야 한다.

해설

① 국토교통장관 ② 있다. ③ 확정일자 부여신청 가능 ⑤ 보존의무가 없다.

정답 01 ④

제3절 | 소유권이전·보존등기 신청의무 및 검인제도

<< key 포인트! >>

1) 검인신청의 대상

계약을 원인으로 한 소유권 이전등기를 신청 : 계약서 원본 또는 확정 판결정본(화해·인락·조정조서 포함)에 검인을 받아 제출하여야 한다.

검인대상(○)	검인대상(×)
① 매매·교환·증여계약서	① 경매·공매·상속·취득시효 등
② 공유물분할계약서	② 부동산거래 신고필증을 교부받은 경우
③ 가등기에 기한 본등기	③ 토지거래허가를 받은 매매계약서

2) 검인관련 내용

① 검인은 계약을 체결한 당사자 중 1인이나 그 위임을 받은 자, 계약서를 작성한 변호사와 법무사 및 개업공인중개사가 신청할 수 있다.

② 계약을 원인으로 소유권이전등기를 신청할 때 검인을 받아야 한다. 따라서, 용익물권 설정이나 담보물권 설정은 검인 대상이 아니다.

③ **부동산거래 신고필증을 교부받으면 검인을 받은 것으로 의제된다.**

④ 검인신청을 받은 경우 시장·군수·구청장은 계약서 또는 판결서 등의 **형식적 요건**의 구비 여부만을 확인하고 지체 없이 검인을 하여 검인신청인에게 교부하여야 한다.

3) 검인 신청자

① 계약을 체결한 당사자 중 1인이나 그 위임을 받은 자
② 계약서를 작성한 변호사나 법무사 개업공인중개사가 신청할 수 있다.

주의 개업공인중개사는 검인을 신청할 의무는 없다.

제3절 **엄선 기출문제**(제15회 ~ 제35회)

01 다음에 열거한 내용 중에서 「부동산등기 특별조치법」상 검인대상이 아닌 것은 몇 개 인가? _{제21회 수정}

> ㉠ 토지거래허가를 받은 매매계약서
> ㉡ 부동산거래계약신고필증을 받은 건물매매계약서
> ㉢ 주택임대차계약서
> ㉣ 집행력 있는 판결서
> ㉤ 토지와 주택의 교환계약서

① 1개   ② 2개   ③ 3개
④ 4개   ⑤ 5개

해설
㉠㉡㉢은 검인대상이 아니다.

02 개업공인중개사 甲이 乙소유의 X토지를 매수하려는 丙의 의뢰를 받아 매매를 중개하는 경우에 관한 설명으로 옳은 것은? _{제24회}
① 계약서를 작성한 甲이 자신의 이름으로는 그 계약서의 검인을 신청할 수 없다.
② X토지의 소유권을 이전받은 丙이 매수대금의 지급을 위하여 X토지에 저당권을 설정하는 경우, 저당권설정계약서도 검인의 대상이 된다.
③ 丙이 X토지에 대하여 매매를 원인으로 소유권이전청구권보전을 위한 가등기에 기하여 본등기를 하는 경우, 매매계약서는 검인의 대상이 된다.
④ 甲이 부동산거래 신고필증을 교부받아도 계약서에 검인을 받지 않는 한 소유권이 전등기를 신청할 수 없다.
⑤ 丙으로부터 검인신청을 받은 X토지 소재지 관할청이 검인할 때에는 계약서 내용의 진정성을 확인해야 한다.

해설
① 검인 가능 ② 소유권 이전만이다. 따라서 저당권(×) ④ 검인(×) ⑤ 형식적 심사

정답   01 ③   02 ③

03 다음 중 검인계약서에 대한 설명으로 틀린 것은? 제24회 수정

① 계약을 원인으로 소유권 이전등기를 신청할 때 필요하다.

② 부동산의 소재지를 관할하는 시장·군수·구청장 또는 그 권한의 위임을 받은 자에게 검인을 신청한다.

③ ②의 경우 시장 등으로부터 권한을 위임받을 수 있는 자는 읍·면·동장이며, 시장 등이 검인의 권한을 위임한 때에는 지체 없이 관할등기소장의 승인을 받아야 한다.

④ 계약서의 기재내용은 「부동산등기 특별조치법」에 정해져 있으며, 계약연월일도 필요적 기재사항으로 규정되어 있다.

⑤ 등기원인을 증명하는 서면이 집행력 있는 판결서 또는 판결과 같은 효력을 갖는 조서인 때에는 판결서 등에 검인을 받는다.

해설

지체 없이 관할등기소장에게 통지하여야 한다.

정답 ▶ 03 ③

제4절 부동산 실권리자명의 등기에 관한 법률

<< key 포인트! >>

1) 「부동산실명법」의 주요 내용

① 부동산에 관한 **소유권 기타 물권(가등기 포함)** ※ 채권(×)

② **명의신탁약정**은 언제나 무효이다.

③ 명의신탁약정에 따른 물권변동은 무효이다.

　　단, 계약명의신탁의 경우, 매도인이 선의인 때는 수탁자 명의의 등기는 유효하다.

④ 명의신탁자는 명의신탁약정 및 물권변동의 무효를 가지고 제3자에게 대항하지 못한다.

　　즉, 수탁자와 거래한 **제3자는 선·악을 불문하고** 권리를 취득한다.

2) 명의신탁에서 제외되는 경우 〈★ 신.양. – 상.가〉

> ① 「**신탁**법」 또는 「자본시장과 금융투자업법」에 의한 신탁재산인 사실을 등기한 경우
> ② **양도**담보
> ③ **상호**명의신탁
> ④ **가등기**담보

3) 종중 및 배우자, 종교에 대한 특례 〈★ 종.종.배〉

조세포탈, 강제집행의 면탈 또는 법령상 제한의 회피를 목적으로 하지 아니하는 경우, 명의신탁은 유효하고 과징금, 이행강제금, 벌칙 등의 규정은 적용되지 않는다.

> ① **종중**이 보유한 부동산에 관한 물권을 종중 외의 자의 명의로 등기한 경우
> ② **종교**단체의 명의로 등기한 경우
> ③ **배우**자 명의로 부동산에 관한 물권을 등기한 경우

4) 명의신탁의 유형

① **2자 간 명의신탁**(이전형)

　㉠ **명의신탁약정은 무효**로 소유권은 명의신탁자에게 귀속된다. 따라서 명의수탁자 명의의 소유권이전등기 말소 청구가 가능하다.

　㉡ 신탁자는 수탁자를 상대로 원인무효를 이유로 그 등기의 말소 또는 진정명의 회복을 원인으로 한 이전등기를 구할 수도 있다.

　㉢ 명의수탁자가 제3자에게 매각시 횡령죄가 성립하지 않는다.

② **3자 간 등기명의신탁**(중간생략 명의신탁) : 신탁자가 소유자로부터 부동산을 매매계약을 체결하고, 명의수탁자 명의로 등기를 하는 형태를 말한다.

> ㉠ 명의신탁자와 명의수탁자 사이에 명의신탁약정 및 이에 따른 소유권이전 등기는 무효이다.
> ㉡ 소유권은 매도인에게 복귀된다. 따라서, 명의신탁자는 명의수탁자를 상대로 명의신탁해지를 원인으로 하는 소유권이전등기는 청구할 수 없다.
> ㉢ 명의신탁자는 매도자를 대위하여 명의수탁자 명의의 등기의 말소하고, 매도인을 상대로 매매계약에 기한 소유권이전등기를 한다.
> ㉣ 명의수탁자가 제3자에 매각하는 경우에 횡령죄 불성립
> ㉤ 제3자는 선·악을 불문하고 소유권을 취득한다.

③ **계약명의신탁**(위임형) : 신탁자가 수탁자에게 자금을 지급하여, **수탁자가 계약의 일방당사자**가 되어 매매계약을 직접체결하고, 자기명의로 이전등기를 받는 형태이다.

> ㉠ 매도인이 선의인 경우에는 명의신탁약정은 무효이나 매도인과 수탁자 간의 매매계약 및 소유권이전등기는 유효이다.
> ㉡ 매도인이 악의인 경우에는 명의신탁약정 및 수탁자명의로의 등기(가등기)는 무효이다.
> ㉢ 매도인과 명의수탁자 사이의 매매계약은 유효이므로 신탁자는 소유권이전청구권을 행사할 수는 없다. 다만, 명의수탁자를 상대로 부당이득 반환청구는 가능하다.
> ㉣ 제3자는 선·악을 불문하고 소유권을 취득한다.
> ㉤ 명의수탁자가 제3자에 매각시 횡령죄 불성립(판)

④ 판례는 부동산소유자(매도자)가 **매매계약 당시에는 명의신탁 약정사실을 몰랐으나,** 소유권이전등기를 할 때 명의신탁약정 사실을 알게 된 경우에도 매매계약과 등기 효력은 유효로 보고 있다.

엄선 기출문제(제15회 ~ 제35회)

01 개업공인중개사가 중개의뢰인에게 「부동산 실권리자명의 등기에 관한 법률」의 내용에 관하여 설명한 것으로 옳은 것을 모두 고른 것은? (다툼이 있으면 판례에 따름)

제33회

> ㉠ 부동산의 위치와 면적을 특정하여 2인 이상이 구분소유하기로 하는 약정을 하고 그 구분소유자의 공유로 등기한 경우, 그 등기는 「부동산 실권리자명의 등기에 관한 법률」 위반으로 무효이다.
> ㉡ 배우자 명의로 부동산에 관한 물권을 등기한 경우 조세 포탈, 강제집행의 면탈 또는 법령상 제한의 회피를 목적으로 하지 아니하는 경우 그 등기는 유효하다.
> ㉢ 명의신탁자가 계약의 당사자가 되는 3자 간 등기명의신탁이 무효인 경우 명의신탁자는 매도인을 대위하여 명의수탁자 명의의 등기의 말소를 청구할 수 있다.

① ㉠　　　　　　　　② ㉡　　　　　　　　③ ㉠, ㉢
④ ㉡, ㉢　　　　　　⑤ ㉠, ㉡, ㉢

해설
㉠은 상호명의신탁으로 유효이다.

02 甲은 乙과 乙 소유 부동산의 매매계약을 체결하면서 세금을 줄이기 위해 甲과 丙 간의 명의신탁약정에 따라 丙 명의로 소유권이전등기를 하기로 하였다. 丙에게 이전등기가 이루어질 경우에 대하여 개업공인중개사가 甲과 乙에게 설명한 내용으로 옳은 것은? (다툼이 있으면 판례에 따름)

제27회

① 계약명의신탁에 해당한다.
② 丙 명의의 등기는 유효하다.
③ 丙 명의로 등기가 이루어지면 소유권은 甲에게 귀속된다.
④ 甲은 매매계약에 기하여 乙에게 소유권이전등기를 청구할 수 있다.
⑤ 丙이 소유권을 취득하고 甲은 丙에게 대금 상당의 부당이득반환청구권을 행사할 수 있다.

해설
① 3자 간 명의신탁 ② 무효 ③ 乙에게 귀속된다. ⑤ 乙에 소유권 복귀, 부당이득(×)

정답 ▶　01 ④　02 ④

03 甲과 친구 乙은 乙을 명의수탁자로 하는 계약명의신탁약정을 하였고, 이에 따라 乙은 2021. 10. 17. 丙소유 X토지를 매수하여 乙명의로 등기하였다. 이 사안에서 개업공인 중개사가 「부동산 실권리자명의 등기에 관한 법률」의 적용과 관련하여 설명한 내용으로 옳은 것을 모두 고른 것은? (다툼이 있으면 판례에 따름) 제28회

> ㉠ 甲과 乙의 위 약정은 무효이다.
> ㉡ 甲과 乙의 위 약정을 丙이 알지 못한 경우라면 그 약정은 유효하다.
> ㉢ 甲과 乙의 위 약정을 丙이 알지 못한 경우, 甲은 X토지의 소유권을 취득한다.
> ㉣ 甲과 乙의 위 약정을 丙이 안 경우, 乙로부터 X토지를 매수하여 등기한 丁은 그 소유권을 취득하지 못한다.

① ㉠   ② ㉣   ③ ㉠, ㉡
④ ㉡, ㉢   ⑤ ㉡, ㉢, ㉣

해설
㉡ 무효 ㉢ 乙은 X토지의 소유권을 취득 ㉣ 丁은 소유권 취득

04 2023. 10. 7. 甲은 친구 乙과 X부동산에 대하여 乙을 명의수탁자로 하는 명의신탁약 정을 체결하였다. 개업공인중개사가 이에 관하여 설명한 내용으로 옳은 것을 모두 고른 것은? (다툼이 있으면 판례에 따름) 제34회

> ㉠ 甲과 乙 사이의 명의신탁약정은 무효이다.
> ㉡ X부동산의 소유자가 甲이라면, 명의신탁약정에 기하여 甲에서 乙로 소유권 이전등기가 마쳐졌다는 이유만으로 당연히 불법원인급여에 해당한다고 볼 수 없다.
> ㉢ X부동산의 소유자가 丙이고 계약명의신탁이라면, 丙이 그 약정을 알았더라 도 丙으로부터 소유권이전등기를 마친 乙은 유효하게 소유권을 취득한다.

① ㉠   ② ㉡   ③ ㉢
④ ㉠, ㉡   ⑤ ㉠, ㉡, ㉢

해설
㉢ 계약명의신탁의 경우, 소유자 丙이 악의라면 丙으로부터 소유권이전등기를 마친 수탁자 乙은 소유권을 취득하지 못한다.

05 甲이 乙로부터 乙 소유의 X주택을 2020. 1. 매수하면서 그 소유권이전등기는 자신의 친구인 丙에게로 해 줄 것을 요구하였다(이에 대한 丙의 동의가 있었음). 乙로부터 X주택의 소유권이전등기를 받은 丙은 甲의 허락을 얻지 않고 X주택을 丁에게 임대하였고, 丁은 X주택을 인도받은 후 주민등록을 이전하였다. 그런데 丁은 임대차계약 체결 당시에 甲의 허락이 없었음을 알고 있었다. 이에 대하여 개업공인중개사가 丁에게 설명한 내용으로 틀린 것은? (다툼이 있으면 판례에 따름) 제35회

① 丙은 X주택의 소유권을 취득할 수 없다.

② 乙은 丙을 상대로 진정명의 회복을 위한 소유권이전등기를 청구할 수 있다.

③ 甲은 乙과의 매매계약을 기초로 乙에게 X주택의 소유권이전등기를 청구할 수 있다.

④ 丁은 甲 또는 乙에 대하여 임차권을 주장할 수 있다.

⑤ 丙은 丁을 상대로 임대차계약의 무효를 주장할 수 없지만, 甲은 그 계약의 무효를 주장할 수 있다.

해설

위 사례는 제3자 간 등기명의신탁에 해당된다. 명의신탁자 甲은 명의신탁약정 및 물권변동의 무효를 가지고 선·악을 불문하고 제3자인 丁에게 대항하지 못한다. 따라서, 甲은 대항력을 취득한 임차인 丁에게 그 계약의 무효를 주장할 수 없다.

제5절 | **주택임대차보호법**

<< key 포인트! >>

1) 적용범위

주거용 건물의 전부 또는 일부의 임대차에 관하여 적용한다. 그 임차주택의 일부가 주거 외의 목적으로 사용되는 경우에도 적용된다.

> ① 주거용 건물의 전부 또는 일부의 임대차에 관하여 이를 적용한다.
> ② **임차주택의 일부가 주거 외의 목적**으로 사용되는 겸용 건물의 경우에도 적용된다.
> ③ 주택의 등기하지 아니한 전세계약(미등기전세ㆍ채권적 전세)에 관하여 이를 준용한다.
> ::**참고** | 미등기, 무허가, 법상 등록한 외국인, 전대차에 적용된다.
> ④ 원칙적으로 법인에는 적용되지 않는다. 다만, 법인에게 적용되는 예외가 있다.

2) 대항력

(1) **요건** : **주택의 인도**(입주) + **주민등록**(전입신고)

(2) **관련 내용**

① 주택의 인도 및 주민등록이라는 대항요건은 그 대항력 취득시에만 구비하면 족한 것이 아니고 그 대항력을 유지하기 위해서도 계속 존속하고 있어야 한다.

② 대항요건은 주택의 인도와 주민등록(전입신고)만 갖추면 **익일 0시부터 대항력**을 취득한다. 따라서 확정일자는 우선변제요건이지 대항요건과는 관련 없다.

③ **다가구용 단독주택**의 경우, 지번만 기재하는 것으로 충분하고, 동, 호수까지 기재할 의무나 필요가 없다.

3) 최우선변제권(대항요건 + 소액보증금)

⇨ 주택가액(대지 포함)의 **1/2 범위 내**에서 일정액 지급

① **소액보증금**

> ① **서울 : 1억 6천 5백만원 이하 − 5천 5백만원**
> ② 과밀, 세종특별자치시, 용인, 화성 및 김포 : 1억 4천5백만원 이하 − 4천800만원
> ③ 광역시(안산, 광주, 파주, 이천 평택 : 8천5백만원 이하 − 2천800만원
> ④ 그 밖의 지역 : 7천5백만원 이하 − 2천5백만원

② **소액보증금 최우선변제권 상실 판례** : 주택임차인이 그 지위를 강화하고자 별도로 전세권설정등기를 마쳤더라도 주택임차인이 「주택임대차보호법」상의 대항요건을 상실하면 이미 취득한 **「주택임대차보호법」상의 대항력 및 우선변제권을 상실한다.**

4) 확정일자부 임차인의 우선 변제권[요건 : 대항요건(주택의 인도 + 전입신고) + 확정일자인]

① 확정일자인은 임대차보증금액 및 임대인의 동의에 관계없이 임대차계약서 원본만 제출하면 받을 수 있다.

② 확정일자는 주택 소재지의 읍·면사무소, 동 주민센터 또는 시·군·구 출장소, 법원, 등기소, 공증인 등에서 부여한다.

③ **확정일자**를 받은 임대차계약서에 임대차 목적물을 표시하면서 아파트의 명칭과 그 전유부분의 동·호수의 기재를 누락하였다 하더라도 우선변제권은 인정된다.

④ **대항요건을 갖춘 날 또는 그 이전에 확정일자**를 받은 경우에도 우선변제일은 대항요건이 기준이 된다. 따라서 저당권 설정등기일과 같다면 항상 저당권자가 우선한다.

⑤ 임대차계약을 체결하려는 자는 임대인의 동의를 받아 확정일자 부여기관에 해당 주택의 확정일자 부여일, 차임 및 보증금 등 정보제공을 요청할 수 있다.

5) 임차권 등기명령

① 임차권등기명령의 신청서에는 신청의 취지 및 이유, 임대차의 목적인 주택, 임차권등기의 원인이 된 사실 등을 적어야 하며, 신청의 이유와 임차권등기의 원인이 된 사실을 소명하여야 한다.

② 임차인은 임차권등기명령의 신청과 그에 따른 임차권등기와 관련한 비용을 **임대인에게 청구**할 수 있다.

③ 임대인에게 임차권등기명령이 송달되기 전에도 임차권등기명령을 집행할 수 있다 (법 제3조의3 제3항).

④ 임차인은 임차권등기명령의 집행에 따른 임차권등기를 마치면 대항력과 우선변제권을 취득한다. 다만, 임차인이 임차권등기 이전에 이미 대항력이나 우선변제권을 취득한 경우에는 그 대항력이나 우선변제권은 그대로 유지된다.

⑤ 임차권등기명령의 집행에 의한 임차권등기가 경료된 주택을 그 이후에 임차한 임차인은 **최우선변제를** 받을 권리는 인정되지 않는다.

⑥ 임차권등기 이후에는 대항요건을 상실하더라도 이미 취득한 대항력이나 우선변제권을 상실하지 아니한다. 따라서 다른 곳으로 이사한 경우에도 대항력을 유지된다.

6) 묵시적 갱신(법정갱신)

① 임대인이 임대차기간이 끝나기 **6개월 전부터 2개월 전**까지의 기간에 임차인에게 갱신거절 통지 또는 계약조건을 변경 통지를 하지 아니한 경우, 그 기간이 끝난 때에 전 임대차와 동일한 조건으로 다시 임대차한 것으로 본다.

② 임차인이 임대차기간이 끝나기 **2개월 전까지 통지**하지 아니한 경우에도 또한 같다.

③ 묵시적 갱신이 된 경우에 **임차인은 언제든지** 임대인에게 계약해지를 통지할 수 있고, 임대인이 그 통지를 받은 날부터 **3개월**이 지나면 그 효력이 발생한다.

④ **2기의 차임액**에 달하도록 연체하거나 그 밖에 임차인으로서의 의무를 현저히 위반한 임차인에 대하여는 적용하지 아니한다.

7) 계약갱신요구권

법정갱신에도 불구하고 임대인은 **임차인이 임대차 기간이 끝나기 6개월 전부터 2개월 전**까지 계약갱신을 요구할 경우 정당한 사유 없이 거절하지 못한다.

다만, 다음의 어느 하나에 해당하는 경우에는 그러하지 아니하다.

① **계약갱신거절 사유**

> 1. 임차인이 **2기의 차임액**에 해당하는 금액에 이르도록 차임을 연체한 경우
> 2. 임차인이 거짓이나 그 밖의 **부정한 방법으로 임차**한 경우
> 3. 서로 합의하여 임대인이 임차인에게 **상당한 보상**을 제공한 경우
> 4. 임차인이 **임대인의 동의 없이** 목적 주택의 **전부 또는 일부를 전대**한 경우
> 5. 임차인이 임차한 주택의 전부 또는 일부를 **고의나 중대한 과실**로 파손한 경우
> 6. 임차한 주택의 전부 또는 일부가 멸실되어 임대차의 **목적을 달성하지 못할 경우**
> 7. 임대인이 다음의 어느 하나에 해당하는 사유로 목적 주택의 **전부 또는 대부분을 철거하거나 재건축**하기 위하여 목적 주택의 점유를 회복할 필요가 있는 경우
>   가. 임대차계약 체결 당시 공사시기 및 소요기간 등을 포함한 철거 또는 재건축 계획을 임차인에게 구체적으로 고지하고 그 계획에 따르는 경우
>   나. 건물이 노후·훼손 또는 일부 멸실되는 등 안전사고의 우려가 있는 경우
>   다. 다른 법령에 따라 철거 또는 재건축이 이루어지는 경우
> 8. 임대인(임대인의 직계존속·직계비속을 포함)이 목적 주택에 실제 거주하려는 경우
> 9. 그 밖에 임차인이 임차인으로서의 의무를 현저히 위반하거나 임대차를 계속하기 어려운 **중대한 사유**가 있는 경우

② **갱신요구권의 횟수 및 기간**: 임차인은 계약갱신요구권을 **1회에 한하여** 행사할 수 있다. 이 경우 갱신되는 임대차의 존속기간은 **2년으로 본다.**

③ **갱신요구권 행사 후 계약해지**

> ㉠ 임차인은 **언제든지** 임대인에게 계약해지를 통지할 수 있다.
> ㉡ 임대인이 그 통지를 받은 날부터 **3개월**이 지나면 그 효력이 발생한다.

④ **갱신요구권의 효과**

㉠ 갱신되는 임대차는 전 임대차와 **동일한 조건**으로 다시 계약된 것으로 본다.

㉡ 다만, **증액청구**는 약정한 차임이나 보증금의 **20분의 1(5%)**의 금액을 초과하지 못한다. 또한 증액청구는 임대차계약 또는 증액이 있은 후 **1년 이내**에는 하지 못한다.

※ 임차인의 감액청구: **횟수와 금액의 제한이 없다.**

제5절 | **엄선 기출문제**(제15회 ~ 제35회)

01 개업공인중개사가 甲소유의 X주택을 乙에게 임대하는 임대차계약을 중개하면서 양 당사자에게 설명한 내용으로 옳은 것은? (다툼이 있으면 판례에 의함) 제21회

① 乙이 X주택의 일부를 주거 외의 목적으로 사용하면 「주택임대차보호법」의 적용을 받지 못한다.

② 임차권등기명령에 따라 등기되었더라도 X주택의 점유를 상실하면 乙은 대항력을 잃는다.

③ 乙이 X주택에 대한 대항력을 취득하려면 확정일자를 요한다.

④ 乙이 대항력을 취득한 후 X주택이 丙에게 매도되어 소유권이전등기가 경료된 다음에 乙이 주민등록을 다른 곳으로 옮겼다면, 丙의 임차보증금반환채무는 소멸한다.

⑤ 乙이 경매를 통해 X주택의 소유권을 취득하면 甲과 乙 사이에 임대차계약은 원칙적으로 종료한다.

해설
① 적용 ② 대항력 유지 ③ 확정일자(×) ④ 소멸되지 않는다.

02 개업공인중개사가 「주택임대차보호법」의 적용에 관하여 설명한 내용으로 틀린 것을 모두 고른 것은? (다툼이 있으면 판례에 따름) 제34회

> ㉠ 주택의 미등기 전세계약에 관하여는 「주택임대차보호법」을 준용한다.
> ㉡ 주거용 건물에 해당하는지 여부는 임대차목적물의 공부상의 표시만을 기준으로 정하여야 한다.
> ㉢ 임차권등기 없이 우선변제청구권이 인정되는 소액임차인의 소액보증금반환채권은 배당요구가 필요한 배당요구채권에 해당하지 않는다.

① ㉠ ② ㉡ ③ ㉠, ㉢
④ ㉡, ㉢ ⑤ ㉠, ㉡, ㉢

해설
㉡ 주거용 건물 판단기준은 공적장부만이 아니라 **실제 용도가 우선한다.**
㉢ 확정일자에 의한 우선변제권이나 소액임차인의 최우선변제권은 배당신청을 해야 한다.

정답 ▶ 01 ⑤ 02 ④

03 개업공인중개사가 주택임차 의뢰인에게 설명한 「주택임대차보호법」상 대항력의 내용으로 옳은 것은? (다툼이 있으면 판례에 의함) 제22회 수정

① 20224년 9월 5일에 주택의 인도와 주민등록을 마친 임차인에게 대항력이 생기는 때는 2024년 9월 6일 오전 0시이다.

② 한 지번에 다가구용 단독주택 1동만 있는 경우 임차인이 전입신고시 그 지번만 기재하고 편의상 부여된 호수를 기재하지 않았다면 대항력을 취득하지 못한다.

③ 임차인이 전입신고를 올바르게 하고 입주했으나 공무원이 착오로 지번을 잘못 기재하였다면 정정될 때까지 대항력이 생기지 않는다.

④ 주식회사인 법인이 주택을 임차하면서 그 소속직원의 명의로 주민등록을 하고 확정일자를 구비한 경우에도 「주택임대차보호법」이 적용된다.

⑤ 임차인이 별도로 전세권설정등기를 마쳤다면 세대원 전원이 다른 곳으로 이사를 가더라도 이미 취득한 대항력은 유지된다.

해설
② 취득한다. ③ 대항력 취득 ④ 적용되지 않는다. ⑤ 「주택임대차보호법」상 대항력 상실

04 개업공인중개사가 임대인 甲과 임차인 乙 사이에 주택임대차계약을 중개하면서 그 계약의 갱신에 대하여 설명하고 있다. 「주택임대차보호법」상 (   )에 들어갈 내용으로 옳은 것은? 제24회 수정

> ㉠ 乙이 임대차기간 종료 (㉠) 전까지 갱신거절의 통지를 하지 않은 경우, 그 기간 만료시에 전 임대차와 동일한 조건으로 묵시적 갱신이 된다.
> ㉡ 乙이 (㉡)의 차임액을 연체한 경우에는 묵시적 갱신이 허용되지 않는다.
> ㉢ 甲이 임대차기간 종료 (㉢) 전부터 (㉣) 전까지의 기간에 갱신거절의 통지를 하지 않은 경우, 그 기간 만료시에 전 임대차와 동일한 조건으로 묵시적 갱신이 된다.
> ㉣ 묵시적 갱신이 된 후, 乙에 의한 계약해지의 통지는 甲이 그 통지를 받은 날로부터 (㉤)이 지나면 그 효력이 발생한다.

	㉠	㉡	㉢	㉣	㉤
①	1개월	2기	6개월	1개월	1개월
②	2개월	2기	6개월	2개월	3개월
③	1개월	3기	3개월	1개월	1개월
④	3개월	1기	3개월	1개월	3개월
⑤	3개월	2기	6개월	3개월	1개월

05 甲의 저당권이 설정되어 있는 乙소유의 X주택을 丙이 임차하려고 한다. 개업공인중개사가 중개의뢰인 丙에게 임대차계약 체결 후 발생할 수 있는 상황에 관하여 설명한 내용으로 옳은 것은? (다툼이 있으면 판례에 따름) 제35회

① 丙이 X주택을 인도받고 그 주소로 동거하는 자녀의 주민등록을 이전하면 대항력이 인정되지 않는다.

② 丙이 부동산임대차 등기를 한 때에도 X주택을 인도받고 주민등록의 이전을 하지 않으면 대항력이 인정되지 않는다.

③ 乙이 보증금반환채권을 담보하기 위하여 丙에게 전세권을 설정해 준 경우, 乙은 丙의 전세권을 양수한 선의의 제3자에게 연체차임의 공제 주장으로 대항할 수 있다.

④ 丙이 「주택임대차보호법」상 최우선변제권이 인정되는 소액임차인인 때에도 甲의 저당권이 실행되면 丙의 임차권은 소멸한다.

⑤ 丙이 임대차계약을 체결한 후 丁이 X주택에 저당권을 설정 받았는데, 丁이 채권을 변제받지 못하자 X주택을 경매한 경우 甲의 저당권과 丙의 임차권은 매각으로 소멸하지 않는다.

해설

① 임차인 본인뿐만 아니라 그 **배우자나 자녀 등** 가족의 주민등록을 포함한다.

② 부동산임대차 등기를 하면 등기가 경료시에 대항력을 취득한다.

③ 양수한 선의의 제3자에게 연체차임의 공제 주장으로 대항할 수 없다.

⑤ 甲의 저당권과 함께 후순위인 丙의 임차권은 매각으로 소멸한다.

06 개업공인중개사 甲의 중개로 丙은 2024. 10. 17. 乙 소유의 용인시 소재 X주택에 대하여 보증금 1억원에 2년 기간으로 乙과 임대차계약을 체결하고, 계약 당일 주택의 인도와 주민등록 이전, 임대차계약증서상의 확정일자를 받았다. 丙이 임차권등기명령을 신청하는 경우 주택임대차보호법령의 적용에 관한 甲의 설명으로 옳은 것은? 제31회

① 丙은 임차권등기명령 신청서에 신청의 취지와 이유를 적어야 하지만, 임차권등기의 원인이 된 사실을 소명할 필요는 없다.

② 丙이 임차권등기와 관련하여 든 비용은 乙에게 청구할 수 있으나, 임차권등기명령 신청과 관련하여 든 비용은 乙에게 청구할 수 없다.

③ 임차권등기명령의 집행에 따른 임차권등기를 마치면 丙은 대항력을 유지하지만 우선변제권은 유지하지 못한다.

④ 임차권등기명령의 집행에 따른 임차권등기 후에 丙이 주민등록을 서울특별시로 이전한 경우 대항력을 상실한다.

⑤ 임차권등기명령의 집행에 따라 임차권등기가 끝난 X주택을 임차한 임차인 丁은 소액보증금에 관한 최우선변제를 받을 권리가 없다.

해설

① 소명하여야 한다. ② 있다. ③ 우선변제권 취득한다. ④ 대항력은 유지된다.

정답 03 ① 04 ② 05 ④ 06 ⑤

07 甲 소유의 X주택에 대하여 임차인 乙이 주택의 인도를 받고 2024. 4. 3. 10 : 00에 확정일자를 받으면서 주민등록을 마쳤다. 그런데 甲의 채권자 丙이 같은 날 16 : 00에, 다른 채권자 丁은 다음 날 16 : 00에 X주택에 대해 근저당권설정 등기를 마쳤다. 임차인 乙에게 개업공인중개사가 설명한 내용으로 옳은 것은?　　　　제30회

① 丁이 근저당권을 실행하여 X주택이 경매로 매각된 경우, 乙은 매수인에 대하여 임차권으로 대항할 수 있다.

② 丙 또는 丁 누구든 근저당권을 실행하여 X주택이 경매로 매각된 경우, 매각으로 인하여 乙의 임차권은 소멸한다.

③ 乙은 X주택의 경매시 경매법원에 배당요구를 하면 丙과 丁보다 우선하여 보증금 전액을 배당받을 수 있다.

④ X주택이 경매로 매각된 후 乙이 우선변제권 행사로 보증금을 반환받기 위해서는 X주택을 먼저 법원에 인도하여야 한다.

⑤ X주택에 대해 乙이 집행권원을 얻어 강제경매를 신청하였더라도 우선변제권을 인정받기 위해서는 배당요구의 종기까지 별도로 배당요구를 하여야 한다.

해설
① 없다. ③ 丙보다는 우선할 수 없다. ④ 경락인 인도 ⑤ 배당요구(×)

08 개업공인중개사가 중개의뢰인에게 「주택임대차보호법」을 설명한 내용으로 틀린 것은?
　　　　제29회

① 임차인이 임차주택에 대하여 보증금반환청구소송의 확정판결에 따라 경매를 신청하는 경우 반대의무의 이행이나 이행의 제공을 집행개시의 요건으로 하지 아니한다.

② 임차권등기명령의 집행에 따른 임차권등기가 끝난 주택을 그 이후에 임차한 임차인은 보증금 중 일정액을 다른 담보물권자보다 우선하여 변제받을 권리가 없다.

③ 임대차계약을 체결하려는 자는 임차인의 동의를 받아 확정일자부여기관에 해당 주택의 확정일자 부여일 정보의 제공을 요청할 수 있다.

④ 임차인이 상속인 없이 사망한 경우 그 주택에서 가정공동생활을 하던 사실상의 혼인 관계에 있는 자가 임차인의 권리와 의무를 승계한다.

⑤ 주택의 등기를 하지 아니한 전세계약에 관하여는 「주택임대차보호법」을 준용한다.

해설
임대인의 동의를 받아

정답　07 ②　08 ③

제6절 상가건물 임대차보호법

<< key 포인트! >>

1) 적용범위

① **사업자등록 대상인 영업용 건물 + 일정 보증금액 이하**

② **환산보증금**: (보증금 + "월세 × 100")

> 1. **서울특별시 − 9억원 이하**
> 2. **과밀억제권역(서울특별시는 제외한다) 및 부산광역시 − 6억 9천만원**
> 3. 광역시(과밀억제권역에 포함된 지역과 군지역, 부산광역시는 제외), 세종특별자치시, 파주시, 화성시, 안산시, 용인시, 김포시 및 광주시 − **5억 4천만원**
> 4. 그 밖의 지역 − **3억 7천만원**

다만, 환산보증금이 초과한 경우에도 예외적으로 **3기 차임액 연체 및 해지, 대항력, 권리금, 계약갱신요구권 등은 적용된다.**

③ 미등기전세나 영리법인에도 적용

④ 「상가건물 임대차보호법」은 사업자등록의 대상이 되는 영업용 건물로서 환산보증금이 일정 금액 이하(**예** 서울특별시 9억원 이하)의 임대차에 대해서 적용됨이 원칙이다. 예컨대, 서울에서 상가를 보증금 10억원에 임대차 계약을 체결하였다면 이 법이 적용되지 않는다. 따라서, **최우선변제나 우선변제권은 인정되지 않는다.**

2) 임대차 기간

① 기간을 정하지 아니하거나 기간을 1년 미만으로 정한 임대차는 그 기간을 **1년으로 본다.** 다만, 임차인은 1년 미만으로 정한 기간이 유효함을 주장할 수 있다.

② 임대차가 종료한 경우에도 임차인이 보증금을 돌려받을 때까지는 임대차 관계는 존속하는 것으로 본다.

3) 최우선 변제(대항요건 + 소액보증금)

⇨ 1/2 범위 내에서 일정액의 보증금

> 1. **서울특별시: 6천500만원 − 2천200만원**
> 2. 과밀억제권역(서울특별시는 제외한다): 5천500만원 − 1천900만원
> 3. 광역시(과밀억제권역에 포함된 지역과 군지역은 제외), 안산시, 용인시, 김포시 및 광주시: 3천8백만원 − 1천300만원
> 4. 그 밖의 지역: 3천만원 − 1천만원

4) 우선변제권(대항요건 + 확정일자)

대항요건을 갖추고 관할 세무서장으로부터 임대차계약서상의 확정일자를 받은 임차인은 경매 또는 공매시 임차건물(임대인 소유의 대지를 포함)의 환가대금에서 후순위권리자나 그 밖의 채권자보다 우선하여 보증금을 변제받을 권리가 있다.

5) 계약갱신요구권

① 임대인은 임차인이 임대차기간 만료 전 6개월부터 1개월까지 사이에 행하는 계약갱신 요구에 대하여 정당한 사유 없이 이를 거절하지 못한다. 다만, 다음의 경우에는 거절할 수 있다.

> 「**주택임차법**」과 사유가 동일하나 다음 2가지는 「주택임차법」에만 해당된다.
> 1. 임차인이 **2기의 차임액**에 해당하는 금액에 이르도록 차임을 연체한 경우
> 2. 임대인(**임대인의 직계존속·직계비속을 포함**)이 목적 주택에 실제 거주하려는 경우

② 임차인의 계약갱신 요구 권은 **최초의 임대차 기간을 포함한 임대차 기간이 10년**을 초과하지 않는 범위 내에서만 행사할 수 있다.

③ 갱신되는 임대차는 전 임대차와 동일한 조건으로 다시 계약된 것으로 본다. 다만, 차임과 보증금은 **5% 범위 내**에서 증감할 수 있다.

6) 기타 관련 내용

① 3기의 차임액에 해당하는 금액에 이르도록 차임을 연체한 경우에는 임대인은 계약갱신청구권을 거절할 수 있다.

② 차임연체액이 3기의 차임액에 달하는 때에는 임대인은 계약을 해지할 수 있다.

③ 증액청구(5% 이내)는 임대차계약 또는 약정한 차임 등의 증액이 있은 후 1년 이내에는 하지 못한다. **감액청구는 임차인에게 유리하므로 원칙적으로 제한이 없다.**

④ 경매가 된 경우에 최우선변제를 받을 임차인은 보증금과 차임이 있는 경우 **보증금과 차임을 환산한 금액의 합계액이 서울이 6천500만원 이하**이어야 한다.

7) 권리금 보호

① **방해행위 금지**: 임대인은 임대차기간이 **끝나기 6개월 전부터 임대차 종료시까지** 다음 행위를 함으로써 임차인의 권리금 회수를 방해하여서는 아니 된다.

② **예외**(권리금 보호가 아니 됨)

> 1. 계약갱신거절사유가 있는 경우
> 2. 임차인이 주선한 신규임차인이 보증금 또는 차임을 지급할 자력이 없는 경우
> 3. 신규임차인이 의무위반 또는 기타 임대차 유지가 어려운 사유 발생
> 4. 임대차 목적물을 **1년 6개월 이상** 사용하지 않은 경우
> 5. 임대인이 선택한 신규 임차인과 권리금계약을 하고 지급받은 경우
> 6. 대규모점포(면적의 합계가 3천m² 이상) 또는 준대규모 점포의 일부인 경우, 임차 건물이 국·공유재산인 경우
>
> 주의 「전통시장 및 상점가 육성을 위한 특별법」 : 전통시장은 권리금 보호 대상이다.

③ **임대인의 손해배상 책임**

> 1. 손해배상액은 신규임차인이 임차인에게 지급하기로 한 권리금과 임대차 종료 당시의 권리금 중 **낮은 금액**을 넘지 못한다.
> 2. 손해배상 시효 – **임대차가 종료한 날부터 3년**
> 3. **전대인과 전차인 간에는 권리금보호규정은 적용 제외됨.**

제6절 | **엄선 기출문제**(제15회 ~ 제35회)

01 개업공인중개사 甲이 상가건물 임대차보호법령의 적용을 받는 乙소유건물의 임대차 계약을 중개하면서 임대인 乙과 임차인 丙에게 설명한 내용으로 틀린 것은 모두 몇 개 인가? 제21회

> • 乙과 丙이 1년 미만으로 임대차기간을 정한 경우 丙은 그 기간이 유효함을 주 장할 수 있다.
> • 丙이 2기의 차임액에 해당하는 금액에 이르도록 차임을 연체한 경우 丙은 乙 에게 계약의 갱신을 요구하지 못한다.
> • 丙은 임차권등기명령의 신청 및 그에 따른 임차권등기와 관련하여 지출한 비 용을 乙에게 청구할 수 있다.
> • 임대차계약종료 전 丙이 계약의 갱신을 요구한 경우 乙은 일정한 요건하에 건 물의 대부분을 철거함을 이유로 계약의 갱신을 거절할 수 있다.

① 없음   ② 1개   ③ 2개
④ 3개   ⑤ 4개

해설
두 번째 사례에서 2기가 아니라 3기이다. 나머지는 모두 타당

02 개업공인중개사가 중개의뢰인에게 「상가건물 임대차보호법」의 적용을 받는 상가건물 임대차에 관하여 설명한 것으로 옳은 것은? (다툼이 있으면 판례에 의함) 제22회

① 서울의 경우 현재 보증금액이 8억 6천 1백만원(월차임 환산금액 포함)인 경우에 는 「상가건물 임대차보호법」이 적용되지 않는다.
② 임차인이 상가건물의 일부를 임차하는 경우 대항력을 갖추기 위한 요건의 하나로 사업자등록 신청시 임차부분을 표시한 도면을 첨부해야 한다.
③ 임차권등기명령제도는 상가건물임대차의 경우에는 적용되지 않는다.
④ 상가건물을 임차하고 사업자등록을 한 사업자가 폐업신고를 하였다가 다시 같은 상호 및 등록번호로 사업자등록을 했다면 기존의 대항력은 존속된다.
⑤ 2기의 차임액을 연체한 임차인에 대해 임대인은 이를 이유로 계약갱신의 요구를 거절할 수 있다.

해설
① 적용된다. ③ 적용된다. ④ 상실 ⑤ 3기

03 개업공인중개사가 「상가건물 임대차보호법」의 적용을 받는 상가건물의 임대차를 중개하면서 의뢰인에게 설명한 내용으로 옳은 것은? 제25회

① 상가건물의 임대차를 등기한 때에는 그 다음 날부터 제3자에 대하여 효력이 생긴다.

② 임차인은 대항력과 확정일자를 갖춘 경우, 경매에 의해 매각된 임차건물을 양수인에게 인도하지 않더라도 배당에서 보증금을 수령할 수 있다.

③ 임대차 기간을 6개월로 정한 경우, 임차인은 그 유효함을 주장할 수 없다.

④ 임대차가 묵시적으로 갱신된 경우, 그 존속기간은 임대인이 그 사실을 안 때로부터 1년으로 본다.

⑤ 임대인의 동의를 받고 전대차계약을 체결한 전차인은 임차인의 계약갱신요구권 행사기간 이내에 임차인을 대위하여 임대인에게 계약갱신요구권을 행사할 수 있다.

해설
① 즉시 ② 인도하여야 한다. ③ 있다 ④ 임대차 기간이 만료된 때

04 개업공인중개사 甲의 중개로 乙은 丙 소유의 서울특별시 소재 X상가건물에 대하여 보증금 10억원에 1년 기간으로 丙과 임대차계약을 체결하였다. 乙은 X건물을 인도받아 2024. 3. 10. 사업자등록을 신청하였으며, 2024. 3. 13. 임대차계약서상의 확정일자를 받았다. 이 사례에서 상가건물 임대차보호법령의 적용에 관한 甲의 설명으로 틀린 것은? 제31회 수정

① 乙은 2024. 3. 11. 대항력을 취득한다.

② 乙은 2024. 3. 13. 보증금에 대한 우선변제권을 취득한다.

③ 丙은 乙이 임대차기간 만료되기 6개월 전부터 1개월 전까지 사이에 계약갱신을 요구할 경우, 정당한 사유 없이 거절하지 못한다.

④ 乙의 계약갱신요구권은 최초의 임대차 기간을 포함한 전체 임대차 기간이 10년을 초과하지 아니하는 범위에서만 행사할 수 있다.

⑤ 乙의 계약갱신요구권에 의하여 갱신되는 임대차는 전 임대차와 동일한 조건으로 다시 계약된 것으로 본다.

해설
보증금이 10억이므로 (서울 9억 이하) 「상가임차법」이 적용되지 않는다. 따라서, 최우선 및 우선변제권은 인정되지 않는다.

정답 01 ② 02 ② 03 ⑤ 04 ②

05 개업공인중개사가 중개의뢰인에게 「상가건물 임대차보호법」의 내용에 관하여 설명한 것으로 옳은 것을 모두 고른 것은? 제33회

> ㉠ 대통령령으로 정하는 보증금액을 초과하는 임대차인 경우에도 「상가건물 임대차보호법」상 권리금에 관한 규정이 적용된다.
> ㉡ 임차인이 2기의 차임액에 해당하는 금액에 이르도록 차임을 연체한 사실이 있는 경우, 임대인은 임차인의 계약갱신요구를 거절할 수 있다.
> ㉢ 임대인의 동의를 받고 전대차계약을 체결한 전차인은 임차인의 계약갱신요구권 행사기간 이내에 임차인을 대위하여 임대인에게 계약갱신요구권을 행사할 수 있다.

① ㉠   ② ㉡   ③ ㉠, ㉢

④ ㉡, ㉢   ⑤ ㉠, ㉡, ㉢

해설
㉡: 3기

06 개업공인중개사가 상가건물을 임차하려는 중개의뢰인 甲에게 「상가건물 임대차보호법」의 내용에 관하여 설명한 것으로 틀린 것은? 제35회

① 甲이 건물을 인도 받고 「부가가치세법」에 따른 사업자등록을 신청하면 그 다음 날부터 대항력이 생긴다.

② 확정일자는 건물의 소재지 관할 세무서장이 부여한다.

③ 임대차계약을 체결하려는 甲은 임대인의 동의를 받아 관할 세무서장에게 건물의 확정일자 부여일 등 관련 정보의 제공을 요청할 수 있다.

④ 甲이 거짓이나 그 밖의 부정한 방법으로 임차한 경우 임대인은 甲의 계약갱신요구를 거절할 수 있다.

⑤ 건물의 경매시 甲은 환가대금에서 우선변제권에 따른 보증금을 지급받은 이후에 건물을 양수인에게 인도하면 된다.

해설
임차인이 경매절차에서 배당금을 수령하기 위해서는 임차건물을 양수인에게 인도하지 아니하면 보증금을 받을 수 없다.

정답 ▶ 05 ③   06 ⑤

Chapter 04 경매·공매 및 매수신청대리인 등록

제1절 경매·공매실무

<< key 포인트! >>

1) 권리분석

소멸주의(소제 = 말소)	인수주의
〈말소기준권리〉 저당권, 근저당권, 압류, 가압류, 담보가등기	유치권, 법정지상권, 분묘기지권
경매개시결정등기보다 늦게 설정된 용익물권 등	경매개시결정등기보다 앞서 설정된 용익물권 등

2) 핵심정리

① (근)저당권, 담보가등기, 가압류채권, 압류채권은 모두 말소된다.

② 매각부동산 위의 모든 저당권은 매각으로 소멸된다.

③ 지상권·지역권·전세권 및 등기된 임차권은 저당권·압류채권·가압류채권에 **대항할 수 없는 경우**에는 매각으로 소멸된다.

④ 저당권·압류채권·가압류채권에 **대항할 수 있는** 지역권·전세권 및 등기된 임차권은 매수인이 인수한다.

⑤ **선순위 전세권**의 경우에는 배당요구를 한 경우에만 매각으로 소멸된다.

⑥ 매수인은 유치권자에게 그 유치권으로 담보하는 채권을 변제할 책임이 있다.

⑦ 유치권, 경매로 인한 법정지상권은 항상 인수된다. 다만, 유치권은 인수 권리에 해당하나, 경매개시결정등기가 경료되어 **압류의 효력이 발생한 이후에 점유를 취득**한 경우에는 매수인에게 대항할 수 없다.

⑧ 유치권자는 매수인에 대하여 그 피담보채권의 변제가 있을 때까지 유치 목적물의 부동산의 인도를 거절할 수 있을 뿐, **그 피담보채권의 변제를 청구할 수 없다.**

⑨ 매각허가결정에 대하여 항고를 하고자 하는 경우는 **매각대금의 10분의 1**에 해당하는 금전 또는 법원이 인정한 유가증권을 보증으로 공탁하여야 한다.

⑩ 차순위매수신고는 그 신고액이 **최고가 매수신고액에서 그 보증액을 뺀 금액을 넘는** 때에만 할 수 있다.

⑪ 매수인은 **매각대금을 완납시**에 소유권을 취득한다.

⑫ 강제경매절차 또는 담보권 실행을 위한 경매절차를 개시하는 결정을 한 부동산에 대하여 다른 강제경매의 신청이 있는 때에는 법원은 다시 경매개시결정을 하고, **먼저 경매개시결정을 한 집행절차**에 따라 경매한다(「민사집행법」 제87조, 압류의 경합).

⑬ 제3자는 권리를 취득할 때에 경매신청 또는 압류가 있다는 것을 알았을 경우에는 압류에 대항하지 못한다(법 제92조).

제1절 | **엄선 기출문제**(제15회 ~ 제35회)

01 개업공인중개사가 부동산경매에 관하여 설명한 내용으로 틀린 것은? 제21회

① 경매신청이 취하되면 압류의 효력은 소멸된다.

② 매각결정기일은 매각기일부터 1주 이내로 정해야 한다.

③ 기일입찰에서 매수신청의 보증금액은 최저매각가격의 10분의 1로 한다.

④ 매각허가결정에 대하여 항고하고자 하는 사람은 보증으로 최저매각가격의 10분의 1에 해당하는 금전을 공탁해야 한다.

⑤ 재매각절차에는 종전에 정한 최저매각가격, 그 밖의 매각조건을 적용한다.

해설

매각대금의 10분의 1

02 부동산경매에 있어서 매각부동산 위에 권리에 관한 설명으로 틀린 것은? 제22회

① 담보목적이 아닌 최선순위 소유권이전등기청구권보전의 가등기는 매각으로 소멸하지 않는다.

② 매각부동산 위의 모든 저당권과 담보가등기권리는 매각으로 소멸된다.

③ 임차건물이 매각되더라도 보증금이 전액 변제되지 않는 한 대항력 있는 임차권은 소멸하지 않는다.

④ 최선순위의 전세권으로서 가압류채권에 대항할 수 있는 경우 전세권자가 배당요구를 하더라도 전세권은 매수인이 인수한다.

⑤ 압류의 효력이 발생한 후에 경매목적물의 점유를 취득한 유치권자는 매수인에게 대항할 수 없다.

해설

전세권자가 배당요구시 소멸

03 개업공인중개사가 부동산의 경매에 관하여 설명한 내용으로 틀린 것은? 　제28회

① 부동산의 매각은 호가경매(呼價競賣), 기일입찰 또는 기간입찰의 세 가지 방법 중 집행법원이 정한 방법에 따른다.

② 강제경매신청을 기각하거나 각하하는 재판에 대하여는 즉시항고를 할 수 있다.

③ 경매개시결정을 한 부동산에 대하여 다른 강제경매의 신청이 있는 때에는 법원은 뒤의 경매신청을 각하해야 한다.

④ 경매신청이 취하되면 압류의 효력은 소멸된다.

⑤ 매각허가결정에 대하여 항고를 하고자 하는 사람은 보증으로 매각대금의 10분의 1에 해당하는 금전 또는 법원이 인정한 유가증권을 공탁해야 한다.

해설

먼저 경매의 절차에 따라 진행한다.

04 개업공인중개사가 중개의뢰인에게 「민사집행법」에 따른 부동산경매에 관하여 설명한 내용으로 옳은 것을 모두 고른 것은? 　제29회

> ㉠ 차순위매수신고는 그 신고액이 최고가매수신고액에서 그 보증금을 뺀 금액을 넘지 않는 때에만 할 수 있다.
> ㉡ 매각허가결정이 확정되어 대금지급기한의 통지를 받으면 매수인은 그 기한까지 매각대금을 지급해야 한다.
> ㉢ 매수인은 매각대금을 다 낸 후 소유권이전등기를 촉탁한 때 매각의 목적인 권리를 취득한다.
> ㉣ 매각부동산의 후순위저당권자가 경매신청을 하여 매각되어도 선순위저당권은 매각으로 소멸되지 않는다.

① ㉠ 　　　　　② ㉡ 　　　　　③ ㉠, ㉢

④ ㉡, ㉣ 　　　　　⑤ ㉢, ㉣

해설

㉠ 넘는 가격 ㉢ 매각대금 완납시에 ㉣ 저당권은 모두 소멸

정답 ▶ 01 ④ 　 02 ④ 　 03 ③ 　 04 ②

05 매수신청대리인으로 등록한 개업공인중개사가 X부동산에 대한 「민사집행법」상 경매 절차에서 매수신청대리의 위임인에게 설명한 내용으로 틀린 것은? (다툼이 있으면 판례에 따름) 제34회

① 최선순위의 전세권자는 배당요구 없이도 우선변제를 받을 수 있으며, 이때 전세권은 매각으로 소멸한다.

② X부동산에 대한 경매개시결정의 기입등기 전에 유치원을 취득한 자는 경매절차의 매수인에게 자기의 유치권으로 대항할 수 있다.

③ 최선순위의 지상권은 경매절차의 매수인이 인수한다.

④ 후순위 저당권자의 신청에 의한 경매라 하여도 선순위 저당권자의 저당권은 매각으로 소멸한다.

⑤ 집행법원은 배당요구의 종기를 첫 매각기일 이전으로 정한다.

> **해설**
> 최선순위 전세권의 경우 매수자가 인수한 권리에 해당하나 전세권자가 배당요구를 하면 매각으로 소멸한다.

06 개업공인중개사가 「민사집행법」에 따른 강제경매에 관하여 중개의뢰인에게 설명한 내용으로 틀린 것은? 제35회

① 법원이 경매절차를 개시하는 결정을 할 때에는 동시에 그 부동산의 압류를 명하여야 한다.

② 압류는 부동산에 대한 채무자의 관리·이용에 영향을 미치지 아니한다.

③ 제3자는 권리를 취득할 때에 경매신청 또는 압류가 있다는 것을 알았을 경우에도 압류에 대항할 수 있다.

④ 경매개시결정이 등기된 뒤에 가압류를 한 채권자는 배당요구를 할 수 있다.

⑤ 이해관계인은 매각대금이 모두 지급될 때까지 법원에 경매개시결정에 대한 이의신청을 할 수 있다.

> **해설**
> ③ 제3자가 경매개시결정등기 전에 경매신청 또는 압류가 있다는 것을 알았을 경우(즉, 악의)는 대항할 수 없다. 반면에 선의였으면 대항할 수 있다.
> 나머지 ①②④⑤는 「민사집행법」상의 경매절차에 모두 부합한다.

정답 05 ① 06 ③

제2절 | 매수신청대리인 등록

<< key 포인트! >>

1) 개업공인중개사가 매수신청대리인의 위임을 받은 경우 가능 업무 〈★ 보.이.차. - 우선〉

> 1. 매수신청 **보증**의 제공   2. **입찰표**의 작성 및 제출
> 3. **차순**위매수신고   4. 공유자의 **우선**매수신고
> 5. 매수신청의 보증을 돌려줄 것을 신청하는 행위
> 6. 「임대주택법」에 따른 임차인의 임대주택 **우선**매수신고
> 7. 공유자 또는 임대주택 임차인의 우선매수신고에 따라 차순위매수신고인으로 보게 되는 경우 그 **차순**위매수신고인의 지위를 포기하는 행위

> ◆주의 **인도명령, 항고, 매각기일 변경신청은 매수신청대리 범위에 포함되지 않는다.**

2) 개업공인중개사만이(공인중개사 - ×) 매수신청대리인으로 등록할 수 있다(단 중개인 ×).

3) 개업공인중개사가 매각장소 또는 집행법원에 직접 출석하여야 한다.

4) 원칙적으로, 개업공인중개사는 대리행위를 하는 경우 각 대리행위마다 대리권을 증명하는 문서(본인의 인감증명서가 첨부된 위임장과 대리인등록증 사본 등)를 제출하여야 한다. 다만, **같은 날 같은 장소에서 대리행위를 동시**에 하는 경우에는 하나의 서면으로 갈음할 수 있다.

5) 개업공인중개사가 매수신청대리를 위임받은 경우 매수신청대리 대상물의 **권리관계, 경제적 가치, 매수인이 부담하여야 할 사항 등**에 대하여 위임인에게 성실 · 정확하게 설명하고 등기사항증명서 등 설명의 근거자료를 제시하여야 한다.

6) 매수신청대리 업무의 절대적 업무정지와 임의적 업무정지처분의 기간은 **1개월 이상 2년 이하**로 한다.

7) 등록이 취소된 때에는 사무실 내 · 외부에 매수신청대리업무에 관한 표시 등을 제거하여야 하며, 업무정지처분을 받은 때에는 **업무정지 사실을 당해 중개사사무소의 출입문에 표시**하여야 한다.

8) 보수의 지급시기는 매수신청인과 매수신청대리인의 약정에 따르며, 약정이 없을 때에는 **매각대금의 지급 기한일**로 한다.

9) 개업공인중개사는 **중개사무소**(중개법인 주된 중개사무소) **관할하는 지방법원의 장**에게 매수신청대리인 등록신청을 하여야 한다.

10) 개업공인중개사는 위임계약을 체결한 경우 **확인·설명 사항을 서면**으로 작성하여, 서명 날인한 후 위임인에게 교부하고, 그 사본을 **사건카드에 철하여 5년간 보존**하여야 한다.

11) 매수신청 대상물 확인·설명서는 법정서식을 사용하여야 하며, **서명·날인은 「공인중개사법」 규정에 의해 등록된 인장을 사용하여야 한다.**

제2절 **엄선 기출문제**(제15회 ~ 제35회)

01 「공인중개사의 매수신청대리인 등록 등에 관한 규칙」상 매수신청대리인으로 등록된 개업공인중개사가 매수신청대리의 위임을 받아 할 수 없는 행위는?　　제24회

① 입찰표의 작성 및 제출
② 매각기일변경신청
③ 「민사집행법」에 따른 차순위매수신고
④ 「민사집행법」에 따른 매수신청 보증의 제공
⑤ 「민사집행법」에 따른 공유자의 우선매수신고

해설
대리범위에 해당 안 됨.

02 개업공인중개사의 매수신청대리에 관한 설명으로 틀린 것은?　　제22회

① 모든 개업공인중개사가 매수신청대리인으로 등록할 수 있는 것은 아니다.
② 공인중개사인 개업공인중개사는 매수신청대리인으로 등록하지 않더라도 경매대상 부동산에 대한 권리분석 및 알선을 할 수 있다.
③ 매수신청대리인은 부도임대주택의 경매에 있어서 구 「임대주택법」의 규정에 따른 임차인의 임대주택 우선매수신고를 대리할 수 있다.
④ 매수신청대리인은 매수신청대리 대상물의 권리관계, 경제적 가치, 매수인이 부담해야 할 사항 등에 대하여 위임인에게 성실·정확하게 설명하고 등기부등본 등 설명의 근거자료를 제시해야 한다.
⑤ 「입목에 관한 법률」에 따른 입목은 중개대상물이 될 수 있으나 매수신청대리의 대상물이 될 수 없다.

해설
중개대상물과 동일하게 입목도 대상이다.

03 공인중개사법령과 「공인중개사의 매수신청대리인 등록 등에 관한 규칙」에 관한 설명으로 틀린 것은? 제21회

① 매수신청대리인으로 등록된 개업공인중개사가 매수신청대리의 위임을 받은 경우 「민사집행법」의 규정에 따른 매수신청 보증의 제공을 할 수 있다.

② 매수신청대리인으로 등록한 개업공인중개사는 업무를 개시하기 전에 위임인에 대한 손해배상책임을 보장하기 위하여 보증보험 또는 협회의 공제에 가입하거나 공탁을 하여야 한다.

③ 개업공인중개사가 매수신청대리를 위임받은 경우 대상물의 경제적 가치에 대하여 위임인에게 성실 · 정확하게 설명해야 한다.

④ 개업공인중개사가 매수신청대리 위임계약을 체결한 경우 그 대상물의 확인 · 설명서 사본을 5년간 보존해야 한다.

⑤ 중개업과 매수신청대리의 경우 공인중개사인 개업공인중개사가 손해배상책임을 보장하기 위한 보증을 설정해야 하는 금액과 같다.

> **해설**
> 매수신청대리인으로 등록 전에 보증 설정

04 「공인중개사의 매수신청대리인 등록 등에 관한 규칙」의 내용으로 틀린 것은? 제25회

① 공인중개사는 중개사무소 개설등록을 하지 않으면 매수신청대리인 등록을 할 수 없다.

② 개업공인중개사가 매수신청대리를 위임받은 경우 당해 매수신청대리 대상물의 경제적 가치에 대하여는 위임인에게 설명하지 않아도 된다.

③ 개업공인중개사는 매수신청대리에 관한 수수료표와 수수료에 대하여 위임인에게 위임계약 전에 설명해야 한다.

④ 개업공인중개사는 매수신청대리행위를 함에 있어서 매각장소 또는 집행법원에 직접 출석해야 한다.

⑤ 개업공인중개사가 매수신청대리 업무정지처분을 받은 때에는 업무정지사실을 당해 중개사사무소의 출입문에 표시해야 한다.

> **해설**
> 설명할 사항이다.

정답 ▶ 01 ② 02 ⑤ 03 ② 04 ②

05 「공인중개사의 매수신청대리인 등록 등에 관한 규칙」의 내용으로 옳은 것은? 제27회

① 중개사무소의 개설등록을 하지 않은 공인중개사라도 매수신청대리인으로 등록할 수 있다.

② 매수신청대리인으로 등록된 개업공인중개사는 매수신청대리행위를 함에 있어 매각장소 또는 집행법원에 중개보조원을 대리출석하게 할 수 있다.

③ 매수신청대리인이 되고자 하는 법인인 개업공인중개사는 주된 중개사무소가 있는 곳을 관할하는 지방법원장에게 매수신청대리인 등록을 해야 한다.

④ 매수신청대리인으로 등록된 개업공인중개사는 매수신청대리의 위임을 받은 경우 법원의 부당한 매각허가결정에 대하여 항고할 수 있다.

⑤ 매수신청대리인으로 등록된 개업공인중개사는 본인의 인감증명서가 첨부된 위임장과 매수신청대리인등록증 사본을 한 번 제출하면 그 다음 날부터는 대리행위마다 대리권을 증명할 필요가 없다.

해설

① 공인중개사 불가 ② 소속공인중개사 및 중개보조원 불가 ④ 항고(×) ⑤ 같은 날, 같은 장소에서 동시에 하는 경우에는 하나의 서면 갈음

06 「공인중개사의 매수신청대리인 등록 등에 관한 규칙」에 따라 甲은 매수신청대리인으로 등록하였다. 이에 관한 설명으로 틀린 것은? 제31회

① 甲이 매수신청대리의 위임을 받은 경우 「민사집행법」의 규정에 따라 차순위매수신고를 할 수 있다.

② 甲은 매수신청대리권의 범위에 해당하는 대리행위를 할 때 매각장소 또는 집행법원에 직접 출석해야 한다.

③ 매수신청대리 보수의 지급시기는 甲과 매수신청인의 약정이 없을 때에는 매각대금의 지급기한일로 한다.

④ 甲이 중개사무소를 이전한 경우 그 날부터 10일 이내에 관할 지방법원장에게 그 사실을 신고하여야 한다.

⑤ 甲이 매수신청대리 업무의 정지처분을 받을 수 있는 기간은 1개월 이상 6개월 이하이다.

해설

1개월 이상 2년 이하

07 「공인중개사의 매수신청대리인 등록 등에 관한 규칙」에 따른 개업공인중개사의 매수신청대리에 관한 설명으로 옳은 것은? (다툼이 있으면 판례에 따름)　　제34회

① 미등기건물은 매수신청대리의 대상물이 될 수 없다.

② 공유자의 우선매수신고에 따라 차순위매수신고인으로 보게 되는 경우 그 차순위 매수신고인의 지위를 포기하는 행위는 매수신청대리권의 범위에 속하지 않는다.

③ 소속공인중개사도 매수신청대리인으로 등록할 수 있다.

④ 매수신청대리인이 되려면 관할 지방자치단체의 장에게 매수신청대리인 등록을 하여야 한다.

⑤ 개업공인중개사는 매수신청대리행위를 함에 있어서 매각장소 또는 집행법원에 직접 출석하여야 한다.

해설

① 매수신청대리의 대상물이다.

② 차순위매수신고인의 지위를 포기하는 행위도 매수신청대리권의 범위에 속한다.

③ 등록이 불가하다.

④ **중개사무소**(법인인 개업공인중개사는 주된 중개사무소)**를 관할하는 지방법원의 장에게** 등록신청하여야 한다.

08 개업공인중개사 甲은 「공인중개사의 매수신청대리인 등록 등에 관한 규칙」에 따라 매수신청대리인으로 등록한 후 乙과 매수신청대리에 관한 위임계약을 체결하였다. 이에 관한 설명으로 옳은 것은?　　제35회

① 甲이 법인이고 분사무소를 1개 둔 경우 매수신청대리에 따른 손해배상책임을 보장하기 위하여 설정해야 하는 보증의 금액은 6억원 이상이다.

② 甲은 매수신청대리 사건카드에 乙에게서 위임받은 사건에 관한 사항을 기재하고 서명 날인한 후 이를 3년간 보존해야 한다.

③ 甲은 매수신청대리 대상물에 대한 확인 · 설명 사항을 서면으로 작성하여 사건카드에 철하여 3년간 보존해야 하며 乙에게 교부할 필요는 없다.

④ 등기사항증명서는 甲이 乙에게 제시할 수 있는 매수신청대리 대상물에 대한 설명의 근거자료에 해당하지 않는다.

⑤ 甲이 중개사무소를 이전한 경우 14일 이내에 乙에게 통지하고 지방법원장에게 그 사실을 신고해야 한다.

해설

② 매수신청대리 사건카드 5년간 보존

③ 위임인 乙에게 확인 · 설명 사항을 서면으로 작성 · 교부하여야 하며, 5년간 보존해야 한다.

④ 개업공인중개사는 등기사항증명서등 설명의 근거자료를 제시하고 매수신청대리 대상물의 **권리관계, 매수인이 부담하여야 할 사항** 등을 위임인에게 성실 · 정확하게 설명하여야 한다.

⑤ 개업공인중개사는 중개사무소를 이전한 경우 **10일 안에 지방법원장에게 신고**하여야 한다.

정답 ▶　05 ③　06 ⑤　07 ⑤　08 ①

집합건물의 소유 및 관리에 관한 법률

<< key 포인트! >>

1) 공용부분과 관련한 주요 내용

① 공용부분은 구분소유자 전원의 공유에 속한다. 다만, 일부의 구분소유자만이 공용하 도록 제공되는 것임이 명백한 공용부분(일부공용부분)은 그들 구분소유자의 공유에 속한다.

② 여러 개의 전유부분으로 통하는 복도, 계단, 그 밖에 구조상 구분소유자 전원 또는 일부의 공용에 제공되는 건물부분은 구분소유권의 목적으로 할 수 없다.

③ 전유부분인지 공용부분인지는 건축물대장에 구분건물로 등록된 시점을 기준으로 판 단한다.

④ 구분소유자 중 일부가 복도, 계단과 같은 고용부분의 일부를 아무런 권원 없이 점유 사용하는 경우에도 특별한 사정이 없는 한 다른 구분소유자들은 임대료 상당의 손해 배상을 청구할 수 없다(누구도 배타적 사용수익권이 없다).

⑤ **공유자의 사용권**: 각 공유자는 공용부분을 그 용도에 따라 사용할 수 있다(**주의**: 지 분비율이 아니다).

⑥ **공유자의 지분권**: 각 공유자의 지분은 그가 가지는 전유부분의 면적 비율에 따른다.

⑦ 전유부분과 공용부분에 대한 지분의 일체성

> ㉠ 공용부분에 대한 공유자의 지분은 그가 가지는 전유부분의 처분에 따른다.
>
> ㉡ 공유자는 그가 가지는 전유부분과 분리하여 공용부분에 대한 지분을 처분할 수 없다.

※ 규약으로도 분리처분가능 규정은 불가. 공용부분의 물권변동은 등기 불요!

2) 대지사용권 등(소유권, 임차권 등)

① **전유부분과 대지사용권의 일체성**: 구분소유자의 대지사용권은 그가 가지는 전유부분의 처분에 따른다.

② 구분소유자는 그가 가지는 전유부분과 분리하여 대지사용권을 처분할 수 없다. 다만, 규약으로써 정한 경우에는 대지사용권만을 분리하여 처분할 수 있다.

⇨ 분리처분금지는 그 취지를 등기하지 아니하면 선의로 물권을 취득한 제3자에게 대항하지 못한다.

③ 구분소유자가 둘 이상의 전유부분을 소유한 경우에는 각 전유부분의 처분에 따르는 대지사용권은 전유부분의 면적 비율에 따른다. 다만, 규약으로써 달리 정할 수 있다.

3) 구분소유자의 권리·의무

① **전유부분 소유자들의 책임**: 전유부분이 속하는 1동의 건물의 설치 또는 보존의 흠으로 인하여 다른 자에게 손해를 입힌 경우에는 그 흠은 공용부분에 존재하는 것으로 추정한다.

② **구분소유권 매도청구권**: 대지사용권을 가지지 아니한 구분소유자가 있을 때에는 그 전유부분의 철거를 청구할 권리를 가진 자는 그 구분소유자에 대하여 구분소유권을 시가로 매도할 것을 청구할 수 있다.

③ **대지공유자의 분할청구 금지**: 대지 위에 구분소유권의 목적인 건물이 속하는 1동의 건물이 있을 때에는 그 대지의 공유자는 그 건물 사용에 필요한 범위의 대지에 대하여는 분할을 청구하지 못한다.

4) 구분소유건물의 관리

① **공용부분의 변경**: 공용부분의 변경에 관한 사항은 관리단집회에서 구분소유자의 3분의 2 이상 및 의결권의 3분의 2 이상의 결의로써 결정한다.

② **공용부분의 관리**: 공용부분의 관리에 관한 사항은 통상의 집회결의(구분소유자의 과반수 및 의결권의 과반수)로써 결정한다. 다만, 보존행위는 각 공유자가 할 수 있다.

③ 공유자가 공용부분에 관하여 다른 공유자에 대하여 가지는 채권은 그 특별승계인에 대하여도 행사할 수 있다(공용부분 관리비는 그 특별승계인에게 승계한다).

01 개업공인중개사가 집합건물의 매매를 중개하면서 설명한 내용으로 틀린 것은? (다툼이 있으면 판례에 따름) 제32회

① 아파트 지하실은 특별한 사정이 없는 한 구분소유자 전원의 공용부분으로, 따로 구분소유의 목적이 될 수 없다.

② 전유부분이 주거 용도로 분양된 경우, 구분소유자는 정당한 사유 없이 그 부분을 주거 외의 용도로 사용해서는 안 된다.

③ 구분소유자는 구조상 구분소유자 전원의 공용에 제공된 건물 부분에 대한 공유지분을 그가 가지는 전유부분과 분리하여 처분할 수 없다.

④ 규약으로써 달리 정한 경우에도 구분소유자는 그가 가지는 전유부분과 분리하여 대지사용권을 처분할 수 없다.

⑤ 일부의 구분소유자만이 공용하도록 제공되는 것임이 명백한 공용부분은 그들 구분소유자의 공유에 속한다.

해설
규약으로 달리 정한 경우는 전유부분과 분리하여 대지사용권을 처분할 수 있다(법 제20조).

02 개업공인중개사가 집합건물을 매수하려는 의뢰인에게 「집합건물의 소유 및 관리에 관한 법률」에 관하여 설명한 것으로 틀린 것은? (다툼이 있으면 판례에 따름) 제34회

① 전유부분이란 구분소유권의 목적인 건물부분을 말한다.

② 소유자가 기존 건물에 증축을 하고 기존 건물에 마쳐진 등기를 증축한 건물의 현황과 맞추어 1동의 건물로서 증축으로 인한 건물표시변경등기를 마친 경우, 그 증축 부분에 대해서는 구분소유권이 성립하지 않는다.

③ 구분소유자는 건물의 관리 및 사용에 관하여 구분소유자 공동의 이익에 어긋나는 행위를 하여서는 아니 된다.

④ 일부의 구분소유자만이 공용하도록 제공되는 것임이 명백한 공용부분은 그들 구분소유자의 공유에 속한다.

⑤ 일부공용부분의 관리에 관한 사항 중 구분소유자 전원에게 이해관계가 있는 사항은 그것을 공용하는 구분소유자만의 집회결의로써 결정한다.

해설
일부공용부분의 관리에 관한 사항 중 구분소유자 전원에게 이해관계가 있는 사항은 구분소유자 전원의 집회결의로써 결정하고, 그 밖의 사항은 그것을 공용하는 구분소유자만의 집회결의로써 결정한다(법 제14조).

03 개업공인중개사가 구분소유권의 목적인 건물을 매수하려는 중개의뢰인에게 「집합건물의 소유 및 관리에 관한 법률」에 관하여 설명한 내용으로 옳은 것은? 제35회

① 일부의 구분소유자만이 공용하도록 제공되는 것임이 명백한 공용부분도 구분소유자 전원의 공유에 속한다.

② 대지의 공유자는 그 대지에 구분소유권의 목적인 1동의 건물이 있을 때에도 그 건물 사용에 필요한 범위의 대지에 대해 분할을 청구할 수 있다.

③ 구분소유자는 공용부분을 개량하기 위해서 필요한 범위에서 다른 구분소유자의 전유부분의 사용을 청구할 수 있다.

④ 전유부분이 속하는 1동의 건물의 설치 또는 보존의 흠으로 인하여 다른 자에게 손해를 입힌 경우에는 그 흠은 전유부분에 존재하는 것으로 추정한다.

⑤ 대지사용권이 없는 구분소유자는 대지사용권자에게 대지사용권을 시가(時價)로 매도할 것을 청구할 수 있다.

해설

① 그들 구분소유자의 공유에 속한다.

② 그 대지의 공유자는 그 건물 사용에 필요한 범위의 대지에 대하여는 분할을 청구하지 못한다.

④ 그 흠은 공용부분에 존재하는 것으로 추정한다.

⑤ 대지사용권을 가지지 아니한 구분소유자가 있을 때에는 그 전유부분을 철거를 청구할 수 있는 권리자(토지소유자, 대지사용권자 등)그 구분소유자에 대하여 구분소유권을 시가로 매도할 것을 청구할 수 있다.

제36회 공인중개사 시험대비 **전면개정판**

2025 박문각 공인중개사
최상준 기출문제 2차 공인중개사법·중개실무

초판인쇄 | 2025. 1. 10.　**초판발행** | 2025. 1. 15.　**편저** | 최상준 편저
발행인 | 박 용　**발행처** | (주)박문각출판　**등록** | 2015년 4월 29일 제2019-000137호
주소 | 06654 서울시 서초구 효령로 283 서경빌딩 4층　**팩스** | (02)584-2927
전화 | 교재 주문 (02)6466-7202, 동영상문의 (02)6466-7201

저자와의
협의하에
인지생략

정가 25,000원
ISBN 979-11-7262-523-8